Bernhard Meuser | Johannes Hartl | Karl Wallner (Hg.)

Mission Manifest

Bernhard Meuser | Johannes Hartl | Karl Wallner (Hg.)

Mission Manifest

Die Thesen
für das Comeback der Kirche

HERDER

FREIBURG · BASEL · WIEN

MIX
Papier aus verantwortungsvollen Quellen
FSC® C083411

www.herder.de

Als deutsche Bibelübersetzung ist zugrunde gelegt:
Die Bibel. Die Heilige Schrift des Alten und Neuen Bundes.
Vollständige deutschsprachige Ausgabe
AΩ DIE BIBEL

Satz: Daniel Förster, Belgern
Herstellung: CPI books GmbH, Leck
Printed in Germany

ISBN Print 978-3-451-38147-8
ISBN E-Book 978-3-451-81304-7

Inhalt

MISSION MANIFEST

Ich bin bereit für Mission.

Mein Name ist ________________________________.

Ich bin ________ Jahre alt.

Ich will, dass mein Land zu Jesus findet.
Ich verpflichte mich für den Zeitraum von einem Jahr, eine bestimmte Aufgabe[1] zu übernehmen.

Datum, Unterschrift

---

1 Die Aufgaben sind zu finden auf www.missionmanifest.online

Eine Präambel und zehn Thesen

PRÄAMBEL

Nach menschlichem Ermessen wird die Kirche in Deutschland, Österreich und der Schweiz in wenigen Jahren kaum mehr eine gesellschaftlich wahrnehmbare Rolle spielen. Das ist weniger schade um die Kirche als schlimm für die Menschen, die Gott verlieren oder Jesus nie kennenlernen. Wir sind katholische Christen in Österreich, Deutschland und der Schweiz, die unter der »Erosion des Glaubens«, von der Papst Franziskus spricht, leiden. Wir wissen: Unsere Heimatländer sind Missionsländer geworden. Wir sind bereit für Mission. Wir wünschen, dass unsere Länder zu Jesus finden. Wir laden alle ein, die sich verbindlich mit uns hineinbegeben wollen in eine Welle des Gebets. Wir möchten diejenigen zusammenführen, die den Mut zu ungewöhnlichen Schritten haben. »Das Gebot der Stunde«, sagt auch Papst Franziskus, »ist die pastorale Neuausrichtung, also dafür zu sorgen, dass die Strukturen der Kirche alle missionarischer werden, dass die gewöhnliche Seelsorge in all ihren Bereichen expansiver und offener ist, dass sie die in der Seelsorge Tätigen in eine ständige Haltung des ›Aufbruchs‹ versetzt und so die positive Antwort all derer begünstigt, denen Jesus seine Freundschaft anbietet«. Viele Bischöfe sind diesem Aufruf gefolgt und haben ihn sogar noch verstärkt. Unsere Initiative von unten möchte sie unterstützen.

These 1

Uns bewegt die Sehnsucht, dass Menschen sich zu Jesus Christus bekehren. Es ist nicht mehr genug, katholisch sozialisiert zu sein. Die Kirche muss wieder wollen, dass Menschen ihr Leben durch eine klare Entscheidung Jesus Christus übergeben. Sie ist ja weniger eine Institution oder Kulturform als eine Gemeinschaft mit Jesus in der Mitte. Wer Jesus Christus als seinem persönlichen Herrn nachfolgt, wird andere für eine leidenschaftliche Nachfolge Jesu entzünden.

These 2

Wir wollen, dass Mission zur Priorität Nummer eins wird. Und zwar durch eine Fokussierung der finanziellen und personellen Ressourcen der Kirche auf die Evangelisierung. »Die Kirche ist ihrem Wesen nach missionarisch!« Der finale Auftrag Jesu an seine Freunde lautet: »Geht zu allen Völkern und macht alle Menschen zu meinen Jüngern« (Mt 28,19). Eine Kirche, die nicht freudig und überzeugend auf alle zugeht, hat keine Mission; sie verliert ihr Warum und Wozu. Sie steht für nichts. Und sie schrumpft, statt zu wachsen. Für unsere Länder heißt das: »The church will send or the church will end.«

These 3

Wir glauben, dass die Chancen nie größer waren als jetzt. Das Defizit an privater und gemeinsamer Hoffnung in der Welt wird von Tag zu Tag größer. Viele suchen und geben sich mit kleinen Antworten zufrieden. Dabei ist die denkbar größte Hoffnung bereits in der Welt. Das Evangelium hat nichts von seiner Attraktivität verloren. Wir Christen sind dazu da, diese Hoffnung zu teilen, statt sie für uns zu behalten. Wo das geschieht, wird es für Menschen unserer Zeit verlockend, Christ zu sein. Weltweit nehmen 200 Millionen Christen sogar Verfolgungen in Kauf, weil sie von Jesus, ihrer einzigen Hoffnung, nicht lassen können.

These 4

Wir sprechen alle Menschen in unseren Ländern an und machen keinen Unterschied (wie Jesus keinen Unterschied gemacht hat). Wir gehen auf Christen, Nichtchristen, Andersgläubige und Menschen, die nicht mehr glauben, zu. Es gibt keinen Menschen, für den Jesus nicht gestorben ist und der Jesus nicht kennenlernen sollte. Gott ist »die Liebe« (1 Joh 4,16) und will, »dass alle Menschen gerettet werden und zur Erkenntnis der Wahrheit gelangen.« (1 Tim 2,4) Das wollen wir auch.

These 5

Wir glauben, dass unsere Mission so kraftvoll sein wird, wie es unsere Gebete sind. Ein missionarischer Neuaufbruch kann nicht anders beginnen als mit einem Neuaufbruch in Fasten und Gebet. Gott, der alle Menschen leidenschaftlich liebt, hat gehandelt und wird auch jetzt handeln, wenn wir ihn persönlich und rückhaltlos anrufen. Es werden Wunder geschehen. Gott wird den Menschen über den Weg laufen – und sei es in Träumen und inneren Eingebungen. »Haben wir keine Scheu, Gott selbst um die schwierigsten Dinge zu bitten (wie die Bekehrung großer Sünder oder ganzer Völker.« (Charles de Foucauld)

These 6

Wir danken allen Christen außerhalb der katholischen Kirche, die heute schon mit Hingabe missionieren, taufen und Menschen zu Jesus führen. Wir Christen in der katholischen Kirche sehen ihre Treue zur Heiligen Schrift und ihre entschiedene Nähe zu Jesus. Wir haben Wertschätzung für die positiven Impulse der Reformation. Wir wollen demütig lernen – auch und gerade von den Freikirchen – und mit allen unseren Geschwistern in der Ökumene kooperieren, um selbst missionarischer zu werden. Wir wissen, dass die Welt nur zu Christus findet, wenn wir die Einheit wiederfinden und sie in Gebet und Mission schon heute einüben (vgl. Joh 17,21).

These 7

Wir müssen die Inhalte des Glaubens neu entdecken und sie klar und mutig verkündigen, sei es nun »gelegen oder ungelegen«. (2 Tim 4,2) Wir haben sie durch Gottes Offenbarung empfangen, finden sie gefasst im Urdokument der Heiligen Schrift und lebendig überliefert im Verstehen der Kirche, wie es der Katechismus lehrt. Die Geheimnisse des Glaubens müssen vollständig, ganzheitlich, in rationaler Klarheit und in der Freude der Erlösten verkündigt werden. Sie müssen leuchten. Wer anderen Menschen den Glauben verkünden will, darf nicht dilettieren; er muss zuerst an sich arbeiten – an seinem Leben, an seiner Liebe und an seinem Wissen. Der missionarische Aufbruch erfordert eine neue Lernbewegung des Glaubens, denn wir haben verlernt, was es heißt, missionarisch zu sein.

These 8

Wir wollen missionieren, nicht indoktrinieren. Die Mission Jesu zu überbringen, hat stets den Charakter einer Einladung; Mission ist die Sehnsucht, die eigene Freude mit anderen zu teilen; ein freies, respektvolles Angebot an freie Menschen. Mission bedeutet, den Menschen die Füße zu waschen, nicht den Kopf. Sie überredet nicht, übt keinen Druck aus und ist mit Zwang oder Gewalt unvereinbar. Christen sind nicht nur tolerant gegenüber Andersdenkenden – sie engagieren sich sogar aktiv für Religionsfreiheit. Den Wahrheitsanspruch des christlichen Glaubens vertreten wir ohne jede Aggression. Wir können unmöglich schweigen von der Hoffnung, die uns erfüllt. (1 Petr 3,15)

These 9

Wir brauchen eine »Demokratisierung« von Mission. Nirgendwo steht, dass die Mission, die Jesus uns gegeben hat, sich auf Spezialisten, professionelle Verkündiger, Theologen, Kleriker oder Mitglieder von Ordensgemeinschaften beschränkt. Missionarisch zu sein, ist der Auftrag Christi an alle Getauften. Mission beschränkt sich auch nicht auf bestimmte (»nichtchristliche«) Länder, Kulturen und/oder Religionen. Mission ist ist jederzeit und überall. Sie ist die große, oft vergessene Querschnittsaufgabe aller Christen in allen Ländern und Kulturen.

These 10

Wir müssen uns selbst zur Freude des Evangeliums bekehren, um andere zu Jesus führen zu können. Wo wir uns im Denken, Handeln und Fühlen einem allgemeinen humanistischen Mainstream angepasst haben, müssen wir entschiedene Anstrengungen unternehmen, um uns, wie Papst Benedikt XVI. sagt, »von der Weltlichkeit der Welt zu lösen.« Nur als geisterfüllte »neue Menschen« haben wir missionarisches Profil. Wir sollten allerdings damit rechnen, dass der ersehnte Aufbruch im Glauben nicht immer nur eine Erfolgsgeschichte sein wird. Doch im treuen und freudigen Zeugnis für Jesus erstrahlt auch aus Leiden und Widerständen eine Schönheit, die früher oder später fruchtbar wird.

Einleitung

Was wir wollen, und was passiert, wenn mehr und mehr Leute mitmachen …

Weil ihnen dasselbe Thema im Herzen brannte, trafen sich im Juni 2017 sechs Personen aus Deutschland, Österreich und der Schweiz im Augsburger Gebetshaus. Sie wollten über den Weg der Kirche in ihren Ländern nachdenken: Martin Iten aus Zug in der Schweiz, Johannes Hartl und Bernhard Meuser aus Augsburg, Paul Metzlaff aus Düsseldorf, Benedikt Michal und Pater Karl Wallner OCist aus Wien. Alle waren sich einig: Die Kirche ist an dem Punkt angelangt, an dem es ans Eingemachte geht. Die traditionellen Instrumente der Pastoral greifen nicht mehr. Konventionelle Wege der Weitergabe des Glaubens sind weithin verschüttet. Dennoch herrschte in der Gruppe weder Alarmismus noch Depression. Man beklagte nicht lange die Abbrüche und verkarsteten kirchlichen Landschaften, sondern dachte mutig nach vorne. Es gibt in den Ortskirchen von Deutschland, Österreich und der Schweiz genug starke, teilweise sogar atemberaubende Neuaufbrüche, als dass man die Kirche hierzulande abschreiben müsste. Die Entwicklung ist freilich asynchron: Wir sind im Guten wie im Schlechten weiter als vor zwanzig Jahren.

Einig waren sich alle, dass es im Hinblick auf den missionarischen Aufbruch keinen Sinn hat, mit dem Finger auf andere zu zeigen, etwa auf Bischöfe, Priester, Religionslehrer, Hauptamtliche in den Gemeinden. Der berühmte Satz »Die sollen endlich mal was tun!« ist eine unzulässige Delegation. Die Weitergabe des Glaubens ist die Sache aller Getauften und Gefirmten, mehr noch: Sie ist die Nagelprobe des Glaubens. Sich angstvoll aus der Verantwortung zu stehlen, setzt uns der Frage Jesu aus: »Habt ihr noch keinen Glauben?« (Mk 4,40) Einig waren sie sich auch, dass das Heil nicht in Plakatkampagnen und TV-Spots, der Organisationsentwicklung, Strukturmaßnahmen und einer weiteren Bürokratisierung der Kirche liegen würde. Selbst die Schaffung tausender von Planstellen würde die Kirche nicht retten. Das, was die Kirche jetzt brauche, sei das, was ihr immer schon aus verhängnisvollen Verstrickungen heraushalf: Bekehrung, Gebet, Mut für ungewöhnliche Lösungen, unbefangenes, gewinnendes Zugehen auf Nichtchristen, eine Neuorientierung anhand der Heiligen Schrift, aber vor allem die Hinwendung zu Gott – und zwar in realem Vertrauen, dass ER die versiegten »Bäche im Südland« (Ps 126,4) wieder füllen kann und füllen wird, wenn er angerufen wird.

Der Abschied vom Glauben ist kein Naturgesetz. Selbst unter den Bedingungen einer epidemisch gewordenen Säkularisierung ist Christsein in Gemeinschaft möglich und sogar mit Wachstum gesegnet. Das ist nicht nur die Erfahrung der Freikirchen, die gerade überall zahlreich gegründet werden, sondern das ist auch die Erfahrung von Erneuerungsbewegungen, Gemeinschaften und nicht zuletzt auch von Reformgemeinden in der Katholischen Kirche. Gemeint sind damit jene Pfarren und Gemeinden, die (seit kurzem oder vor Jahren schon) ausgebrochen sind aus der schieren Bedienung volkskirchlicher Erwartungshaltungen, Pfarreien, die sich miteinander auf Pilgerschaft machten, lebendige Zellen gründeten oder eine Form der Anbetung einrichteten. Diese Gemeinden sind anziehend, weil sie »spirit« haben und weil sie den Kern ihres inneren Umbaus identifiziert haben. Kurz gesagt: Es ist mehr Glut unter der Decke einer scheinbar altgewordenen Kirche, als viele glauben. Bei Initiativen wie »Pastoralinnovation«, wo systematisch die Erfahrungen wachsender Gemeinden erforscht und für den deutschsprachigen Raum verfügbar gemacht werden, können Gemeinden lernen, wie Menschen aller

Milieus neu für die Botschaft Jesu begeistert werden. Anders als noch vor einigen Jahrzehnten sind wir beschenkt mit einer wachsenden Zahl von geisterfüllten Orten und Personen mit innovativen Ideen. Man steigt ins Auto und fährt ein paar Kilometer, um an einem Gebetsabend teilzunehmen und trifft junge und ältere Leute, die Formen der persönlichen Hingabe an Gott in ihrem Alltag realisieren, weil sie in ihrem Leben einen »Kick« bekommen haben. Die Zahl der Gläubigen wächst, die weniger aufgrund kirchlicher Routine, sondern aufgrund authentischer Gotteserfahrung »da« sind, sei es, dass ihre persönliche Neuorientierung in der Stille von Taizé gewachsen ist, bei einem Alphakurs, einem Pfingsttreffen, auf einem Sommercamp, einer Jugendwallfahrt, beim Lobpreis in einem Gebetshaus, in einer Katechese auf einem Prayerfestival, bei Nightfever oder auf einer Fahrt zu einem der Weltjugendtage, oder, oder, oder …

Diejenigen, die neu zu Gott gefunden haben, sind nicht automatisch im Alltag der Gemeinden wiederzufinden, sei es, weil die Erfahrung mit Gott doch nur ein Strohfeuer war oder sei es, weil sie in den Gemeinden das Feuer und die Liebe nicht finden, von der sie sich entzündet wissen. Gemeinden sollten das als positive Provokation begreifen. Denn da hat Bert Brecht recht: »Ein Mann, der Herrn K. lange nicht gesehen hatte, begrüßte ihn mit den Worten: ›Sie haben sich gar nicht verändert.‹ – ›Oh!‹ sagte Herr K. und erbleichte.«

Viele Pfarrgemeinden wissen bereits, dass ein »Weiter so!« nirgendwo hinführt. Sie ahnen, dass wir vor einem historischen Einschnitt stehen, der uns mindestens genauso stark provoziert und herausfordert wie die Christen vor 500 Jahren die Umbrüche der Reformationszeit. Das dekorative Christentum, das es vielerorts noch gibt und das Menschen nur am Rand zu berühren vermag, zerbröckelt wie alter Gips. Ohne Re-Formation, ohne die Bereitschaft, sich vom Evangelium her tiefgreifend verändern zu lassen, wird es für die Kirche kaum Zukunft geben. Sie wird abgelegt werden wie ein aus der Mode gekommenes Kleidungsstück.

Wir müssen jedoch keine Angst haben vor dem Neuen. Uns sollte höchstens unwohl werden bei der Vorstellung, in der Kirche müsste alles genau so bleiben, wie es in den alten Staatsverträgen, Dienstordnungen, Pastoralplänen, Sitzungsprotokollen, Öffnungszeiten und Arbeitsverträgen geregelt ist. Die Rückbesinnung auf das Evangelium bringt die große Linie zurück und macht locker: »Kirche« ist möglich ohne Konkordate, Fakultäten und Kathedralen, ja fast ohne all das, was sie heute in den Augen der Zeitgenossen ausmacht. Doch sie ist nicht möglich ohne das Feuer des Heiligen Geistes, ohne die Gegenwart des Auferstandenen, ohne Jünger, die seine Stimme hören; ohne die Spendung der Sakramente, ohne vollmächtige Verkündigung, ohne das lebensschaffende Wort Gottes, ohne selbstlosen Dienst am Nächsten und ein paar weitere, zentrale Momente, die in jeder armen Hütte am Rand der Stadt zu realisieren sind. Der gewaltige, in zwei Jahrtausenden angewachsene Rest ist »nice to have«. Es sind Elemente, die historisch gewachsen sind, die in anderen Zeiten aber auch zu einer Bau- und Lebenslast werden können und das eigentlich Christliche verstellen.

Zwei bis dato ziemlich nachrangige Begriffe – davon sind wir überzeugt – werden für die Zukunft der Kirche immer wichtiger werden: die Begriffe »Jünger« und »Mission«. Eine Kirche ohne Nachfolger Jesu (= Jünger) ist eine Unding, ebenso wie es ein Unding ist, wenn die Kirche ihre »Mission« nicht mehr kennt, oder noch direkter formuliert: ihren Daseinszweck verloren hat.

Unternehmensberater empfehlen kriselnden Klienten zunächst, ihre Kräfte zu bündeln, ihre Mitarbeiter zu motivieren, ihr Produkt zu überdenken und ihre Stärken zu stärken. Genau deshalb haben die sechs Initiatoren in community writing das **Mission Manifest** verfasst. Es soll die Kräfte sammeln, die an eine Kirche mit missionarischer Ausstrahlung glauben und heute schon ideenreich an der Weitergabe des Glaubens, also an einer jungen, wachsenden Kirche arbeiten. Noch leben die, denen die Lust an Gott und die Lust an der Kirche auch in schwierigeren

Zeiten nicht vergangen ist, häufig in der »Atomisierung«; sie wirken da und dort, manchmal auch isoliert in Gemeinden und Gemeinschaften, wo man noch nicht versteht, dass eine andere Zeit gekommen ist. Das muss so nicht bleiben. **Mission Manifest** will diese Leute ermutigen, zusammenführen und vernetzen. Es ist Zeit, dass man den Scheinwerfer auf die Initiativen richtet, in denen die Kirche »aus sich herausgeht« (Papst Franziskus). Es ist gut, sie ans Licht zu heben und ihnen engagierte Helfer und Gleichgesinnte zuzuführen.

Vor Ihnen liegt »das Buch« zum **Mission Manifest**. Die Initiatoren haben selbst zur Feder gegriffen, oder sie haben engagierte Vertreter der Erneuerungsbewegungen gebeten, die Präambel und die zehn Thesen von **Mission Manifest** zu erläutern. Herausgekommen ist nichts, was den Anspruch einer systematischen Programmschrift erheben dürfte; wohl aber findet der Leser ein vielstimmiges, sich häufig überschneidendes Bild bestimmter kollektiver Gewissheiten, wie sie in der spirituellen »Schwarmintelligenz« der Reformbewegungen seit dem Konzil gewachsen sind. Autoren und Initiatoren leben und arbeiten seit Jahren im Herzen kirchlicher Aufbrüche; sie verbindet die Sehnsucht, dass die Kirche sich nachhaltig verändert, damit sie bleibt, was sie von Jesus her ist.

Wie kann man sich im Rahmen von **Mission Manifest** engagieren?

Praktisch geht es über zwei »Klicks«:

- DER ERSTE KLICK. Einzelpersonen, aber auch Gruppen, Gemeinden und Gemeinschaften können zunächst das **Mission Manifest** unterschreiben.
  Das geht online: www.missionmanifest.online.

- Wer unterschreibt, wird auf eine zweite Seite von www.missionmanifest.online geleitet. Dort findet sich eine Vielzahl von missionarischen Aktivitäten[2] – all die Aktivitäten, die Gruppen, Gemeinschaften und Gemeinden schon eingestellt haben oder nach und nach auf dieser Seite einstellen. Jeder, der etwas veranstaltet, das der Weitergabe des Glaubens dient oder Gläubige dazu ermutigt, andere für Jesus und die Kirche zu gewinnen, kann sein Angebot auf diese Seite stellen.

- DER ZWEITE KLICK. Wer unterschreibt, verpflichtet sich, bei einer Initiative mitzumachen oder selbst eine solche zu starten und sich mit mindestens einer anderen Person zusammenzutun.

Sehr wichtig: Geh nicht allein! Suche den/die anderen bei der Weitergabe des Glaubens! Den Freund, den Partner, die Gruppe, jemand, der brennt wie du. Jemand, den du anzündest. Man kann das »Tandemprinzip«[3] nennen. Gemeint ist: Jesus beruft die Jünger einzeln, aber er sendet sie zu zweit. Zu zweit ermüdet man nicht so schnell. Zu zweit kommt Verbindlichkeit in gute Absichten. Zu zweit ist man kreativer. Zu zweit liefert man das bessere Zeugnis ab.

Johannes Hartl, Bernhard Meuser, Karl Wallner

2 Wer noch weitere Ideen für Initiativen sucht, findet hervorragende praktische Anregungen im Standardwerk von Otto Neubauer: »Mission Possible Handbuch für die neue Evangelisation«, Freiburg, 2018. Otto Neubauer, ein Laie, war der große Anreger und (zusammen mit seinem Team) praktische Organisator für die Schule machende Wiener Stadtmission. Papst Benedikt XVI. ließ sich von ihm zu Mission und Neuevangelisierung vortragen.

3 siehe www.missionmanifest.online/tandem

Michael Prüller

Präambel

Nach menschlichem Ermessen wird die Kirche in Deutschland, Österreich und der Schweiz in wenigen Jahren kaum mehr eine gesellschaftlich wahrnehmbare Rolle spielen. Das ist weniger schade um die Kirche als schlimm für die Menschen, die Gott verlieren oder Jesus nie kennenlernen. Wir sind katholische Christen in Österreich, Deutschland und der Schweiz, die unter der »Erosion des Glaubens«, von der Papst Franziskus spricht, leiden. Wir wissen: Unsere Heimatländer sind Missionsländer geworden. Wir sind bereit für Mission. Wir wünschen, dass unsere Länder zu Jesus finden. Wir laden alle ein, die sich verbindlich mit uns hineinbegeben wollen in eine Welle des Gebets. Wir möchten diejenigen zusammenführen, die den Mut zu ungewöhnlichen Schritten haben. »Das Gebot der Stunde«, sagt auch Papst Franziskus, »ist die pastorale Neuausrichtung, also dafür zu sorgen, dass die Strukturen der Kirche alle missionarischer werden, dass die gewöhnliche Seelsorge in all ihren Bereichen expansiver und offener ist, dass sie die in der Seelsorge Tätigen in eine ständige Haltung des ›Aufbruchs‹ versetzt und so die positive Antwort all derer begünstigt, denen Jesus seine Freundschaft anbietet«. Viele Bischöfe sind diesem Aufruf gefolgt und haben ihn sogar noch verstärkt. Unsere Initiative von unten möchte sie unterstützen

1. Wüste. Blüten. Wüste.

In der Erzdiözese Wien, für die ich arbeite, hat sich im vergangenen Jahr die Zahl der Erwachsenen, die sich auf ihre Taufe vorbereiten, verdreifacht. Das hat viel Interesse bei den Medien hervorgerufen, und wir konnten eine Reihe von Interviews organisieren. Journalisten stellten Fragen wie: »Was hat Sie am Christentum so beeindruckt, dass Sie sich dafür entschieden haben?« Oder: »Was erwarten Sie sich von der katholischen Kirche?« Die Interviewten sind häufig jung; sie schauen manchmal etwas konsterniert, als ob sie mit Fragen dieser Art wenig anfangen können. Sie sprechen lieber über Jesus Christus. Wie sie ihn kennengelernt haben. Wie er für sie Alles geworden ist. Gelegentlich sind es Migranten, und sie erzählen, wie sie unter Lebensgefahr zuhause begonnen haben, in der Bibel zu lesen und dabei immer stärker seine Gegenwart gespürt haben. Wie sie in ihrem Glauben ein Glück erfahren haben, einer Hoffnung begegnet sind, wie sie sie nicht gekannt haben. Und wie sehr sie sich danach sehnen, durch die Taufe ganz zu Christus zu gehören. Den Journalisten ist das manchmal fast peinlich. Irgendwie wäre es ihnen lieber, ihre Interviewpartner würden über etwas Greifbares reden. Über christliche Werte zum Beispiel. Über die Mitmenschlichkeit in einem tollen Pfarrcafé. Aber nicht über Sachen, die man nicht ganz ernst nehmen kann. Denn nähme man das ernst, könnte man ja nicht weiterleben wie bisher! Im Grunde geht es vielen von uns, den von Schnullerzeiten an kirchlich sozialisierten Menschen, nicht viel anders als diesen Journalisten. Wir können uns kaum mehr vorstellen, welche Freude es ist, als erwachsener Mensch Christus zu entdecken.

2. Manchmal sind es nur ein Bild oder ein Film.

Die Erwachsenen, die um die Taufe bitten, fragen wir immer, ob sie uns nicht ihren Weg in den Glauben schildern könnten. Häufig hat man den Eindruck: Es sind nicht die Menschen, die nach Gott suchen, sondern es ist Gott, der sich einen Weg zu den Menschen bahnt. Oft überraschend, manchmal in kleinen Schritten, manchmal mit Wucht, manchmal über lange Zeiträume hinweg.

Ein paar Geschichten – sie sind nicht erfunden: Eine Frau setzte sich in eine Kirche, weil sie mit ihrem Liebeskummer nicht fertig wurde – und fing dort an zu glauben. Manchen schließt die vielstimmige Kirchenmusik auf eine Weise das Herz auf, dass sie gar nicht anders können, als Christus hineinzulassen. Jemand bekam von einer Fremden im Park eine Bibel geschenkt. Ein anderer ging seiner Frau zuliebe in die Kirche und erlebte, wie er Gott den kleinen Finger reichte und der ihn gleich fest umarmte. Eine Mutter lernte durch die Erstkommunionvorbereitung der Tochter dieses fremde Wesen namens »Gott« kennen. Ein anderer Täufling geriet aus ganz pragmatischen Gründen in eine christliche Gemeinschaft, war überrascht vom Vertrauen, der Zuneigung, der Offenheit und der Liebe der Gastgeber – und begann sich dafür zu interessieren, woher das kommt. Manchmal ist der Auslöser nur ein Kruzifix, manchmal nur ein Bild oder ein Film … Jemand war Gast in einer Familie, in der gebetet wurde. Wieder jemand anderes wurde bei einer Straßenmission angesprochen. Anderen erschien Christus sogar im Traum und offenbarte sich ihnen als der Erlöser.

Wenn sich mancher auch die Augen reibt: Es gibt eine in der Stille wachsende Kirche. Und überall, wo sie das tut, begegnet man Schicksalen, die man nicht wieder vergisst. Der Sohn einer der berüchtigsten Bankräuber- und Drogenschmugglerfamilien Londons bekehrte sich – im Gefängnis – und bekehrt nun andere. Eine Ärztin, die früher Schwangerschaftsabbrüche durchführte, betreut jetzt Straßenkinder. Und das sind nur die spektakulären Fälle. Es sind viele Menschen und es werden mehr, die mit Freude und Staunen von ihrem neu- oder wiedergefundenen Glauben berichten.

Alle sind auf ihrem Weg auf Menschen gestoßen, die zunächst einmal vorbehaltslos gut zu ihnen waren. Irgendwann, als die Zeit dafür reif war, haben diese Menschen dann zu ihnen auch von Gott gesprochen. Mir kommt das Wort des heiligen Vinzenz von Paul, dem Gründers des Lazaristenordens, in den Sinn: »Gott befiehlt uns bloß, die Netze auszuwerfen, nicht aber, Fische zu fangen, weil er es ist, der sie ins Netz gehen lässt.« Er macht das tatsächlich, täglich, vor unseren Augen. Und wenn er es tut, ist es umwerfend. Mich bewegt das: Gott ist groß! Der Gott, den es nach dem Menschen und seiner liebenden Antwort dürstet. Nie bin ich Gott so nahe, wie wenn ich ihn anderen nahebringe. Keine Minute ist so groß wie die, in der jemand seine Größe erkennt. Keine Aufgabe ist so schön wie die, das Werkzeug seiner Liebe, seiner Sehnsucht nach jedem Menschen zu sein. Missionar zu sein, Werkzeug der Bekehrung, ist eine große Freude. Es ist die wunderbarste und glücklichste Vollendung des Christseins.

3. Aber warum verliert die Kirche dann an Bedeutung?

Aber wenn die Menschen Gott suchen und glücklich sind, wenn sie ihn finden, warum wenden sich dann immer mehr Menschen von der Kirche ab statt ihr zu? Ist es so, wie es in der Präambel des **Mission Manifest** steht, um das es in diesem Buch geht: Wird unsere Kirche bedeutungslos?

In vielerlei Hinsicht natürlich nicht: Die hochprofessionelle Caritas, unsere Schulen und Kindergärten florieren und bauen aus. Kirchliche Spitäler, Pflege- und Altersheime werden weiterhin eine wichtige Aufgabe für die Gesellschaft erfüllen. Und die Kirche ist auch noch viel zu finanzstark und sie bietet noch zu viele Chancen auf Aufträge und Jobs, um über Nacht bedeutungslos zu werden.

Dazu wissen wir auch noch nicht, was die Suche nach einer europäischen Identität angesichts der Herausforderung der islamischen Migration bringen wird. Wird es zu einer Renaissance des kirchlichen Brauchtums kommen, zu einer Wiederentdeckung der Fronleichnamsumzüge und Nikolausfeiern? Und behält die schöne Erzählung von Maria, Josef und dem Eselchen im schneebedeckten Stall nicht auch dann noch ihre besinnlichkeitssteigernde Wirkung, wenn man sie für ein Märchen der Brüder Grimm hält?

Das mag alles sein. In ihrer »Macht« jedenfalls, Menschen an sich zu binden, nähert sich die Kirche aber tatsächlich asymptotisch der Bedeutungslosigkeit. Für Österreich habe ich die exakten Zahlen, aber sie sehen wohl auch für Deutschland und die Schweiz sehr ähnlich aus: In der unmittelbaren Nachkriegszeit fanden sich in jeder österreichischen Pfarre im Durchschnitt 720 Menschen am Sonntag zu den Gottesdiensten ein. 1995 waren es nur noch 440. Heute sind es 190. Geht dieser Trend ungebremst weiter, werden es in einem weiteren Vierteljahrhundert nur noch 80 Kirchgänger sein. Und in zwei Generationen, im Jahr 2065, sind es dann magere 30. Gut – 30 Menschen können immer noch einen stimmungsvollen Gottesdienst feiern. Sie können auch noch zwei Bibelkreise füllen. Sie können sogar noch regelmäßig faire Schokolade aus Ecuador verkaufen. Aber für eine Pfarrgemeinde, die in die Welt hinausstrahlt, ist das längst nicht mehr genug. Ersparen wir uns die ganze, deprimierende Statistik-Kiste, den Blick auf die Abnahme der Taufen und kirchlichen Trauungen sowie das fast flächendeckende Verschwinden der Beichte. Das stille Ableben einer katholischen Zeitschrift nach der anderen. Klar ist: Die Struktur unserer Kirchen wird sich dramatisch verändern. Nicht soll oder muss, sondern: wird. Das ist unausweichlich. Wir können uns nur aussuchen, ob wir diesen Prozess erleiden oder aktiv gestalten möchten.

4. Wegfallende Gründe

Aber die Erosion der Strukturen bedeutet nicht, dass der Inhalt verschwindet. Schauen wir einmal genauer hin: Ist es nicht so, dass von 100 Gründen, sonntags in die Kirche zu gehen, geschätzte 98 heute nicht mehr ziehen – von der Angst, im Dorf als Nicht-Kirchgänger als asozial zu gelten, bis hin zur Hoffnung, in der Kirche einen Partner zu finden? Aber die zwei wichtigsten Gründe bleiben: Die Freundschaft mit Christus zu vertiefen und ihr gemeinsam mit anderen Ausdruck zu verleihen. Was wir erleben, ist vielleicht nicht so sehr eine Abnahme des Glaubens als eine Reduktion auf den Glauben. Das Unwesentliche fällt weg. Wer bleibt, hat substanzielle Gründe.

Wer braucht heute noch einen Gottesdienst, um aus seiner Einsamkeit auszubrechen, wenn er sich über Facebook ein analoges Feeling verschaffen kann? Welcher 17-Jährige ist heute noch auf den Tischtennistisch im Pfarrheim angewiesen, wenn er es am Wochenende mit seinen Freunden nett haben will? Niemand muss mehr ins Kloster, um Krankenschwester werden zu können. Niemand muss mehr Ministrant werden, damit ihm der Pfarrer das Gymnasium zahlt. Wer Angst um seinen Job hat, zündet nicht mehr Kerzen an, sondern setzt auf lebenslanges Lernen und den Betriebsrat. Wer um seine Gesundheit bangt, konsultiert Ärzte und schließt eine Zusatzversicherung ab. Wen die Schwermut überkommt, der geht zum Psychiater. Landwirte setzen eher auf eine vernünftige Ernteversicherung als auf Flurprozessionen. Und wen es drängt, entgrenzende Erfahrungen mit der Urkraft des Universums zu machen, der hat ausufernd Gelegenheit, das im Reich der Sexualität zu tun, was in der Regel ja auch deutlich lustvoller erlebt wird und einen niederschwelligeren Zugang hat als etwa eine Einführung ins mystische Gebet.

An Opiaten aller Art herrscht kein Mangel. Ambrose Bierce definierte schon 1911 in seinem »Wörterbuch des Teufels«, was Opium ist: »Eine unversperrte Tür im Gefängnis des Ichs. Sie führt in den Gefängnishof.« Aber der Ausflug in den Gefängnishof ist schon ziemlich cool, wenn man nicht weiß, wie man sonst aus dem Ego-Gefängnis herauskommen kann.

Der Kirche ist eine letzte Domäne geblieben: die Welt außerhalb von »Ich bin ich und muss mir selbst genügen«. Wer Gott sucht, der findet ihn eher selten beim Trachtenfest, Clubbing oder im rituellen Aufsuchen von Gourmetlokalen. Er findet ihn auch kaum beim Entschlacken, bei Pilates oder bei den Glückssteinen. Für Menschen, die Gott suchen, ist die Kirche immer noch der Hafen, in den man mit seiner Sehnsucht einlaufen kann. Hier liegt die Stärke der Kirchen, hier haben sie ihren USP, ihren Unique selling point: Sie vermitteln »die Kraft, das Licht und den Trost der Freundschaft mit Jesus Christus, eine Glaubensgemeinschaft, die einen aufnimmt, einen Horizont von Sinn und Leben« (Papst Franziskus »*Evangelii Gaudium*«).

Damit stehen sie heute freilich einer Fülle von Ablenkungen gegenüber: Wen die Sinnkrise überfällt, der kann sich mit dem Frustkauf eines Paars Schuhe, einem Kinobesuch, einem neuen Ego-Shooter, dem aktuellen Justin-Bieber-Video oder einem hilfreichen Psychopharmakon lange Zeit recht erfolgreich vor der Konfrontation mit seinem Schöpfer herumschwindeln. Jammern ändert daran aber gar nichts, weder die Klage über die Unfähigkeit der Kirche noch die Brandrede gegen die Schlechtigkeit unserer Zeit. Es ist, wie es ist.

5. Alles schon mal dagewesen

Und das ist nicht zum ersten Mal so. Die Geschichte der Kirche ist eine Geschichte ihrer Krisen. Wenn wir wie hypnotisiert auf den in Zahlen messbaren Niedergang starren, müssen wir uns nicht alleine fühlen: Das haben nämlich schon viele Generationen vor uns getan. Es gibt nicht wenige Kulturhistoriker, die zu dem Schluss gekommen sind, das »christliche Europa« habe nie wirklich existiert. Wir müssen uns also hüten vor einer nostalgischen Idealisierung der europäischen Vergangenheit aus dem Blickwinkel der Gegenwart. Wir denken von den zwanzig Jahren nach dem Ende des Zweiten Weltkriegs her, in der die christlichen Kirchen eine ganz außergewöhnliche Hochblüte erlebten, die uns heute aber wie der »Normalzustand« vorkommt. Dabei ist der Normalzustand der, den wir jetzt haben.

Seit ich mit 16 Jahren in der elterlichen Bibliothek ein Buch mit Alfred Delps im Gestapo-Gefängnis verfassten Aufsätzen gefunden habe, hat der Jesuitenpater eine besondere Wirkung auf mich. Die Nationalsozialisten richteten ihn an Lichtmess 1945 hin, weil er mit Kreisen aus dem Widerstand Pläne für eine Neuordnung Deutschlands nach dem Naziterror entworfen hatte. Seine Gedanken, die er im Angesicht des Todes niederschrieb, sind teils von einer atemberaubenden Aktualität. Schon 1941 sagt er in einem Vortrag: »Die Sprache der Zahlen zeigt eine ständige Abnahme der kirchlich gebundenen Menschen.« Und: »Mensch der Kirche sein heißt heute: einsam sein, fremd sein, die Fühlung mit vielen Dingen verloren haben, missverstanden und falsch verstanden werden.« Die Erfahrung der spirituellen Wüste sprach Delp schon damals klar und nüchtern aus: »Wir sind Missionsland geworden. Diese Erkenntnis muss vollzogen werden. Die Umwelt und die bestimmenden Faktoren allen Lebens sind unchristlich. (…) Missionsland darf man nur betreten mit einem echten Missionswillen, das heißt mit einem Willen, an den anderen Menschen sich auf allen Wegen heranzupirschen und ihn zu gewinnen für Gott den Herrn.«

Und Delp sah eine müde gewordene, verbürgerlichte Kirche, die sich damit aufhält, »ihre Devotionalien zu putzen« und nichts spürt »von dem großen Marsch und Rhythmus, der uns quält und drängt.»Der Mensch kann die Kirche krank machen dadurch, (…) dass er gleichsam nur in die Kirche sich flüchten möchte zur eigenen Sicherheit und Geborgenheit. Wie anders gingen wir durch die Geschichte, wenn wir uns angehaucht fühlten von dem Heilswillen Gottes! Kirche ist man nicht aus ein bisschen Heilsangst, sondern aus einem unbändigen Missionswillen heraus.«

6. »Die wollen uns doch gar nicht …«

Delp hat wohl Recht: Kirche ist man aus einem unbändigen Missionswillen heraus. Aber dieser Wille hat große Widersacher, und einer davon ist die Resignation. Unangenehmerweise gibt es vieles, was dafür spricht, resignativ zu sein.

In der Erzdiözese Wien hat der Erzbischof, Kardinal Christoph Schönborn, gemeinsam mit seinen Weihbischöfen und Vikaren eine kleine Missionsinitiative gestartet: Einmal im Monat werden die Tore des Bischofshauses geöffnet. Ein roter Teppich geht dann von der Straße in der Wiener Innenstadt hinein durch das Tor, quer über den Innenhof, bis zur Kapelle des Erzbischofs. Kardinal Schönborn und seine engsten Mitarbeiter teilen sich dann in drei Gruppen auf: Eine erste Gruppe steht vor dem Tor und lädt die Vorübergehenden ein hereinzukommen. Eine zweite Gruppe schenkt im Hof Kaffee und Suppe aus und lädt die Hereingekommenen zum Gespräch ein. Und eine dritte Gruppe tut in der Kapelle Dienst, wo das Allerheiligste ausgesetzt ist und alle eingeladen sind, einfach nur dazusitzen oder auch eine Kerze anzuzünden, einen Zettel mit einer Gebetsbitte in ein Kästchen zu werfen oder eine Bibelstelle zu ziehen. Alle sind eingeladen, in den Hof, in die Kapelle, zu einer Plauderei oder auch einem Seelsorgegespräch mit dem Bischof und den anderen. Egal, ob sie gerade ein Eis schlecken, einen Hund an der Leine führen, ob sie beruflich in der Innenstadt zu tun haben, Tourist sind, Bettler oder Schulkind.

Einmal haben wir Mitarbeiter der Erzdiözese gebeten, dabei doch mitzuhelfen. Einer Kollegin war anzumerken, wie unangenehm ihr diese Vorstellung war, vor allem der Gedanke, vor dem Tor zu stehen und Passanten einzuladen. »Im Grunde wollen die Leute uns ja gar nicht«, erklärte sie. »Die lehnen die Kirche doch nur ab und sind an dem, was wir ihnen geben wollen, doch gar nicht interessiert.«

Ich kannte das auch von mir. Aber ich habe dann einfach erzählt, was ich selbst dort erlebt habe: Den Mann, der zuerst fünf verschiedene Gründe nennt, warum er jetzt keine Zeit hat und dafür schon gar nicht – und der dann doch hereinkommt, eine halbe Stunde mit Tränen in den Augen in der Kapelle sitzt und ein intensives Gespräch mit einem der Priester führt. Die Frau, die sich beim Weggehen innig bedankt: »Genau das habe ich heute gebraucht.« Die Studentin, die mir sagt, dass sie es jetzt mit Beten für ihre bevorstehende Prüfung probiert hat. Erstmalig. »Wenn's funktioniert hat, das verspreche ich Ihnen, dann werde ich katholisch!« Die Migranten, die ganz andächtig Kerzen anzünden. Die Touristen, die von der stillen Atmosphäre des Innenhofes mitten im Trubel der Großstadt berührt werden.

Und ich habe der Kollegin auch davon erzählt, wie exponiert und lächerlich ich mir vorkomme, wenn ich mich da auf die Straße stelle, wie viel Überwindung mich das kostet. Und dass die allermeisten tatsächlich einfach vorbeilaufen. Aber dass das nichts ausmacht.

7. Wenn die Fische ausbleiben

»Ich denke, die Leute wollen uns nicht«, hat mir auch ein befreundeter Pfarrer gesagt, der in seiner Pfarre seit Jahren versucht, die Menschen wirklich in eine Freundschaft mit Christus zu führen und der vieles versucht hat. Ich verstehe ihn. Und doch, denke ich, ist seine Beobachtung nicht die ganze Wirklichkeit: »Die Leute« mögen in der Masse zu sehr abgelenkt sein, um unser Angebot wahrzunehmen. Aber in der Masse sind dennoch die vielen Einzelnen, die suchen. Und wir wissen nicht, wann und wie uns Gott in unsere ausgeworfenen Netze Fische schwimmen lässt.

Und vor allem gilt, was Papst Franziskus in *»Evangelii Gaudium«* so klar benennt, in einer Stelle, die selten zitiert wird: »Manchmal kommt es uns vor, als habe unsere Arbeit kein Ergebnis gebracht, aber die Mission … ist etwas viel Tieferes, das sich jeder Messung entzieht. Vielleicht verwendet der Herr unsere Hingabe, um Segen zu spenden an einem anderen Ort der Welt, wo wir niemals hinkommen werden. Der Heilige Geist handelt wie er will, wann er will und wo er will; wir aber setzen uns ohne den Anspruch ein, auffällige Ergebnisse zu sehen. Wir wissen nur, dass unsere Hingabe notwendig ist. Lernen wir, in den zärtlichen Armen des Vaters zu ruhen, inmitten unserer kreativen und großherzigen Hingabe. Machen wir weiter, geben wir ihm alles, aber lassen wir zu, dass er es ist, der unsere Mühen fruchtbar macht, wie es ihm gefällt.«

8. Heulen und Zähneknirschen

Wenn Sie trotzdem die Versuchung überfällt, sich dem scheinbaren Desinteresse der Menschen an der Freundschaft mit Christus geschlagen zu geben, dann denken Sie an Paul Cowley und seine Geschichte.

Ich habe diese erstaunliche Lebensgeschichte auf einer Studienreise in England gleich zweimal gehört und ich gebe ausgerechnet diese Geschichte hier weiter, weil Paul Cowley, den ich nicht besser kenne als von einmal Händeschütteln, sie auch auf Youtube erzählt und sie damit öffentlich gemacht hat. Das erste Mal, dass ich ihn erlebte, war während einer Einheit des Glaubenskurses »Alpha«. Dreihundert Menschen waren dazu in die Pfarrkirche Holy Trinity Brompton in London gekommen, wo man vor Jahrzehnten schon diesen Kurs für »Glaubens-Neulinge« konzipiert hat. An dem Abend, an dem ich als Zaungast auf der Galerie sitzen durfte, ging es um das Thema »Warum Bibel lesen?«, Impulsreferent war Paul Cowley.

Er begann so: »Das erste Mal in meinem Leben sah ich eine Bibel mit 18, als ich vor Gericht vereidigt wurde, als Angeklagter.« Cowley ist heute um die 60 Jahre alt, fit, kräftige Statur. Der Mann aus der Industriestadt Manchester gehört zu jenen Menschen, denen man instinktiv vertraut, weil sie einfach Verlässlichkeit ausstrahlen. Man hat den Eindruck, nichts könne ihn erschüttern. So jemanden hätte man gern als Kommandanten auf der Brücke, wenn die Titanic untergeht.

Mit britischem Humor gab er das Zeugnis eines gar nicht lustigen Lebens: Die Eltern Alkoholiker. Mit 16 aus dem Elternhaus und zugleich aus der Schule geflogen. Straßendiebstähle, erste Strafen, Betrügereien, ein Jahr Gefängnis. Kein einziger Besuch von den Eltern. Als er entlassen wurde und sie suchte, waren sie geschieden und unbekannt verzogen. Sein Rettungsanker wurde das Militär. Paul Cowley wurde Berufssoldat und ging für Auslandseinsätze nach Nordirland und auf die Falkland-Inseln. Aber innerlich kam er nicht zur Ruhe. Zweimal heiratete er, zweimal folgte bald danach die Scheidung. Einen dreijährigen Sohn ließ er bei der Mutter zurück und hatte fortan keinen Kontakt mehr zu ihm. Nach 17 Jahren mustert man Paul Cowley aus, er wurde Fitnesstrainer. Er hatte eine neue Freundin, aber aus Angst, der Verantwortung nicht gewachsen zu sein, wollte er nicht heiraten. »Mein Leben«, so sagt er, »war ein großes Chaos. Voll Alkohol, Spielschulden, moralischer Verirrungen und vor allem voller Verzweiflung, obwohl ich das nie zugegeben hätte.«

Wenn er heute zurückblicke, dann werde ihm der Grund klar: »In meinem Leben hat Gott keine Rolle gespielt.« Niemals habe er je etwas über Gott erfahren. Keiner habe ihm davon erzählt. Die Eltern waren Atheisten, in der Schule gab es keinen Religionsunterricht. Im Gefängnis und beim Militär bekam er all die Jahre nie einen Seelsorger zu Gesicht.

Erst als er 40 Jahre alt war, lud ihn ein Bekannter ein, der Christ geworden war. Beim Abendessen sprachen sie über den Glauben, und der Freund gab ihm einen Bibelvers mit. »Und damit hat alles angefangen.« Der Bibelvers, den er zufällig auswählt, ist jener, in dem vom »Heulen und Zähneknirschen« in der Hölle berichtet wird. »Sicher nicht ein Bibelvers, den wir uns aussuchen würden, um jemanden zu bekehren«, sagt Paul Cowley. Aber er lässt ihn nicht los, beunruhigt ihn so, dass er mehr wissen will.

Der nächste Schritt war ein Glaubenskurs wie der, in dem Cowley jetzt vortrug. »Ich wusste eigentlich gar nicht, was mich da erwartete. Aber als ich durch diese Türe da hinten hereinkam, hat sich mein Leben verändert.« Bei diesem Kurs begegnete Paul Cowley, wie er sagt, Gott. »Einem Gott, der mich bedingungslos liebt. Ausgerechnet mich.« Eine Pfarrgemeinde nahm ihn auf und gab ihm Geborgenheit. Seine Ex-Frau rief aus heiterem Himmel an und sagte: »Dein Sohn, den du 16 Jahre lang nicht gesehen hat, braucht dich.« Er fand den Mut, seine Freundin zu heiraten und wurde noch einmal Vater. Und sein Vertrauen in Christus wuchs.

Nach dreijährigem Studium wurde Paul Cowley von der Church of England zum Priester geweiht und arbeitet dort heute eng mit seinem Sohn zusammen. Er hat auch seinen eigenen Vater gefunden und sich mit ihm ausgesöhnt. Derzeit leitet Paul Cowley die Sozialinitiativen der weit über die Grenzen Englands hinaus bekannten Pfarre Holy Trinity Brompton: Sie engagiert sich für Haftentlassene, Obdachlose und Menschen mit psychischen Problemen, sie organisiert Armenspeisungen und Kurse und bietet Rechtshilfen, Kurse und Mentorenprogramme an. Viele dieser Initiativen hat er selber begründet.

Unserer Gruppe aus der katholischen Erzdiözese Wien schilderte er seinen Wirkungsbereich und zog dieses Fazit: »Zuerst kommt die praktische Seite des Evangeliums: Wir geben den Menschen zu essen, helfen ihnen beim Aufbau einer Existenz in Würde. Dann erst reden wir mit ihnen über Gott. Trotzdem ist das das Allerwichtigste. Ich habe das selber erlebt: Mein Leben war in Trümmern. Es ist wieder ganz geworden, weil ich mit 40 Jahren endlich jemanden gefunden hatte, der mit mir über Gott gesprochen hat.«

9. Mission braucht keine großen Taten.

Vier Lehren hält diese Geschichte für mich bereit:

Zum einen schildert sie uns die spirituelle Wüste, die zurückbleibt, wenn die Kirchen in den christlichen Ländern bedeutungslos werden: Ein Mann voller Sehnsucht nach der Fülle des Lebens muss 40 Jahre alt werden, bevor er das erste Mal etwas von der Frohen Botschaft hören kann.

Die Geschichte von Paul Cowley zeigt aber auch: Mission braucht keine großen Taten, sondern nur die Bereitschaft, über Gott zu reden, wenn der Moment dazu reif ist. Und eine Gemeinschaft, deren Liebe so groß ist, dass sie Menschen »von draußen« einlädt, auf sie zugeht und mit ihnen den Glaubensweg weitergeht.

Und man sieht noch mehr: »Mission« steht nicht in Konkurrenz zu Caritas; sie bildeten ja auch historisch immer wieder eine Einheit (vgl. die Anfänge der Caritas und der Diakonie). Das eine ohne das andere wäre keine christliche Antwort auf die existenzielle Not der Menschen. Echter Glaube drängt zu beidem, weil er das ganze Heil des Nächsten umfasst.

Letztendlich bezeugt Pauls Geschichte auch: Gott tut immer noch Wunder. Heute wie vor hundert oder tausend Jahren. Und wie in hundert oder tausend Jahren. Und er lädt uns ein, Teil seiner Wunder zu sein.

10. Wer soll zu Jesus finden?

Jetzt werden Sie vielleicht sagen: Paul Cowley ist einer. Dann gibt es noch zehn, hundert, tausend andere. Aber viel mehr solcher Beispiele gibt es doch nicht. Aber in der Präambel des **Mission Manifest** steht: »Wir wollen, dass unsere Länder zu Jesus finden.« Nicht bloß hier einer und dort einer, sondern: unsere Länder. Das bringt uns zu einer wichtigen Frage: Was ist das eigentliche Ziel eines missionarischen Aufbruchs der Kirche?

Mission hat ein klares Ziel: den einzelnen Menschen und sein Leben in Fülle. Wer missioniert, um seine Kirche endlich wieder voll zu bekommen, um die Kirchensteuerbasis oder den gesellschaftlichen Einfluss zu sichern, als Priester vor den Kollegen aus dem Weihejahrgang gut dazustehen, den anderen zu beweisen, dass Gott mit uns ist und nicht mit der Konkurrenz – wer deswegen missioniert, der missioniert nicht. Der macht nur Mitgliederwerbung.

Mission ist auch nicht das Gebot der Stunde, um die Islamisierung der Welt aufzuhalten oder das christliche Erbe des Abendlandes zu retten. Das erreicht man zwar tatsächlich nur damit, dass es wieder mehr Christen in Europa gibt. Aber wenn es stimmt, dass es einen allmächtigen, barmherzigen Gott gibt, der jeden einzelnen kennt und liebt, zu dem man zärtlich Abba (Vati, Papi, Papa) sagen darf und der allen das Paradies bereitet hat – wenn das stimmt, dann ist das so gewaltig und groß, dass wir es ohne jeden Hintergedanken verkünden können. »Denn wir können unmöglich von dem schweigen, was wir gesehen und gehört haben.« (Apg 4,20).

Die Botschaft ist zu groß, um sie in den Dienst einer Agenda zustellen. Wer das dennoch tut, zeigt nur, dass er im Grunde nicht daran glaubt. So wie einer lügt, der behauptet, in der Tiefe seiner Seele von Mozarts Requiem ergriffen worden zu sein, und es aber als Hintergrundmusik im Kaufhaus einsetzt, damit die Leute mehr konsumieren.

11. Wie tief geht Christianisierung?

Der Auftrag Christi an die Jünger vor seiner Himmelfahrt ist ernst zu nehmen: »Geht zu allen Völkern und macht alle Menschen zu meinen Jüngern!« (Mt 28,19). Alle Völker. Alle Menschen. Das heißt: nicht nur ein paar Auserwählte. Alle. Niemand ist vom Heilswillen ausgeschlossen. Es heißt aber auch: zu Jüngern machen. Nicht zu Kirchensteuerzahlern oder zu Messbesuchern. Nicht zu Karteikatholiken. Sondern zu Jüngern!

Was sind »Jünger«? Das sind Menschen, die in eine Freundschaftsbeziehung mit Christus eingetreten sind, die ihr Leben mit ihm leben wollen, die seinen Worten vertrauen und sie zum Grundmuster ihres Lebens machen. Kurz gesagt: Menschen, die nicht nur an Christus glauben, sondern ihm glauben und nachfolgen. Diesen Glauben kann man nicht flächendeckend herstellen wie man eine Bevölkerung alphabetisieren oder gegen Pocken durchimpfen kann.

Aus diesem Blickwinkel kann man die Säkularisierung unserer Tage auch als Rückabwicklung einer Christianisierung verstehen, die in vielen Teilen eben nicht auf Jüngerschaft, sondern bloß auf die Zugehörigkeit zur Religionsgemeinschaft abgezielt hat. Der amerikanische Religionssoziologe Rodney Stark hat das in einem vielbeachteten Aufsatz ziemlich drastisch so beschrieben: »Das Christentum, das über das alte Rom triumphiert hat, war eine Massenbewegung in einem Umfeld mit hohem Konkurrenzdruck. Das Christentum, das danach den Großteil Europas oft nur dem Namen nach bekehrt hat, war eine etablierte, subventionierte Staatskirche, die sich zu verbreiten trachtete, nicht indem sie die Bevölkerung missionierte, sondern indem sie die Könige taufte und diese dann als Nationalheilige heiligsprach.«

Dass es durch die ganze abendländische Geschichte hindurch echte Volksmissionare gegeben hat, ist kein Widerspruch, sondern eher ein weiterer Beweis für die Oberflächen-Christianisierung, in der ganze Völker massengetauft wurden und die zu allen Zeiten Extra-Anstrengungen für eine tiefergehende Bekehrung notwendig machte. So gesehen sind wir heute nicht anders dran als in den vergangenen 1700 Jahren.

12. Das christliche Europa liegt nicht hinter, sondern vor uns.

Könnte es vielleicht sogar sein, dass viele Menschen, die sich nicht mehr Christen nennen, heute weitaus christlicher leben und miteinander verkehren als in den vergangenen Jahrhunderten? Gewiss, man sollte nicht verharmlosen, dass Grundmuster des Zusammenlebens weggebrochen sind, etwa das Verständnis der unauflöslichen Ehe von Mann und Frau und die daraus resultierende Selbstverständlichkeit einer lebenslangen Treue. Andererseits sind heute bestimmte Werthaltungen in einem Maß ausgeprägt, dass es christliche Nationen der Vergangenheit und ihre allerchristlichsten

Herrscher erblassen lassen würde – etwa das Bewusstsein von der Würde jedes Menschen, der respektvolle Umgang miteinander oder die soziale Sorge um die Schwachen … Schon Augustinus hat uns vor vorschnellen Zuordnungen gewarnt: »Viele, die drinnen sind, sind draußen, und viele, die draußen sind, sind drinnen.«

Darum ist Mission kein Weg zurück zu einem idealisierten Zustand der Vergangenheit. Die wirkliche Christianisierung Europas liegt nicht hinter uns, sondern vor uns. Daher ist es so wichtig zu betonen: Ja, es geht um unsere Länder. Es geht um den ganzen Kontinent. Es geht um die ganze Welt. Aber es geht nicht darum, eine christliche Prägung zu konservieren oder wiederherzustellen. Selbst die freieste Übersetzung des Matthäusevangeliums kommt nicht zu einer Lesart, in der es hieße: »Geht zu allen Völkern und gebt ihnen eine christliche Prägung!« Wir sind das Salz der Erde. Und wenn es etwas zu bewahren gibt, dann sind es nicht äußerliche Prägungen und Kulturformen in unseren Ländern. Zu bewahren ist der Geschmack des Salzes. Wo es Christen gibt, die im Namen Christi zusammen sind, gibt es die Kirche. Wo es Christen gibt, die aus ihrem Glauben heraus in einem Land Verantwortung übernehmen, gibt es ein Land mit christlicher Prägung. So einfach (und gleichzeitig unendlich herausfordernd) sind die Dinge.

Natürlich leben die Menschen in einem christlich geprägten Land besser, würdiger, aufmerksamer. Und sie haben die besseren Chancen, Christus kennenzulernen. Sie müssen nicht vierzig Jahre lang dahinleben, bis sie »Worte ewigen Lebens« hören können. Aber wenn wir sagen: »Wir wollen, dass unsere Länder zu Jesus finden«, meinen wir mehr. Es ist unsere tiefste Sehnsucht, dass alle Menschen ein Leben in Fülle haben, nicht nur die, die wir am Sonntag im Pfarrcafé oder am Donnerstagabend in der Bibelrunde treffen. Es ist ein Bekenntnis zum Auftrag, die ganze Welt zu erneuern und Gott darzubringen und nicht bloß unser gepflegtes Vorgärtlein. Es benennt eine Hinwendung zur ganzen Welt, die »Gott so sehr geliebt hat, dass er seinen einzigen Sohn hingab, damit jeder, der an ihn glaubt, nicht verloren geht, sondern das ewige Leben hat.« (Joh 3,16)

13. Der Einzelne und die Bekehrung der Welt

Jeder Christ, der Christus nachfolgt, trägt Verantwortung für die ganze Welt. Nicky Gumbel, der mit den Alpha-Kursen eine der erfolgreichsten missionarischen Initiativen entwickelt hat, nennt gern als Ziel dessen, was seine Kurse bewirken, »die Bekehrung der Nationen, die Erneuerung der Kirche und die Transformation der Gesellschaft«.

Das ist nicht überheblich, sondern das sind die Ziele des Evangeliums. Dort ist vom Sauerteig die Rede, der solange untergemischt werden soll, »bis das Ganze durchsäuert« ist. (Lk 13,20) Und vom »Licht der Welt« (Mt 5,14), das keinesfalls unter den Scheffel (Mt 5,15) darf. Deshalb und weil jeder, der Christus neu kennenlernt, auch in dessen Sorge und Liebe für die ganze Welt hineingezogen wird, haben wir eine Mission für die ganze Welt.

Der konkrete einzelne Mensch, dem sich der Missionar zuwendet, darf dennoch nie zum bloßen Mittel einer Zielerreichung gemacht werden. Das Heil jedes einzelnen Menschen ist Weg und Ziel der Ausbreitung des Reiches Gottes. Es gibt dahinter kein größeres, wichtigeres Ziel. Denn Mission ist der Wille, dass es dem Nächsten gut geht. Mission ist Ausdruck der Liebe – der Liebe der Kirche, der Liebe einer Gemeinde, der Liebe eines Christen. Wer wirklich liebt und glaubt, kann gar nicht anders als missionieren. »Wir können unmöglich schweigen über das, was wir gesehen und gehört haben.« (Apg 4,20) Unmöglich? Geht es uns auch so? Mission als Hinwendung zu allen ist der Lackmustest der Echtheit des Glaubens.

14. Absichtslos und ergebnisoffen?

Aber, so hat kürzlich jemand in einer Mail an uns geschrieben, als wir einen Glaubenskurs angeboten haben: Muss nicht die Begegnung der Kirche mit den Menschen absichtslos und ergebnisoffen sein?

Mission besteht aus dem Aufbau von Beziehungen, die keinen anderen Zweck haben, als dass sie Ausdruck von Liebe, Sorge, Wohlwollen dem andern gegenüber sind. Jede andere Absicht würde die Beziehung zerstören. Ebenso wäre auch eine Ehe auf Sand gebaut, bei der der Ehepartner nicht das Ziel, sondern nur ein Mittel wäre, für mehr Ansehen, eine reiche Mitgift oder für die garantierte Verfügbarkeit sexueller Dienstleistungen. Aber auch eine Ehe ist nicht absichtslos und ergebnisoffen. Die Ehepartner erklären sogar öffentlich ihre Absicht. Sie sagen, was sie mit der Eheschließung wollen: Ich will dich lieben, achten und ehren, in guten und in bösen Tagen. Und eine Hoffnung gibt es auch: geliebt, geachtet und geehrt zu werden, in guten und in bösen Tagen. Und es gibt die ganz konkrete und große Absicht und Hoffnung, Eltern zu sein, und zwar gute. Und viele kleinere Absichten und Hoffnungen: gemeinsam die Wohnung zu renovieren, ein Erdbeerbeet zu bepflanzen, zum Hochzeitstag Blumen mitgebracht zu bekommen, gemeinsam zu wandern, viel Spaß im Bett zu haben usw. Und es ist gut und auch gar nicht anders möglich, dass es diese Absichten und Hoffnungen gibt.

Auch gibt es keine Freundschaft, die ohne Absichten und Hoffnungen ist. Niemand geht absichtslos und ergebnisoffen miteinander in den Urlaub. Kein Lebensretter stürzt sich absichtslos und ergebnisoffen in die Fluten, in denen gerade jemand ertrinkt. Auch Gott hat seinen einzigen Sohn nicht absichtslos und ergebnisoffen in die Welt gesandt. Und Christus hat sein Leben nicht absichtslos und ergebnisoffen am Kreuz hingegeben. Und wir können das Kreuz auch nicht absichtslos und ergebnisoffen auf uns nehmen. Wir dürfen durchaus die Absicht haben, jemandem das Größte mitzuteilen, das wir wissen. Das Beste zu teilen, das wir haben. Wir dürfen hoffen, jemanden für Christus gewinnen zu können, weil Christus ihm das »Leben in Fülle« (Joh 10,10) geben will. Aber in der Nachfolge Christi dürfen wir niemanden verzwecken, vereinnahmen und täuschen, – und wir müssen die Freiheit des anderen achten. Gott hat uns die Freiheit mit allen ihren

Folgen gegeben, und lieber nahm er das Kreuz auf sich, als dass er uns die Freiheit nimmt. Wir müssen das genau so tun.

Und wir müssen uns klar darüber werden, was es heißt, dass der einzelne, konkrete Mensch das Ziel ist. Es geht um den leidenden, elenden, einsamen, verzagten, zweifelnden, verzweifelt hoffenden Menschen, den Christus aufrichten und dem er die Tränen trocknen möchte und uns dazu in Dienst nimmt. Es geht um Leben und Tod, um Licht und Finsternis, um Hoffnung oder Verzweiflung. Es ist ein Schrei, auf den wir antworten müssen. Wir alle.

15. Von der Haltung des Aufbruchs

Wir sind beim letzten Teil der Präambel des **Mission Manifest** angekommen, jenem Teil, in dem der Papst zitiert wird: Es geht hier um missionarischere Strukturen und eine »ständige Haltung des Aufbruchs«. Und damit darum, wie das missionarische Handeln des einzelnen Christen zusammenhängt mit dem, was die »Hierarchie« der Kirche tut. Da gibt es Fallen, die das missionarische Tun einschränken können. Ich möchte hier auf drei näher eingehen: Die Gefahr, sich in der Kritik an den kirchlichen Obrigkeiten zu verzetteln. Die Gefahr, unnötig auf »die da oben« zu warten. Und die Illusion, dass »Obrigkeiten« einen missionarischen Aufbruch orchestrieren können.

Die Gefahr des Verzettelns in Kirchenkritik: Jede Bekehrung eines anderen setzt die eigene Bekehrung voraus und zieht sie auch wieder nach sich. Das bedeutet aber auch, dass die Erneuerung der Kirche immer mit der eigenen Umkehr beginnt. Der heilige Franziskus hat uns das vorgelebt. Und Papst Benedikt hat in seiner Katechese über den heiligen Franziskus klar gesagt, dass Erneuerung selten durch die hierarchischen Häupter der Kirche geschehe, sondern durch Menschen an der Basis. Erneuerung werde, so der Papst, selten durch die Hierarchie bewirkt, aber immer nur mit der Hierarchie.

So wie es nicht sinnvoll ist, mit dem Missionieren zu warten, bis der eigene Bischof es angeordnet hat, so ist es auch sinnlos, mit Aktionen gegen den eigenen Bischof die Welt und die Kirche erneuern zu wollen. Es ist die Tragik vieler Reformgruppen, dass sie in der Illusion leben, mit Forderungspapieren und öffentlicher Bischofs- oder Papstschelte dem Heiligen Geist die Türen und Fenster der Kirche zu öffnen. Es ist legitim, Bischöfen im Gespräch die Meinung zu sagen und Besseres vorzuschlagen. Aber auch wenn es nicht unmöglich ist, dann ist es doch schon rein statistisch sehr unwahrscheinlich, dass Gott ausgerechnet mich dazu ausgewählt hat, seiner Kirche durch Protestschreiben eine andere Richtung zu geben.

16. Wer will, der kann.

Die Gefahr, auf die Hirarchie zu warten: Seit ich eng mit einem Bischof zusammenarbeite, weiß ich, dass es nicht nur schwer ist, ein Bischof zu sein, sondern auch ganz anders, als man es sich vorstellt. Das gilt wohl auch für Vikare, Dechanten, Pfarrer und Kapläne. Sie alle haben mit Fußballtrainern gemeinsam, dass das »Publikum« genau weiß, was sie alles falsch machen und wie es richtig gemacht gehört. Aber anders als das Fußballpublikum, das außer der gut getimten Inbetriebnahme einer Vuvuzela wenig zum Teamsieg beitragen kann, hat der einfache Christ tausend Möglichkeiten, selber tätig zu werden. Denn jeder Christ ist ein Spieler auf dem Feld und kein Zuschauer auf den Rängen (und schon gar nicht auf der VIP-Tribüne).

Schließlich geht Mission ja weit über das hinaus, was die Karikaturen meiner Kindheit gezeigt haben: Männer im Talar wagen sich zu Eingeborenen vor, von denen sie postwendend in den Kochtopf gesteckt werden. Mission ist so viel mehr, und sie spielt sich heute und hier ab und braucht in den allermeisten Formen keinen Segen des Bischofs. Der Auftrag und die Ermächtigung zur

Mission sind Teil der Grundausstattung, die man mit Taufe und Firmung bekommt.

Niemand muss den Pfarrer um Erlaubnis fragen, um seine Kinder segnen zu dürfen, bei Tisch zu beten, eine Gebetsgruppe zu gründen oder Kranke zu besuchen. Mission besteht zu 99 Prozent aus Zuhören, Helfen und Dasein. Dazu muss man von der Kirche nicht feierlich gesendet werden. Die Autonomie des einzelnen Gläubigen ist unglaublich groß. So groß, dass es eigentlich jeden von uns bestürzen müsste, was er alles nicht tut.

17. Wer sie hört, hört Christus.

Die Kirche ist der sichere Grund, auf dem wir stehen. Und richtig verstandener Gehorsam ist das Anerkennen, dass Gott in seiner und durch seine Kirche wirkt. Daher: Wir sollten nichts im Widerspruch zur Kirche unternehmen. Die Kirche ist (nicht nur, aber eben auch) in der Hierarchie, in Papst und Bischöfen, Gottes Präsenz in dieser Welt. Die Bischöfe sind die Nachfolger der Apostel, ihnen hat Christus die Leitung der Kirche aufgetragen. »Wer sie hört, hört Christus«, sagt nicht irgendein barocker Kirchenfürst, sondern das Zweite Vatikanische Konzil, übrigens im Anschluss an die Heilige Schrift: »Wer euch hört, der hört mich, und wer euch verachtet, verachtet mich; wer aber mich verachtet, verachtet den, der mich gesandt hat.« (Lk 10,16)

Und so gibt es eine gute, gesunde Spannung zwischen dem, was der einzelne Christ tun kann und dem, was Bischöfe, Ordensobere, Leiter von Gemeinschaften tun können. Diejenigen, die für Strukturen verantwortlich sind, können den missionarischen Aufbruch stützen, fördern, ihm Raum und größere Wirksamkeit geben – das ist ihre große Aufgabe in dieser Zeit. Sie können ihn auch ersticken oder in bürokratischen Prozeduren verhungern lassen. Aber sie können ihn nicht befehlen oder herbeiorganisieren. Sagen wir es klar: Sie können nichts ohne uns.

18. Den Aufbruch wagen oder den Wagen aufbrechen

Die Gefahr, Bekehrungen herbeiorganisieren zu wollen: Der missionarische Aufbruch ist die Melodie, die Gott auf seinem Instrument, der Kirche, spielt. Dazu lässt er sich bitten, aber nicht zwingen. Hier scheint mir die Ursache dafür, warum so viele kollektiv organisierte Aufbrüche in der Kirche stecken bleiben.

Es gibt so kirchliche Floskeln, die einfach nicht umzubringen sind. Meine ironischen Freunde spötteln gerne über den »katholischen Infinitiv«, der in vielen Varianten durch Papiere und Verlautbarungen geistert: »Dem Menschen dienen«, »Der Hoffnung Raum geben«, »Bei den Menschen vor Ort sein«, usw. Eines der prominentesten Beispiele ist: »Den Aufbruch wagen«. Wer bei Google diese Wendung und das Wort »Kirche« eingibt, erhält 7540 Ergebnisse. Irgendwo scheint es eine vatikanische Richtlinie zu geben, die jeder Diözese vorschreibt, zumindest einmal »Den Aufbruch wagen« als Motto für ein pastorales Zukunftskonzept, einen Diözesanprozess oder eine Fachtagung zur Kirche von morgen zu verwenden. Ein Freund hat einmal sinniert: »Das kann doch schon keiner mehr hören. ›Den Wagen aufbrechen‹, müsste man's nennen. Da würden sie wieder munter werden!«

»Aufbrechen« in jedem Wortsinn, auch dem brachialen, ist aber natürlich etwas, was in altbewährten Strukturen auf Widerstand stößt. Dann kann es passieren, dass die kollektiven Aufbrüche dann nur das »Wagnis« eingehen, den Kundendienst zu verbessern, sprich: die Kirche etwas netter zu machen. Dagegen ist nichts zu sagen, solange sich der Aufbruch darin nicht erschöpft. Denn mit dem Netten in der Religion ist es wie mit dem Hübschen in der Kunst: Es bewegt niemanden wirklich. In der Offenbarung des Johannes sagt Gott das noch etwas drastischer in seiner überraschend wenig wertschätzenden Sprache: »Weil du aber lau bist und weder heiß noch kalt, will ich dich aus meinem Mund ausspeien.« (Offb 3,16)

Ich arbeite in einer Diözese, die es nicht beim Aufbrechen belassen hat, sondern dem Aufbruch auch eine Stoßrichtung gegeben hat: Mission first! Und ich erlebe, dass auch damit das Großschiff Diözese nur unendlich langsam, mit Knirschen und Ächzen und vielen Aussetzern seine Richtung zu ändern beginnt. Und dabei hat unser Erzbischof seit 25 Jahren konsequent Bewegungen und Gemeinschaften hereingeholt, die die Haltung des permanenten Aufbruchs in ihrer DNA haben. Und mir wird eines immer klarer: Nicht im Organisieren des Aufbruchs, sondern im »Sich in den Dienst nehmen lassen« von Dir und mir liegt die Zukunft der Kirche. Und wenn die Amtsträger die richtigen Weichen gestellt haben, würden sich diese Dienste von individuellen Aufbrüchen zu Aufbrüchen der Kirche verdichten.

19. Im Zentrum stehen die, die außerhalb sind.

Im Kern geht es beim Aufbruch um eine wesentliche Korrektur des Blicks: Aus der Tradition eines zu 95 Prozent katholisch getauften Volkes kommend, das in den Gemeinden pastoral zu betreuen war, gilt es nun, die Gemeinden als in die Welt hineinragende Brückenköpfe zu sehen. Wir können beispielsweise die Eucharistiefeiern – in unserer Diözese gibt es immerhin noch allein 75.000 Sonntagsmessen pro Jahr – als Quellen zu sehen, von denen aus die Gnade Gottes nicht nur in die Kirchenräume strömt, sondern in die ganze Welt und zu allen Menschen.

Es geht darum, jene Institution zu sein, der die Menschen, die nicht dazugehören, noch wichtiger sind als diejenigen, die schon da sind. Das ist keine Missachtung der treuen Christen – im Gegenteil: Es traut ihnen zu, wahre Nachfolger Christi und der Apostel zu sein, die alles Bestehende aufs Spiel gesetzt haben, um die noch nicht Erreichten zu erreichen.

Marketingspezialisten werden vielleicht einwenden, dass das die falsche Strategie ist: Es ist nämlich viel teurer, einen neuen

Kunden zu werben, als einen alten zu halten. Aber Christus hat seine Anhänger nicht zu Kundenbetreuern ernannt, sondern zu Menschenfischern. Auch Fischer betrachten es als ihre Pflicht, ihre Köder gut zu verwahren, ihre Angel und Netze tipptopp zu halten, den vom Großvater an Land gezogenen Rekordhecht über dem Kamin abzustauben und sich mit Gleichgesinnten zu treffen und auszutauschen. Aber Fischer, die nie zum Fischen gehen und nie draußen auf dem Wasser sind, drohen zu komischen Figuren zu werden.

Wir sehen das auch ganz konkret bei unseren Gemeinden: Überall dort, wo man sich zuerst einmal auf sich selbst konzentriert und zunächst die eigene Schar konsolidieren will, bevor man sich in die Welt hinauswagt und die anderen in den Blick nimmt, gibt es wenig Zukunft. Dort aber, wo man versucht, die Außenstehenden anzuziehen, wird die Kirche auch für diejenigen viel attraktiver, die schon da sind.

20. Man versteht nur, was man liebt.

Das Prinzip, sich zuallererst um die zu sorgen, die noch nicht da sind, ist simpel und praktikabel. Es kann von jeder Einheit ohne Schulungsaufwand umgesetzt werden: von der Gebetsgruppe über die Pfarre bis zur Diözese. Es kann aber auch weitreichende und manchmal schmerzvolle Auswirkungen haben. Es bedeutet die Aufgabe derjenigen liebgewordenen Traditionen, die nicht mehr nach außen wirken. Es bedeutet auch, dass man sehr genau überlegen muss, ob ein Bischof mit einer öffentlichen Äußerung zu einem »heißen Eisen« vielleicht das Missionsgebiet mehr verschreckt, als dass er die treue Herde bestärkt.

Der Versuch, dem Volk ins Gewissen zu reden, geht nach hinten los, wenn dem Volk das Vorverständnis fehlt. »Man versteht ja nur das, was man liebt«, heißt es in Heimito von Doderers Roman »Die Dämonen«. Ich denke, das stimmt. Wer die Kirche nicht liebt, wird sie nicht verstehen. Das ist heute der Normalfall. Eine Anekdote berichtet von einem Missionar in Indien, der sich aufgerafft hat, eine heidnische Zeremonie nicht einfach ablaufen zu lassen, sondern sich am Rand postierte und versuchte, die Menschen von ihrem Tun abzubringen. Jahr für Jahr stand er dort. Als er starb und ein Nachfolger kam, überraschten ihn die heidnischen Würdenträger mit der Bitte, es seinem Vorgänger doch gleichzutun. Denn das Wettern am Rande der Zeremonie sei längst zu einem traditionellen Bestandteil des Festes geworden.

Das ist nur eine Anekdote. Ich habe aber erlebt, dass wir offenbar mittlerweile auch hier in Europa die Position exotischer Randfiguren einnehmen, die auf putzige Weise die Szenerie beleben, indem sie rituell Erregungen vortanzen, die keiner versteht. Ein Anruf vom ORF: Man bereite eine Reportage zur steigenden Akzeptanz von Sadomaso-Praktiken in der Gesellschaft vor. Es fehle ihnen aber noch jemand, der von Seiten der Kirche dazu Stellung bezieht. Als ich einen katholischen Psychotherapeuten nannte, der profund über die Untiefen solcher Praktiken Auskunft geben könnte, winkte der Produzent ab. Nein, nein, das wolle man nun grad nicht! Man brauche jemanden, der ordentlich dagegen vom Leder zieht, am besten einen Priester in schwarz, vor einer Kirche. So einen richtigen Moralapostel. Haben Sie da nicht wen? Mich hat daran nicht beeindruckt, dass man das Krokodil im Kasperltheater mit einem wetternden Kirchenmann besetzen wollte. Das erlebe ich ständig. Mich hat vielmehr beeindruckt, dass man dieses Ansinnen ganz offen und unverblümt aussprach. Der Produzent hat offenbar gedacht, dass das die Rolle ist, die wir gerne spielen und für die wir daher gerne jemanden bereitstellen würden. Wie kommt er bloß auf diese Idee? Hat vielleicht unser Kommunikationsverhalten damit zu tun?

Die Frage ist: Wie und mit welchen Themen positionieren sich Vertreter der Kirchen in der Öffentlichkeit eines Missionslandes? So, dass sie die Mission unterstützen. So, dass sie ein Wachstum der Liebe zur Kirche ermöglichen. Aber ohne gleich vom Krokodil zum schmeichelweichen Dauerlächler zu werden. Das ist nur ein Beispiel dafür, wie herausfordernd die Sache wird, wenn man sich eingesteht, in einem Missionsland zu sein.

21. Alfred Delp oder: verschärfte Bedingungen

Sich auf die unbekannten Größen da draußen einzulassen, dazu braucht es Wagemut. Und es braucht Ernsthaftigkeit. Menschen sehnen sich wie zu allen Zeiten nach der Nachricht vom Erlöser, aber sie kommen durch tausend Ablenkungen nur mehr sehr schwer an den Punkt, an dem sie ihre Erlösungsbedürftigkeit erkennen. Können wir es ihnen mit strenger Miene einreden? Sollen wir mit dem Ruf: »Das Ende ist nahe. Bekehret Euch!« durch die Straßen ziehen?

Wenn Menschen Christus, (den Glauben, die Kirche …) als Antwort auf ihre vielleicht nur vage erkannte Not verstehen sollen, müssen wir ernsthaft und konkret bei dieser Person und ihrer Not ansetzen. Wir müssen die Person und die Not ernstnehmen. Und wir müssen zeigen, dass wir etwas haben, eine verborgene Ressource, die uns hilft, anders zu sein als der Rest der Welt: tiefer, gütiger, offener, furchtloser, liebender, konsequenter in der Zuwendung.

Es geht um die anspruchsvolle Tugend, zu der man früher »Opferbereitschaft« sagte. Dank eines Wärters, der die Handfessel in der Nacht nicht allzu fest angezogen hat, konnte Alfred Delp in der Gestapo-Zelle im Winter 1944/45 auf einem kleinen Zettel notieren: »›Der Menschensohn ist nicht gekommen, sich bedienen zu lassen, sondern zu dienen‹ (Mk 10,45).« Man muss nur die verschiedenen Realitäten kirchlicher Existenz einmal unter dieses Gesetz rufen und an dieser Aussage messen, und man weiß eigentlich genug. Es wird kein Mensch an die Botschaft vom Heil und vom Heiland glauben, solange wir uns nicht blutig geschunden haben im Dienste des physisch, psychisch, sozial, wirtschaftlich, sittlich oder sonstwie kranken Menschen.«

Und dann weiter: »Man muss, glaube ich, den Satz sehr ernst nehmen: Was gegenwärtig die Kirche beunruhigt und bedrängt, ist der Mensch. Der Mensch außen, zu dem wir keinen Weg mehr haben und der uns nicht mehr glaubt. Und der Mensch innen, der sich selbst nicht glaubt, weil er zu wenig Liebe erlebt und gelebt hat. Man soll deshalb keine großen Reformreden halten und keine großen Reformprogramme entwerfen, sondern sich an die Bildung der christlichen Personalität begeben und zugleich sich rüsten, der ungeheuren Not des Menschen helfend und heilend zu begegnen. (…) Die Kirche muss sich selbst viel mehr als Sakrament, als Weg und Mittel begreifen, nicht als Ziel und Ende.«

22. Ein Sein … lange bevor es ein Tun wird

Blutig schinden, der ungeheuren Not des Menschen begegnen. Das klingt nicht nach einem Frühlingsspaziergang. Was ist, wenn alle Weichen gestellt sind, die der Papst verlangt, wenn die »Strukturen der Kirche alle missionarischer« geworden sind, »die gewöhnliche Seelsorge in all ihren Bereichen expansiver und offener« und »die in der Seelsorge Tätigen in eine ständige Haltung des ›Aufbruchs‹ versetzt« sind – und dann doch die Missionare fehlen? Weil niemand das alles kann, überzeugend über Gott reden, selbstlos helfen, und sich auch noch blutig schinden im Dienst am Menschen in seiner ungeheuren Not.

Dann hätten wir unsere Rolle noch nicht gefunden: meine, deine, seine, ihre unsere und eure. Mission ist nämlich die gemeinsame Aufgabe der Kirche. In dieser Aufgabe hat jeder seinen spezifischen Dienst, und es müssen nicht alle alles können und tun. Aber alle müssen eingebunden sein. Wir erkennen heute wieder, was den ersten Generationen der Christen selbstverständlich war:

dass es kein Christsein gibt ohne Teilnahme am Dienst der Verkündigung. Aber keine Angst: Das Missionarische ist zu allererst ein Sein – schon lange, bevor es zum Tun wird.

Wir hatten knapp nach dem Ende des Eisernen Vorhangs ein junges Au-Pair-Mädchen aus der Slowakei. Sie war zwar noch getauft, aber sonst dank der kommunistischen Ödnis in weiter Ferne von Kirche und Glaube aufgewachsen. Nach einigen Wochen begann sie, wenn wir Gäste im Haus hatten, meine Frau zu fragen, ob das nun auch wieder Christen gewesen seien. Und das nächste Mal wieder. Und wieder. Nach einem Jahr fuhr ist sie wieder nach Hause. Dort ging sie zu ihrem Ortspfarrer, nahm Glaubensunterricht und holte die Erstkommunion und die Firmung nach. Sie wurde auf den christlichen Glauben neugierig, weil unsere Gäste so auffallend liebe Leute waren. Unsere Gäste haben nicht einmal etwas Besonderes tun müssen, um Missionare zu sein. Sie haben, ohne daran zu denken, den Sinn der Worte des heiligen Franziskus befolgt: »Verkündet zu aller Zeit das Evangelium, wenn nötig auch mit Worten.«

Nicht alle, aber viele werden vom Sein zum Tun kommen. Mancher wird nur beten. Mancher wird Krankendienst machen. Mancher wird im Beichtstuhl sitzen. Mancher wird nur zuhören. Mancher wird Sterbende besuchen. Mancher darf warten, bis ein Fremder an seine Tür klopft (erfahrungsgemäß passiert das recht bald, wenn man einmal angefangen hat, darum zu beten). Mancher ist gerufen, eine missionarische Initiative zu starten (im Buch »Mission Possible« von Otto Neubauer finden sich dazu gleich zwanzig verschiedene Vorschläge). Am seltensten werden vielleicht die sein, die tatsächlich hinausgehen und prophetisch reden. »Meine Brüder, tretet nicht bei jeder Gelegenheit als Lehrer auf« heißt es schon lapidar im Brief des Apostels Jakob (Jak 3,1). Und alle sind sie gemeinsam missionarisch. In »ständiger Haltung des Aufbruchs«.

23. Sich vom Heiligen Geist tragen lassen

Die Kraft, die wir dazu brauchen, die ständige Haltung des Aufbruchs nicht aufzugeben, kommt vom Heiligen Geist. Denn Mission ist zwar Freude und Glück – aber auch Überwindung, und Kraftprobe. Sie hat Durchhänger, Enttäuschungen, Zeiten des Zweifels. Das stellte schon Alfred Delp fest: »Wir sind trotz des Geistes, der uns innewohnt, oft so müde und furchtsam, weil wir dem Geist Gottes nicht zutrauen, aus uns etwas zu machen. Wir glauben der eigenen Dürftigkeit mehr als den schöpferischen Impulsen des Herrgotts, der in uns unser Leben mitlebt.«

Wir werden also wieder lernen müssen, wie unverzichtbar das Gebet zum Heiligen Geist, um den Heiligen Geist ist, das bei uns meist stiefmütterlich behandelt und höchstens zu Pfingsten hervorgekramt wird. Nur wer an seine Wunder glaubt und um seine Wunder bittet, wird auch welche erleben.

Papst Franziskus führt das in einer der schönsten Passagen von *»Evangelii Gaudium«* aus: Unser Vertrauen auf den Heiligen Geist »(…) muss genährt werden, und dafür müssen wir den Heiligen Geist beständig anrufen. Er kann alles heilen, was uns im missionarischen Bemühen schwächt. Es ist wahr, dass dieses Vertrauen auf den Unsichtbaren in uns ein gewisses Schwindelgefühl hervorrufen kann: Es ist wie ein Eintauchen in ein Meer, wo wir nicht wissen, was auf uns zukommen wird. Ich selbst habe das viele Male erlebt. Es gibt aber keine größere Freiheit, als sich vom Heiligen Geist tragen zu lassen, darauf zu verzichten, alles berechnen und kontrollieren zu wollen, und zu erlauben, dass er uns erleuchtet, uns führt, uns Orientierung gibt und uns treibt, wohin er will.« (*EG 280*)

24. »Um dich an alles Leben zu verschenken«

So gerüstet können wir die Wüste unserer Zeit in all ihrer verheißungsvollen Schönheit und ihrer nur scheinbar schlummernden

Fruchtbarkeit erkennen. Unsere Wüste ist eine wunderbare Welt, die Gott so sehr liebt, dass er seinen einzigen Sohn hingibt.

Ein letztes Mal Delp: »Die großen Aufbrüche der Menschheit und des Menschen werden in der Wüste entschieden. Sie haben ihren Sinn und ihren Segen, die großen, leeren Räume, die den Menschen allein mit dem Wirklichen lassen. Die Wüste ist einer der fruchtbarsten und gestaltenden Räume der Geschichte … Es steht schlimm um ein Leben, wenn es die Wüsten nicht besteht oder sie meidet.«

Das **Mission Manifest** ist die Einladung, die Wüste unserer Tage als Chance für den großen Aufbruch zu umarmen und zu bestehen, die furchtbare, fruchtbare, geliebte, blühende Wüste. Kommen Sie mit! Ich werde auch dort sein. Als Anfänger mit schlotternden Knien, aber schon ganz ungeduldig. In Gottes Ruf zur Verkündigung habe ich wiedergefunden, was mich vor vielen Jahren als Halbwüchsiger in einem Gedicht von Rainer Maria Rilke aus dem Jahr 1899 schon wie eine Verheißung bewegt hat: Einmal Gott verschenken zu können.

Wenn es nur einmal so ganz stille wäre.
Wenn das Zufällige und Ungefähre
verstummte und das nachbarliche Lachen,
wenn das Geräusch, das meine Sinne machen,
mich nicht so sehr verhinderte am Wachen -:
Dann könnte ich in einem tausendfachen
Gedanken bis an deinen Rand dich denken
und dich besitzen (nur ein Lächeln lang),
um dich an alles Leben zu verschenken
wie einen Dank.

Markus Wittal

1. Uns bewegt die Sehnsucht, dass Menschen sich zu Jesus Christus bekehren.

Es ist nicht mehr genug, katholisch sozialisiert zu sein. Die Kirche muss wieder wollen, dass Menschen ihr Leben durch eine klare Entscheidung Jesus Christus übergeben. Sie ist ja weniger eine Institution oder Kulturform, sondern eine Gemeinschaft mit Jesus in der Mitte. Wer Jesus Christus als seinem persönlichen Herrn nachfolgt, wird andere für eine leidenschaftliche Nachfolge Jesu entzünden.

Die Kirche in den deutschsprachigen Ländern befindet sich in einem rasanten, sich immer mehr beschleunigenden Wandlungsprozess: Viele über Jahrzehnte gewachsene Strukturen sind nicht mehr haltbar. Diverse Neustrukturierungen und sogar Redimensionierungen sind notwendig; sie beschäftigen und lähmen die Kirche. Schon wieder wird eine Kapelle profaniert, ein Kloster geschlossen, ein Angebot eingestellt. Gleichzeitig scheint der Glaube von Jahr zu Jahr kraft- und sprachloser zu werden – als würde er sich wie der Geist aus einer offenstehenden Weinflasche verflüchtigen. Die bis vor Kurzem noch halbwegs funktionierende Weitergabe des Glaubens scheint in den Familien in weiten Teilen unseres Landes zum Erliegen gekommen zu sein. Was wird die Zukunft der Kirche bringen? Welche Bedeutung wird sie in einigen Jahren noch haben? Viele Menschen in der Kirche treibt diese Sorgen um.

1. Sehnsucht ist kein Luxus – Sehnsucht ist der Motor für Mission.

Am Anfang des **Mission Manifest** steht nicht die Sorge um die kirchliche Zukunft – die Sorge um den Erhalt von Gemeinden, Gebäuden und Arbeitsplätzen. Am Anfang steht die Sehnsucht, Menschen mit Christus in Berührung zu bringen. Nur die Sehnsucht macht das Herz weit und fähig, an den anderen zu denken, auf den anderen zuzugehen, ihn mitzunehmen und für ihn das Große zu erhoffen. Denn selbst wenn wir unter dem Zustand der Kirche leiden: Die Sorge darf nicht am Anfang stehen, auch nicht Angst, auch keine rückwärts gerichtete Haltung, schon gar nicht der Kampf um etwas längst Verlorenes. Christentum fängt nicht damit an, dass da Gebäude in der Landschaft stehen, die regelmäßig zu befüllen sind. Christentum beginnt mit Feuer im Herzen – mit einem Feuer, das im Inneren anfängt zu brennen, wenn ich Jesus Christus begegne. Es beginnt mit der Überzeugung: Wenn du, Jesus, wirklich so bist, wie ich dich erfahren habe, dann sollten auch andere dich kennenlernen! Welches Recht habe ich, diesen Schatz nur für mich zu behalten? »Umsonst habt ihr empfangen, umsonst sollt ihr geben.« (Mt 10, 8) Für mich als Priester ist es immer wieder eine bewegende Erfahrung, wenn ich sehe, wie sich junge Menschen entschließen, ein oder zwei Jahre Gott zu schenken, um in einer Missionsschule oder während eines missionarischen Auslandsjahres mehr über Gott zu lernen und das Evangelium weiter zu tragen. Aber auch wenn Menschen sich ergreifen lassen vom Geist des Evangeliums und sich im Alltag ihrer Pfarreien engagieren, ist das oft ein Zeichen ihrer tiefen Sehnsucht: Sie wünschen sich, das Geschenk, das sie empfangen haben, tiefer zu leben und mit anderen zu teilen.

Die Sehnsucht war immer schon der Antrieb, der Menschen aller Generationen, aller Lebensstände und aller sozialen Schichten aus ihrem Trott riss: sich von Gott berühren lassen! Das kann einem neunjährigen Kind passieren, das zum ersten Mal zum

Tisch des Herrn geht; und es kann einem älteren Menschen passieren, der jahrelang seinen Glauben auf eine mehr konventionelle Art gelebt hat, und nun plötzlich die Freude des Lobpreises entdeckt. Wie erfrischend ist das, wenn ich ältere Menschen sehe, die lernen, den tiefen Glauben ihres Herzens in einfachen Worten zum Ausdruck zu bringen. Es macht mich froh, wenn Frauen und Männer, die im Zenit ihres Lebens stehen, die Sehnsucht entwickeln, für eine intensivere katechetische Ausbildung Zeit zu investieren, um den Glauben besser weitertragen zu können.

»Wen soll ich senden? Wer wird für uns gehen?« (Jes 6, 8) Von dieser Frage Gottes an den Menschen lässt sich der Prophet Jesaja bewegen. Er findet seine großherzige Antwort: »Hier bin ich, sende mich!« (Jes 6, 8). Derjenige, der sendet, ist also immer Gott selbst. Wir können diese Sendung nur empfangen oder bestenfalls erbitten.

Wenn alles von der Sendung (der missio) durch Gott abhängt, sollten wir dann nicht noch viel besser begreifen, dass alles mit einem Auftrag, einer Order, einer Anweisung beginnt? Der Auftrag ist da, ein direkter und klarer Auftrag Jesu: »Verkündet das Evangelium allen Geschöpfen!« (Mk 16, 15) Dieser Auftrag steht am Ursprung der österlichen Sendung seiner Jünger. Alles kommt von Christus her, von seiner Botschaft, von seinem Leben, von seiner Hingabe am Kreuz, von seiner Auferstehung. Mission ist zuerst sein Auftrag, sein Wille für die Gemeinde der Jünger. Dieser Auftrag Jesu ist mehr als eine in grauer Vorzeit ergangene Arbeitsanweisung Jesu an seine zwölf Apostel, die neben vielen anderen Dingen auf ihrer To-do-Liste stand. Der Missionsauftrag will das ganze Leben und Tun durchdringen und ist eine beständige Einladung immer wieder neu aufzubrechen. Damit wir auch heute diese Botschaft verstehen, braucht es einen Verheutiger – seinen Heiligen Geist. Es gibt keine österliche Sendung zur Mission ohne Pfingsten. Und so gibt es auch keine wirkliche Mission, wenn nicht unser Herz permanent durch seinen Geist ergriffen ist. Was macht denn der Heilige Geist? Er macht uns fähig, Anteil zu haben an Seiner, an Jesu Sehnsucht. Er macht, dass es brennt in uns – von seinem Feuer. »Blickt umher und seht, dass die Felder weiß sind, reif für die Ernte«, so sagt es Jesus zu seinen Jüngern. (Joh 4, 35) Wir sehen das nur durch Augentausch: deine Augen/ meine Augen – meine Augen/deine Augen!

Mutter Teresa ließ in ihren Niederlassungen den Satz Jesu neben das Kreuz hängen »I thirst«, mich dürstet. Damit wollte sie daran erinnern, dass dieser Einsatz für die Ärmsten, den die Missionarinnen der Nächstenliebe Tag für Tag leisten, nichts ist als eine Antwort auf den Durst Jesu nach unserer Liebe. Alles beginnt mit der Sehnsucht – mit einer Sehnsucht, die uns Anteil gibt an der größeren Sehnsucht Gottes für die Menschen: »Als Jesus auf die Menge schaute, hatte er Mitleid mit ihnen, denn sie waren wie Schafe, die keinen Hirten haben.« (Mk 6,34). Von Jesus selbst lernen wir die Grundhaltung, uns für andere Menschen mit ihren tiefsten Bedürfnissen zu interessieren. Mensch für Mensch, Begegnung für Begegnung: »Freude und Hoffnung, Trauer und Angst der Menschen von heute, besonders der Armen und Bedrängten aller Art, sind auch Freude und Hoffnung, Trauer und Angst der Jünger Christi. Und es gibt nichts wahrhaft Menschliches, das nicht in ihren Herzen seinen Widerhall fände.« (*GS 1*)

Kann dieser Schwung, den einzelne Menschen oder Gemeinschaften intensiv an sich erfahren, auch die Kirche mit ihren vielen Einrichtungen und Lebensorten des Glaubens erreichen? Oder prallt er an der Außenhaut der eingefahrenen Prozesse ab? Papst Franziskus ermutigt die deutsche Kirche: Das Gebot der Stunde ist die pastorale Neuausrichtung, also »dafür zu sorgen, dass die Strukturen der Kirche alle missionarischer werden, dass die gewöhnliche Seelsorge in all ihren Bereichen expansiver und offener ist, dass sie die in der Seelsorge Tätigen in eine ständige Haltung des ›Aufbruchs‹ versetzt und so die positive Antwort all derer begünstigt, denen Jesus seine Freundschaft anbietet.« (vgl. *EG 27*) Die katholischen Bischöfe unterstützen diesen Weg und schreiben (in: *Gemeinsam Kirche sein, 50*): »Eine Gewissenserforschung innerhalb der Pfarrei wird ausdrücklich von Papst Franziskus gewünscht, damit sie ein Zentrum ständiger missionarischer Aussendung« wird (*EG 28*).«

2. Die Kraft der Entscheidung

Gewiss gibt es den christlichen Glauben jenseits der Akzeptanz durch mich und dich. Spannend wird es aber erst in dem Moment, in dem ich das, was mir zunächst äußerlich und fremd ist, zu meiner Sache mache. Wir sagen: Ich entscheide mich. Ohne bewusste Entscheidung ist das Christentum nur ein kultureller Ausdruck. Eine leere Hülse. Im Glauben geht nichts ohne die persönliche Aneignung.

Die Erfahrungen der Pfarrmissionen gehören zu den bereicherndsten Erfahrungen meines Wirkens als Priester. Die Teams der Missionare, die wir bei den Missionen mit der Gemeinschaft Emmanuel im Einsatz haben, führten uns immer zu Menschen, die den Weg in die Kirche nicht mehr von sich aus gefunden haben. Die Leitfrage ist: Wohin würde Jesus gehen? In der Vorbereitungsphase einer Pfarrmission stellten wir diese Frage in den Gremien jener Pfarrgemeinden, die an Emmanuel oder an die ESM (Emmanuel School of Mission) herantraten. Es ging darum, mit ihnen und nicht an ihnen und den Menschen vorbei eine Missionswoche zu leben. Erstaunliche Ideen wurden entwickelt, um Menschen dort anzutreffen, wo sie leben und sich begegnen – in Schulen und Universitäten, in Einkaufszentren, Gastwirtschaften oder anderen Treffpunkten. Für manchen Pfarrer ging allein schon dadurch ein Herzenswunsch in Erfüllung, dass die vierzig bis fünfzig bis Personen, die in Zweierteams ausgesandt wurden, tatsächlich versuchen alle Haushalte einer Pfarrei zu besuchen – ein Traum, den ein Seelsorgeteam allein heute gar nicht mehr umsetzen kann. Dabei erlebten wir alles: weit offene Türen mit Menschen, die auf uns warteten, aber auch viele Menschen, die Kirche und Glaube hinterfragten, und so manche Türen blieben uns verschlossen.

Eine Reihe starker Erfahrungen und dichter Begegnungen bleiben mir im Gedächtnis haften. In einem irischen Pub in Limerick, den wir im Rahmen einer Mission besuchten, kam ein junger, redefreudiger Mann selbstbewusst auf mich zu: »Hello, Father!« Er hatte mich nicht nur als Priester erkannt, sondern auch noch ganz korrekt in irisch-katholischer Tradition angesprochen, um mir dann aber auch gleich zu erklären, warum er zweifelt, und warum er nicht mehr zur Kirche geht. Ich fragte meinen zweifelnden Gesprächspartner, was ihn denn von der Kirche weggebracht habe. Seine Antwort erstaunte mich: »Die Messe!« Er erzählte mir davon, dass er als Jugendlicher immer und immer wieder gedrängt wurde mitzugehen. Dabei hatte er die Liturgie sehr oberflächlich erlebt, jedenfalls hatte er darüber nie zu einer persönlichen Christusbeziehung gefunden. Mich schockierte das: Wie kann etwas, was uns so heilig ist, was Zentrum unseres Lebens mit Christus ist, Menschen vom Weg des Glaubens abbringen?

Wenn Ausdrucksformen des Glaubens als inhaltsleere Hüllen erlebt werden, wenden sich Menschen ab, weil sie der Zwang zur rein formellen Teilnahme an etwas für sie Bedeutungslosem aggressiv macht, mindestens von ihnen aber als Mangel an Glaubwürdigkeit wahrgenommen wird. Umgekehrt lassen sich Menschen jedoch tief berühren, wenn sie mit offenem Herzen und offenen Sinnen in eine glaubwürdig betende Gemeinschaft eintreten und dadurch gleichsam mitgenommen, hineingenommen werden in eine lebendige Begegnung mit Christus. Aber man muss doch sagen: Die Hochform der Liturgie setzt den gelebten Glauben und damit die persönliche Christusbeziehung voraus.

Das kann ich auch aus eigener Erfahrung nachvollziehen: Als Jugendlicher hatte ich trotz intensiven Kontaktes mit der Kirche durch den Dienst als Ministrant und später als Organist den inneren Bezug zum Glauben bis zu einem gewissen Grad verloren. Die Riten erschienen mir wie äußerliche Relikte aus einer vergangenen Zeit. Das Einzige, was mir noch einleuchtete, war das Gebot der Nächstenliebe. Aber durch den Kontakt mit anderen

Jugendlichen, die intensive Glaubensfreude ausstrahlten, merkte ich, was mir fehlte, und was mich gleichzeitig in der Tiefe anzog: Ich suchte nach einer Nähe zu Christus, die, wie ich später verstand, einer persönlichen Entscheidung für ihn bedarf. Ein wirkliches Ja zu Christus war mir bis zu dieser Zeit noch nicht über die Lippen gekommen; ich hatte es zumindest nie ausdrücklich gegeben. Aber ich spürte: Genau das musste passieren; es war notwendig. Und heute bin ich dankbar, dass mir Menschen dabei geholfen haben, dieses Ja zum Ausdruck zu bringen. Exakt damit begann ein Weg, der mich in ein steiles Abenteuer mit Gott und schließlich zum Priestertum führte.

Wenn ich heute engagierte Menschen in den Gemeinden frage, was sie bewegt, sich einzubringen, dann erzählen auch sie mir von ihren Erfahrungen. Keine Geschichte ist wie die andere, aber immer geht es um einen tieferen Zugang zum Glauben. »Es gibt so viele Wege zu Gott, wie es Menschen gibt.«, so sagte es Papst Benedikt XVI. Es gibt also keinen Standardweg zum Christentum, der für alle unterschiedslos passt. Allen Wegen gemeinsam ist jedoch: Wo ein bis dato vager Christ eine neue Qualität der Identifikation mit dem Herrn erlangt, gibt es eine Schwelle; man überschreitet sie mit einer bewussten Entscheidung. Die Frage ist: Müssen wir solche Begegnungsmomente dem biografischen Zufall überlassen oder ist es nicht genuine Aufgabe der Kirche, bewusst zu vertieften Entscheidungen hinzuführen?

3. Bekehrung als Begegnung

Darf ich mir eigentlich die Bekehrung anderer Menschen wünschen? Ist es nicht vermessen zu denken, ein Lebensstil sei besser als ein anderer? Ist das nicht eine Grenzüberschreitung, die den anderen in seiner Privatsphäre einengt? Ein Freund berichtete mir von einer jungen Dame, die das Wort Mission »einfach nur abstoßend« fand. Sie sei nicht nur Christin, sondern auch mit

Kopf und Herz Demokratin. Und als Demokratin widerstrebe es ihr zutiefst, andere Menschen zu »bekehren«. Dem anderen könne man nur mit Toleranz und Wertschätzung begegnen, so ihre Auffassung.

Wer die Mission darauf reduziert, andere überzeugen zu wollen, reduziert die Wahrheit auf eine Idee und macht das Geheimnis Christi klein. Denn Christus ist kein dogmatischer Lehrsatz, sondern eine Person, der man begegnen kann. Das Evangelium ist eine Kraft, die über Gedanken hinausreicht. Ginge es nur um eine Art Wettkampf der Ideen, wäre Glaube eine Ideologie. Es geht aber nicht um Unterwerfung unter bestimmte Ideen, sondern darum, einen Raum zu schaffen, in dem die Begegnung mit Christus möglich wird. Es geht auch nicht um Machtausübung durch einen Wahrheitsanspruch – ganz im Gegenteil: Die Wahrheit ist immer wehrlos so wie Christus, der vor Pilatus steht und zu ihm sagt, dass sein Königtum (sein »Machtanspruch«) darin bestehe, »von der Wahrheit Zeugnis abzulegen«. (Joh 18, 37) Die Macht der Wahrheit ist auf den Glauben ausgerichtet, und so will der Dienst der Verkündigung das Herz des Menschen erreichen. Im Zentrum des Missionsgedankens stehen also nicht eine Philosophie oder eine bestimmte Lehre, sondern die Person Jesus Christus. Es geht um die Begegnung mit Jesus Christus, der Weg und Wahrheit zugleich ist und deshalb Leben schenken kann. Die Freundschaft mit ihm einzugehen, bedeutet, sich einem Feuer der Liebe zu nahen, das den Menschen von innen her verwandelt. Mutter Teresa brachte dies auf den Punkt, als sie sagte: »Anfangs dachte ich, bekehren zu müssen. Inzwischen habe ich gelernt, dass es meine Aufgabe ist, die Menschen zu lieben. Und die Liebe bekehrt, wen sie will.«

Das Johannesevangelium erzählt uns die Begegnung Jesu mit der samaritischen Frau am Jakobsbrunnen. (vgl. Joh 4) Auch hier beginnt alles mit der Sehnsucht oder anders gesagt mit dem Durst – und zwar nicht nach dem schalen Wasser vom Grund des Dorfbrunnens, sondern nach dem lebendigen Wasser des ewigen Lebens, das nur der Messias geben kann, der »mit dem Geist

Gesalbte«. Doch während Jesus mit der Frau über die Kraft des lebendigen Wassers spricht, scheint die Konversation plötzlich einen unerwarteten Sprung zu machen: Jesus bittet die Frau, ihren Mann zu rufen. Es stellt sich heraus, dass die Frau in verschiedenen Beziehungen gelebt hat, und auch in der aktuellen Beziehung war die Frau immer noch nicht angekommen. Jesus scheut sich nicht, den Finger auf diese Wunde zu legen. Nur so kann die Frau erfahren, dass sie bedingungslos geliebt wird, weil da jemand ist, der sie durch und durch kennt. Und jetzt erst sprechen die beiden über Theologie, über die Frage der Anbetung. Jesus zeigt ihr den Schlüssel: Anbetung muss in Geist und Wahrheit geschehen. Die Bekehrung, die Berührung der Wunde durch Jesus, das Gefundenwerden durch den Guten Hirten verändert diese Frau grundlegend. Aus einer Frau, die offensichtlich die Nähe der Dorfgenossinnen meidet, wird eine, die zu ihnen läuft, um ihnen zu verkünden: Ich habe einen getroffen, der vielleicht der Messias ist, denn er hat mir alles gesagt. Die Erfahrung der Barmherzigkeit Jesu macht sie zu einer Missionarin. Die Bekehrung geschieht also durch die Begegnung mit der Wahrheit, die Jesus ist. Seine Person ist wie ein Licht, das uns – ungeschönt und barmherzig zugleich – die Wahrheit des eigenen Lebens aufzeigt.

Als Priester durfte ich schon oft Zeuge solcher Begegnungen am Jakobsbrunnen werden, und zwar nicht nur als »Diener der Barmherzigkeit Gottes« im Bußsakrament, sondern auch als erster Zeuge seines barmherzigen Wirkens. Besonders eindrücklich erlebe ich das an Abenden der Barmherzigkeit. Diese Gebetsabende sind Orte, an denen so mancher – und sei es nach Jahren der kirchlichen Entfremdung – wieder einen Schritt auf Gott hin wagt. Welchen Namen auch immer man dieser Veranstaltung gibt: »Abend der Barmherzigkeit«, oder »Abend der Versöhnung«, »Nightfever«, »Stay and Pray«, »Adoray« oder »24 Stunden für den Herrn« – solche Formate der Begegnung mit Christus sind notwendig, damit die Türen wieder aufgehen und jemand in der Atmosphäre des Gebetes ins freie Licht Gottes tritt, ganz wie es im schönen Eichendorff-Vers heißt: » … und meine Seele spannte weit ihre Flügel aus. Flog durch die stillen Lande, als flöge sie nach Haus.«

Aber auch das Wort, das zur Bekehrung ruft, ist notwendig. Es braucht jemanden, der durch Verbalisierung die Herzen öffnet – mit feinem Gespür, damit sich die Ohren nicht verschließen, aber auch mit Mut zum prophetischen Wort. Jesus selbst beginnt seine Predigt mit einer klaren Ansage, nämlich dem Umkehrruf: »Die Zeit ist erfüllt, das Reich Gottes ist nahe. Kehrt um und glaubt an das Evangelium!« (Mk 1,15) Ohne diese Umkehr kann sich das Neue nicht ereignen. Und Paulus, der ergriffen ist von der Liebe Christi, ruft den Korinthern zu: »So sind wir also Botschafter an Christi statt, da ja Gott durch uns Mahnungen ergehen lässt. An Christi statt bitten wir: Lasst euch mit Gott versöhnen!« (2 Kor 5, 20) Auch die Predigt des Petrus am Pfingsttag enthält diesen Umkehrruf. Intellektuelles Verstehen ist in der Nachfolge Christi nur die eine Hälfte; die andere bezieht den ganzen Menschen und sein persönliches Leben ein, seine Emotionen, seine Pläne, sein Geld, seine Beziehungen. Alles wird anders. Die Botschaft der Liebe Gottes ist kein fauler Kompromiss mit meinen sonstigen Optionen, auch kein angenehmes oder inspirierendes Zusatzangebot zum normal Menschlichen, sondern eine Kraft, die den Menschen auf ein unabsehbares Größeres hin verwandelt.

Diese Gabe von oben verwandelt zunächst den Verkünder selbst. Paulus sagt von sich: »Nicht mehr ich lebe, sondern Christus lebt in mir.« (Gal 2,20) Und dann verwandelt sie auch den Zuhörer: »Als sie das hörten, traf es sie mitten ins Herz und sie sagten …: Was sollen wir tun, Brüder?« (Apg 2,37) Man muss es klar sagen: Eine Pastoral, die den Ruf zur Bekehrung nicht mehr wagt, wird kraftlos; sie verkommt zur Strukturpflege und macht aus dem kirchlichen Leben eine Vereinsveranstaltung, in der menschliche Interessen und Bedürfnisse den Ton angeben. Aber auch das ist wahr: Der Ruf zur Umkehr richtet sich immer zuerst an die Kirche selbst. Unevangelisierte Evangelisierer sind ein Widerspruch in sich. Der Missionar ist der erste, der Bekehrung braucht.

4. Auch ein Prophet braucht Bekehrung.

Wie leicht ist es, von einer prophetischen Kirche zu sprechen und dabei andere aus der Distanz heraus zu kritisieren. Der biblische Prophet versteht sich nicht als einer, der vom hohen Ross auf die anderen herabschaut, um sie zu beurteilen. Er befindet sich zuerst unter dem Anspruch Gottes, unter seinem Wort: Auch er braucht Bekehrung. Die erste Bekehrung ist das Ja zu seiner Berufung. Brillant und humorvoll wird das im Buch Jona erzählt; man kann es nicht lesen ohne zu schmunzeln über den feinen Humor Gottes im Umgang mit der Schwäche des Propheten. Erst als dieser seinem Ärger über den Verlust des Feigenbaumes Luft macht, kann Gott dem Propheten eine wichtige Frage stellen: Dir ist es leid um den Feigenbaum und die Annehmlichkeiten des Lebens, wie soll es mir nicht leid sein um die vielen Menschen?

Bekehrung für den Propheten heißt also zunächst einmal, den Ruf Gottes und das Heil der Menschen über die eigene Bequemlichkeit des Lebens zu stellen. Das Leben mit Gott hat Priorität. Das gilt auch im Neuen Testament. Deshalb erzählt der Evangelist Markus die Berufungsgeschichte der ersten Jünger direkt nach dem Umkehraufruf Jesu (vgl. Mk 1, 15–17). Umkehr führt in die Jüngerschaft, Jüngerschaft in die Mission. Umkehr heißt, Jesus an die erste Stelle zu setzen.

Ich erinnere mich an ein Gespräch vor einem größeren missionarischen Projekt mit dem Leiter der Mission, der einen Satz sagte, den ich von ihm nicht erwartete: »Warum tun wir uns das eigentlich an?« Obwohl sein Herz brannte für die Mission, spürte auch er die Unsicherheit des Terrains, auf dem man sich bewegt, wenn man »Missionsland« betritt. Immer wieder musste ich daran denken, denn jede Mission konfrontiert aufs Neue mit Unbekanntem.

Auch wenn im eigenen Herzen eigentlich die Sehnsucht zur Mission brennt, kann man angesichts der Größe des Auftrages zurückschrecken. Wenn dann noch bestimmte Frustrationserfahrungen dazukommen, liegt es nahe, die Jona-Strategie anzuwenden, in der Flucht sein Heil zu suchen oder sich unter dem Feigenbaum ein bequemes Leben zu machen.

Ob das im Großen ist, ob man Projekte wagt, die einen übersteigen, oder ob es im Kleinen und Alltäglichen ist in der Begegnung mit dem anderen, wo man spürt, jetzt habe ich die Wahl: Werde ich von Christus sprechen oder nicht? Gehe ich das Risiko ein, dass sich eine Tür öffnet oder schließt? Deswegen ist die Frage nach der Mission zuerst keine Methodenfrage, sondern eine Bekehrungsfrage. Es ist viel leichter, sich auf sichere Strukturen, gemachte Nester und bekannte Abläufe zu stützen. Das Neue bringt immer Unsicherheit in uns hervor. Doch Jesus ruft die Jünger immer wieder zu diesem Aufbruch. Mission bedeutet Aufbrechen ins Ungewisse, an die Ränder, zu den Menschen. Vielleicht spricht Papst Franziskus deswegen immer wieder vom Aufbruch. Wenn wir wollen, dass die Menschen zu Gott finden, muss die Kirche zu den Menschen gehen. Das ist die Bekehrung, die aus der Begegnung mit Christus wächst: Er sendet uns zu den Menschen hin – an diesen Ruf zu glauben und diesen Ruf zu leben.

5. Ohne das Ausrufen der Osterbotschaft gibt es kein Leben.

»Das größte Kompliment, das man einem Musiker machen kann, lautet: »Sie haben hingebungsvoll gespielt!« Nicht das perfekte Herunterspielen einer Partitur macht Noten zu Musik; es muss Hingabe dazukommen. Hingabe berührt. Nicht anders ist es im Glauben. Auch hier lautet das Codewort: »Hingabe«. Der Motor für die Mission ist nicht irgendeine göttliche Perfektion des Erlösers, sondern die Liebe Christi. Sie zeigt sich am dichtesten darin, dass er für uns gestorben ist: »Denn die Liebe Christi drängt uns, wenn wir dies bedenken: Einer ist für alle gestorben, also sind alle gestorben.« (2 Kor 5, 14) Herzstück aller Verkündigung Christi muss also sein, dass wir von der Lebenshingabe Christi sprechen, denn daran erkennen wir die Liebe Gottes, dass er seinen Sohn gesandt hat und für uns hingegeben hat. (1 Joh 4,9)

Ein junger Christ aus Paris, der für ein Musical die Choreographie vorbereitet hatte, erzählte mir, wie es dazu kam, dass er den Weg aus der katholischen in die evangelische Kirche gefunden hatte. Niemand in der katholischen Kirche habe ihm davon erzählt, dass Jesus aus Liebe zu uns für unsere Sünden gestorben ist. Diese Botschaft aber habe ihm aber erst die Größe der Liebe Gottes erschlossen. Beim Zuhören dachte ich mir: Der Mann hat recht. Das Thema spielt doch kaum eine Rolle in der Verkündigung! Und dann kam mir ein zweiter Gedanke: Nein, der Mann hat nicht recht! In jeder Messe wird schließlich verkündigt: »Deinen Tod, o Herr, verkünden wir, und deine Auferstehung preisen wir, bis du kommst in Herrlichkeit!« Also wir haben das Thema durchaus in der katholischen Kirche – und gleich an zentraler Stelle: Es gibt schließlich keine Messe, ohne dass Tod und Auferstehung Jesu verkündigt werden, ja mehr noch gefeiert werden. Wir haben es in sakramentaler Verdichtung und Vergegenwärtigung! Aber man könnte auch sagen: Ohne Erklärung, ohne Hinführung, bleibt es rituell vergraben. Und wir müssen alles tun, damit diese Botschaft wieder aufgebrochen wird, damit der lebensspendende Inhalt auch in die Köpfe und Herzen kommt. Sakramente ohne Aufschließung durch das Wort können ihre Kraft nicht entfalten, denn sie setzen den Glauben voraus. Und das bedeutet: Man muss verstehen (soweit man Mysterien verstehen kann), was da gerade geschieht.

Die Ostertage sind so gesehen der absolute Glücksfall der Verkündigung. Nicht ohne Grund ist Ostern der Höhepunkt des Kirchenjahres, und Einkehrtage in der Karwoche entfalten eine besondere Kraft, – eine Kraft, die auch Jugendliche sehr anspricht. Alles ist da, hochkonzentriert; es muss nur mit Leidenschaft entfaltet und gelebt und hinausgerufen werden: die Tauferneuerung in der Osternacht als persönliche Antwort auf die Verkündigung und die Feier des *Kerygmas*. Dann wird erlebbar, was das griechische Wort *Kerygma* bedeutet: die laute und vernehmliche Verkündigung und Bekanntmachung einer hochwichtigen Botschaft, eine Proklamation, wie sie die Herrscher der Antike auf den großen Plätzen der Städte ergehen ließen.

Das österliche Herzstück der Botschaft muss in jeder Art der Verkündigung immer in irgendeiner Weise präsent sein. Glaubenskurse, die eine besondere Fruchtbarkeit in sich tragen, wie beispielsweise der Alphakurs, geben genau diesem Anliegen zentralen Raum. Es geht immer um zwei Seiten einer Medaille. Die Vorderseite zeigt das Bild Christi: Die Botschaft, wer Jesus Christus ist, was seine Liebe zu uns so besonders macht, was ihn dazu bewegte, sich ganz hinzuschenken. Die Rückseite betrifft uns, denn sie besteht im Ruf zur Bekehrung, zur Heim-kehr in einem persönlichen Glaubensschritt und zu einem bewussten Ja zu Gott.

6. Nur unser bewusstes Ja zu Gott lässt uns das bedingungslose Ja Gottes zu uns erfahren.

Erwachsenentaufen in der Osternacht sind immer eine besondere Geschichte. Ich habe schon mehrfach erlebt, dass Gläubige zu mir kamen und meinten: »Das hätte ich gerne selbst einmal erlebt: als erwachsener Mensch dazustehen und mit vollen Sinnen und aus ganzem Herzen die Taufe zu empfangen!« Aber es ist ja schon geschehen im Kindesalter. Kann man ihn nachholen, diesen bewussten Schritt?

Ja sagen zur Fülle des Glaubens, ja sagen zum Herrn, das kann man immer. Die katholische Kirche kennt eine ritualisierte Form der erneuerten Glaubensentscheidung – die gemeinsame Tauferneuerung in der Osternacht. Sie ist deswegen notwendig, weil der

Glaube nie fertig ist, sondern sich immer in einem Wachstumsprozess befindet. Wir besitzen ihn also nicht. Selbst der Taufbewerber, der gerade wochenlang über seinen Glauben reflektierthat, antwortet auf die Frage, was er erbittet: den Glauben. Glaube hat ihn zur Bitte um die Taufe geführt, aber eben dieser Glaube muss noch wachsen. Die eine große Entscheidung hat viele kleine, alltägliche Entscheidungen zur Folge. Es braucht die große Richtungsangabe durch einen »radikalen« (wurzelhaften) Schritt. Ein solcher Schritt kann nie unvorbereitet erfolgen. Auch hier ist die Liturgie ein Vorbild, die Fastenzeit sollte eine solche Umkehrzeit sein: »Jetzt ist die Zeit der Gnade, jetzt sind die Tage des Heiles!« (2 Kor 6, 2) Nur durch persönliche Umkehr wird Ostern zu einem Fest.

Im alltäglichen kirchlichen Leben wird diese Erfahrung heute oft nicht mehr ausreichend gemacht. Als Priester, der in verschiedenen Pfarreien tätig ist, wird mir immer deutlicher: Wir brauchen dringend neue Räume und Orte für diesen persönlichen Schritt. Wenn die Menschen in den alten Räumen und Orten nicht erreicht werden, oder sie als zu fremd empfunden werden, müssen wir neue Wege finden, um sie zu erreichen, und hin zu einer Christusbegegnung zu führen. Wieder hinfinden zu einer vertieften Entscheidung – das ist so notwendig! Schritte, die in eine neue Tiefe der Gottesbeziehung führen! Daraus kommt doch alles wirkliche Leben in unseren Gemeinden.

Ein erster Schritt ist es, Jesus Christus ganz bewusst in sein Leben einzuladen. Jesus selbst gibt die Verheißung dazu: »Ich stehe vor der Tür und klopfe an. Wer meine Stimme hört und die Tür öffnet, bei dem werde ich eintreten und Mahl mit ihm halten und er mit mir« (Offb 3, 20). Das bewusste Ja zu Christus durch eine Erneuerung des Taufbundes mit Erfahrung der Sündenvergebung soll die Menschen weiterführen in eine tiefere Lebensübergabe an Christus – als Antwort auf seine Barmherzigkeit: »Ich ermahne euch also, Brüder, angesichts des Erbarmens Gottes, euch leiblich als lebendiges, heiliges Gott wohlgefälliges Opfer darzubringen, als eueren geistigen Gottesdienst.« (Röm 12, 1)

Diese Schritte öffnen eine neue Tür – aus der Christusbegegnung wird eine Christusbeziehung, aus einem Getauften wird ein Jünger Christi, der in der Ausdauer Frucht bringen soll.

»Alle haben das Recht, das Evangelium zu empfangen. Die Christen haben die Pflicht, es ausnahmslos allen zu verkünden, nicht wie jemand, der eine neue Verpflichtung auferlegt, sondern wie jemand, der eine Freude teilt, einen schönen Horizont aufzeigt, ein erstrebenswertes Festmahl anbietet. Die Kirche wächst nicht durch Prosyletismus, sondern »durch Anziehung.« (Papst Franziskus in »*Evangelii Gaudium*«)

Pater Karl Wallner OCist

2. Wir wollen, dass Mission Priorität Nummer eins wird.

Und zwar durch eine Fokussierung der finanziellen und personellen Ressourcen der Kirche auf die Evangelisierung. »Die Kirche ist ihrem Wesen nach missionarisch!« Der finale Auftrag Jesu an seine Freunde lautet: »Geht zu allen Völkern und macht alle Menschen zu meinen Jüngern« (Mt 28,19). Eine Kirche, die nicht freudig und überzeugend auf alle zugeht, hat keine Mission; sie verliert ihr Warum und Wozu. Sie steht für nichts. Und sie schrumpft statt zu wachsen. Für unsere Länder heißt das: »The church will send or the church will end«.

1. Die Kirche braucht den missionarischen Turnaround.

Was würde Jesus heute über uns, seine Kirche, denken? Die Päpste haben in der letzten Zeit ihre Schreiben immer mit aufmunternden Titeln bedacht, wie zum Beispiel das Antrittsschreiben von Papst Franziskus »*Evangelii Gaudium*«: »Freude über das Evangelium«! Ermutigung ist okay. Aber angesichts der realen Situation wäre eher der Titel Dominus flevit angebracht: »Der Herr weinte!« Denn zu groß scheint mir die Diskrepanz zwischen dem, was Jesus wollte und dem, wie wir es heute – zumindest in Europa – nicht befolgen! Zurück zum Ursprung der Kirche! Da gibt es Große Bühne, einen letzten großen Auftritt. Jesus, der Auferstandene, steht da wie ein Feldherr am Vorabend einer Schlacht. Es geht um Welteroberung, oder besser: Herzenseroberung. Es geht um die Ausbreitung seines Sieges über Sünde und Tod. Es riecht nach Weltveränderung. Und dann die Befehlsausgabe, das Testament des Herrn, das er vor seiner Himmelfahrt feierlich ausspricht. Das Matthäusevangelium schildert uns das große »Ite missa est!«, mit dem Jesus seine Apostel in den Ernstfall der Kirche entlässt. Es strotzt vor Superlativen und Maximalismen. Hinter dem Sendungsauftrag, mit dem Jesus die Kirche auf die Wege der Menschheitsgeschichte schickt, steckt eine universale Vision: »Mir ist alle Macht gegeben im Himmel und auf der Erde. Darum geht zu allen Völkern und macht alle Menschen zu meinen Jüngern; tauft sie auf den Namen des Vaters und des Sohnes und des Heiligen Geistes, und lehrt sie, alles zu befolgen, was ich euch geboten habe. Seid gewiss: Ich bin bei euch alle Tage bis zum Ende der Welt.« (Mt 28,18-20). Jesus ist hier ganz eindeutig: Welteroberung ist angesagt! Das ist politisch nicht korrekt und im Milieu der Toleranz scheinbar nicht darstellbar.

Wenn die Heilige Schrift aber Heilige Schrift, also Gottes Wort, und nicht ein Selbstbedienungsladen für X-Beliebiges ist, müssen wir gerade so starke, ärgerliche, provokante Stellen meditieren, um zum ganzen Jesus zu finden. Gott hat durch Christus ganz real Heil in die Welt eingebracht, das vorher nicht dort war. Jetzt ist die Liebe Gottes, die am Kreuz ihre Grenzenlosigkeit erwiesen hat, für immer in der Welt. Und Gott will, dass diese heilende Gegenwart Gottes nicht bloß exklusiven Zirkel von Eingeweihten erreicht, sondern schlicht und einfach alle. Der dreifaltige Gott, der sich uns als die Liebe geoffenbart hat, ist – was sonst? – superlativisch und maximalistisch: Er will nicht bloß ein paar und er will auch nicht bloß viele, sondern er will alle. »Gott will, dass alle Menschen gerettet werden und zur Erkenntnis der Wahrheit gelangen.« (1 Tim 2,4). Genau deshalb gibt es die Kirche. Und wenn sich deshalb das Zweite Vatikanische Konzil (1962-1965) im Kern auf die Frage »Was sind wir als Kirche?« fokussierte, dann finden wir dort noch einmal eine Zuspitzung: »Die Kirche ist ihrem

Wesen nach missionarisch«. Das trifft den Punkt. Die Kirche gibt es nur, damit es Mission gibt, und Mission ist Glaubensweitergabe und Liebesweitergabe. Und das ist Aufgabe jeder neuen Generation. Haben wir das vergessen? Oder warum ist die Weitergabe des Glaubens in unseren westlichen Ländern so vielfach unterbrochen, so mühsam in Gang zu bringen?

Die zweite These von **Mission Manifest** fordert eine Priorisierung von Mission in allen kirchlichen Bereichen. Eine Provokation?! Da werden viele stöhnen. Läuft es nicht »eh gut«, wie man österreichisch sagt? Ist das nicht eine überzogene Forderung? Wenn diese These »überzieht«, dann »provoziert« auch Papst Franziskus! Diese These ist nicht radikaler als die Forderungen, die der Papst ohne Unterlass vorträgt, etwa, wenn er in *»Evangelii Gaudium«* konkrete Konsequenzen fordert, um die Kirche in einen Zustand permanenter Mission zu versetzen: »Ich betone, dass das, was ich hier sage, eine programmatische Bedeutung hat und wichtige Konsequenzen beinhaltet: Ich hoffe, dass alle Gemeinschaften dafür sorgen, die nötigen Maßnahmen zu ergreifen, um auf dem Weg einer pastoralen und missionarischen Neuausrichtung voranzuschreiten, der die Dinge nicht so belassen darf wie sie sind. Jetzt dient uns nicht eine reine Verwaltungsarbeit. Versetzen wir uns in allen Regionen der Erde in einen Zustand permanenter Mission.« (*EG 25*) Jetzt übertreibt er aber! Oder doch nicht?

Nehmen wir bitte zur Kenntnis: Nichts wurde in den letzten Jahrzehnten vom Zweiten Vatikanum, von den Päpsten und von vielen Bischöfen eifriger und insistierender gefordert als ein neuer Aufbruch ins Apostolat, in die Glaubensverkündigung, in die Weitergabe des Glaubens. Es gibt eine Flut von kirchlichen Dokumenten, mit denen uns das letzte Konzil, die letzten Päpste und viele Bischöfe zur Mission oder zur Neuevangelisierung aufrufen: von den Konzilsdekreten zu Mission (*»Ad Gentes«*) und zum Laienapostolat (*»Apostolicam Actuositatem«*), über die großen Schreiben *»Evangelii Nuntiandi«* (1975, Paul VI.), *»Redemptoris Missio«* (1990, Johannes Paul II.) über die beständigen Appelle zur

»Neuevangelisierung« von Benedikt XVI. bis zum programmatischen Schreiben *»Evangelii Gaudium«* (2013) von Papst Franziskus. Mit geradezu monotoner Hartnäckigkeit wird das Verlassen der Komfortzone und der Aufbruch zu den Menschen gefordert. Sollte man in einigen Jahrzehnten das Verschwinden des christlichen Glaubens in Europa beklagen müssen: Am Schweigen der Hirten lag es nicht! Es ist nicht Apathie, die uns zurückhält, denn ich kenne keine gläubige Mutter, die nicht darunter leidet, wenn ihre Kinder Gott verlieren; und ich kenne auch keinen Pfarrer, dem es nicht ins Herz schneidet, wenn sich die Reihen der Kirchenbänke lichten. Es ist eine tiefe Berührungsangst vor Mission und dem, was dann passieren würde, wenn wir plötzlich in den Wohnzimmern, auf der nächsten Grillpartie oder am Arbeitsplatz »missionarische« Präsenz wagen würden. Unser aller Passivität hat Schuld an der Abwärtsspirale. Bei uns, den Kirchenchristen, vor allem aber bei uns, den Kirchenfunktionären und Kirchenmitarbeitern, ist es vielfach noch nicht angekommen, dass wir missionarisch sein müssen! Und zwar alle. Diese Kritik gilt auch mir selbst ganz persönlich, denn ich entdecke in mir noch viel zu viel Scham, viel zu viel Ängstlichkeit, viel zu viel an unmissionarischer Mentalität, an Ausreden und Ängstlichkeit! Damit muss Schluss sein. »Und wenn es peinlich ist?«, höre ich oft. Dann erst recht. Dürfen wir Gott-los werden, weil es uns zu peinlich ist, ihn zu bekennen?

Das Zweite Vatikanische Konzil ist übrigens auch sehr deutlich, wenn es den Bischöfen, den Apostelnachfolgern, die letzte Verantwortung für die missionarische Tätigkeit der Kirche zuweist. Das ist keine Überraschung, denn die Bischöfe sind die Nachfolger der Apostel, die Jesus von den Fischerbooten weggerufen hat und die im Neuen Testament mit dem griechischen Wort *»apostolos«* bezeichnet werden. Das Griechische *apostolos* ist als Lehnwort in unsere deutsche Sprache eingegangen. Das ist eigentlich schade, denn »Apostel« klingt so abstrakt amtlich: Wir übersehen die Grundbedeutung: Ein »Apostel« ist ein Bote, ein Gesandter.

Noch dazu akquirierte man das Wort, um aufdringliche Weltverbesserer damit zu bezeichnen, etwa den »Gesundheitsapostel«. Wenn man den *apostolos* ins Lateinische übersetzt, dann wird es prickelnder, denn dann wird daraus der missionarius, der Missionar. Hätte man apostolos also latinisiert, würden wir im nizänokonstantinopolitanischen Glaubensbekenntnis nicht sagen »Ich glaube an die eine, heilige, katholische und apostolische Kirche«, sondern »Ich glaube an die eine, heilige, katholische und missionarische Kirche«.

Jesus hat die Fischer und Zöllner, die er als seine Schüler und als die Überbringer seiner Botschaft wollte, eben genau zu diesem Zweck berufen; sie sind die Apostel, die Urmissionare. Daher hat er sich auch Menschen mit einer spezifischen Mentalität ausgewählt: Fischer! Fischer wollen volle Netze. Fischer sind nicht Schneider, die in Muße werkeln. Fischer sind nicht Beamte, die in Ruhe ihre Akten abarbeiten. Fischer sind ungeduldig; sie haben Lust auf volle Netze. Und Jesus wollte genau diese Gesinnung, als er die Fischfischer zu Menschenfischern berief! Es ist daher die erste Qualifikation von Jüngern Christi, dass sie eine Fischermentalität mit der Lust auf volle Netze haben. Das gilt auch für das andere Bild vom »guten Hirten«, das Jesus verwendet: Der gute Hirt will eine große Herde, eine Herde mit vielen Schafen, und er läuft daher ohne Rücksicht auf sich selbst jedem verlorenen Schaf nach. Das sind die apostolischen, die missionarischen Mentalitäten, die die Jünger Christi prägen müssen! Hirten müssen »missionarisch« sein und das Volk in eine »missionarische Gesinnung« versetzen. Dem kirchlichen Lehramt, also den Nachfolgern der Apostel, wird man nicht den Vorwurf machen, dass sie geschwiegen hätten. Höchstens, dass sie die Menschen ab und zu konkreter an die Boote hätten bitten können.

Schaut man auf die Theorie und auf die Appelle, die von kirchlicher Seite ausgegangen sind, so trägt die zweite These des **Mission Manifest** nichts vor, was wirklich neu ist. Von der Theorie her. Es geht aber um die Konsequenzen. Das eigentliche Anliegen der

These ist das Ende der schönen Optative: »Man müsste, man könnte, man sollte …«, und dass den Worten endlich auch konkrete Taten folgen. Papst Franziskus lässt es in dieser Hinsicht an Deutlichkeit nicht fehlen. Vielleicht liegt unser Zögern daran, dass wir nicht wissen, wie wir als routinierte Volkskirchler plötzlich den »missionarischen Schwung« in Szene setzen sollen, von dem Franziskus im Schlusskapitel von »*Evangelii Gaudium*« spricht. Sollen wir etwa zur Gitarre greifen? Ich habe oft gemerkt, dass es sinnlos ist, bloß zu appellieren. Es bringt nichts, den Menschen zu sagen: Betet, geht in die Messe, nützt das Bußsakrament, – wenn man ihnen nicht praktisch und verständlich erklärt, warum und wie!

Dazu möchte ich sehr persönliche und praktische Anmerkungen geben: Wir stehen, was den missionarischen Turnaround betrifft, nicht bei Null. Viele Bischöfe, Orden und Gemeinschaften haben sich mit dem Anliegen, das Papst Franziskus forciert, seit Jahren vollständig identifiziert. Es bewegt sich schon viel. So bin ich froh, dass in der Erzdiözese Wien, in der mein Kloster Heiligenkreuz liegt, seit Jahren schon ein diözesaner Prozess unter dem Titel »Mission First« läuft. Als ich 1982 in das Zisterzienserkloster Heiligenkreuz im Wienerwald eintrat, faszinierten mich das feierliche Chorgebet, der Geist der Liturgie, zutiefst. Das war keine nostalgische Möncherei à la »Name der Rose«, sondern ein weiter, schöner Raum für die Seele, wo einem Gott ganz nahe kommt. Im Mittelpunkt standen und stehen immer das Gebet sowie die Einheit mit der Kirche – egal, ob der Papst Johannes Paul, Benedikt oder Franziskus heißt. Daraus resultiert die Einheit untereinander. Die Folge war, dass meine monastische Gemeinschaft immer mehr an missionarischer Ausstrahlung gewann, ja sich nach und nach zu einem klösterlichen »Missionszentrum« entwickelte. »Wie?«, könnte jemand fragen. »Eine klösterliche Gemeinschaft – die tut ja gar nichts außer Beten!« Wer sagt denn, dass »Apostel« mit Handzetteln in Wien auf der Mariahilfer Straße stehen müssen? »Apostolat« geht durchaus mit Gebet, etwa durch ein monatliches Jugendgebet namens »Jugendvigil«, das regelmäßig 300 junge Menschen zwischen 15 und 28 Jahren anzieht … Wenn Papst Franziskus auf die missionarische Kraft des Gebetes, ja vor allem des Fürbittgebetes *(EG 281-283)* verweist, so habe ich diesen Beweis in der Transformation meines Klosters real vor Augen. Und wenn wir Heiligenkreuz in die Medien gerutscht sind – durch einen sensationellen Erfolg mit einer Choral-CD »Chant – Music for Paradise«, die uns 2008 in die Top Ten der deutschen, österreichischen und britischen Pop-Charts spülte und zweien unserer Mönche eine Einladung zur Fernsehshow »Wetten dass …?« einbrachte – so deshalb, weil wir uns jeden Tag um 5.15 Uhr unbeachtet von der Welt und konzentriert allein auf Gott zum stellvertretenden Gotteslob versammeln. »Durch unseren Mund rühmen Dich alle Geschöpfe!«, heißt es in der Präfation des Vierten Eucharistischen Hochgebetes.

In dieser Konzentration auf Gott und die stellvertretende Fürbitte für eine vom christlichen Glauben abdriftende Welt durften wir Wunder des Wachstums erleben. Mit dem stabilen Grundbass einer betenden Mönchsgemeinschaft im Hintergrund, mit der boomenden Priesterausbildung an der Hochschule, mit einem eigenen, übervollen interdiözesanen Priesterseminar, ist Heiligenkreuz ein Laboratorium Gottes und eine Art permanentes »Mission-Camp« geworden. Wir Mönche sind seit meinem Eintritt 1982 von 42 auf 102 Mönche gewachsen, unsere Hochschule von 62 Studenten 1999 auf nunmehr 300, von denen die meisten Priester werden. Das schreibe ich nicht, um anzugeben oder andere, die eine geringere Fruchtbarkeit erleben, traurig zu machen. Wir sind in Heiligenkreuz definitiv nicht stolz darauf, sondern sehen es als Aufgabe und Auftrag! Es sind ja letztlich Gnaden, die menschlich nicht »gemacht« werden können. Ich schreibe darüber, um daran zu erinnern, dass das Gebet wirkmächtig ist, wenn wir nur glauben. Ich durfte erfahren, dass eine Gemeinschaft, die missionarisch sein möchte, tatsächlich reichen Segen und unverhoffte Entgrenzungen erleben darf. In der Kirche ist so oft von »Wünschen« und »Optativen« die Rede. In Heiligenkreuz gibt es »Fakten«, die man sehen und wahrnehmen kann.

Das gilt auch für zahlreiche andere Bewegungen: Wenn Mission Priorität Nummer eins werden soll, müssen wir wahrhaftig nicht bei Null anfangen. Mitten in der frustrierenden Austrocknung kirchlichen Lebens finden sich »Oasen der Kraft«; Papst Benedikt XVI. meinte damit die Klöster. Es gibt zahlreiche neue geistliche Initiativen und Bewegungen, es gibt proppenvolle Prayerfestivals und überquellende Jugendtreffen, es gibt das Pfingsttreffen in Salzburg und die MEHR-Konferenz in Augsburg, wo sich zehntausend junge Menschen zu Gebet und Katechese versammeln; es gibt eine Fülle von katholischen Jugendevents. Und keinesfalls darf man die Pfarreien, die meines Erachtens derzeit am meisten unter der Dürre der Glaubenspraxis leiden, abschreiben! In vielen Gemeinden gibt es schon, was es vor zwanzig Jahren dort nicht gab: Bibelkreise, Alphakurse, Glaubenszellen, Gebetstreffen. Das sind erstaunliche Transformationsprozesse, die zu neuer Fruchtbarkeit führen. »Mission First« darf nicht eine abstrakte Forderung bleiben, sondern sie muss sich in die Praxis hinein konkretisieren. Und wo Gott geschenkt hat, dass solche Konkretisierungen fruchtbar sind, da müssen wir sie als »Best Practice« weitererzählen und systematisch verbreiten.

2. In Hinsicht auf Mission wird das Plagiat zur Pflicht.

Um zu einer Priorisierung von Mission zu kommen, müssen wir auf die »Oasen« schauen, die es schon so zahlreich gibt. Wir müssen uns genau anschauen, warum dort das Wasser aus der Tiefe sprudelt; und dann müssen wir keine Angst haben, es zu nachzumachen, zu kopieren oder zumindest zu adaptieren. Bei gelungenen missionarischen Initiativen ist Plagiat keine Sünde, sondern eine Pflicht!

Ich möchte massiv für die Nachahmung von guten Ideen werben. Wir brauchen in unserer Pastoral dringend das Prinzip des Kopierens von best-practice, von Erfolgsrezepten. Frommes und

Missionarisches, das die Menschen erreicht und motiviert, darf nicht nur weitererzählt, sondern es soll und muss kopiert werden! Im Stift Heiligenkreuz haben wir 1997 mit einem monatlichen Jugendgebet begonnen. Die Jugendvigil ist mittlerweile wirklich zu einem kleinen monatlichen Jugendevent am ersten Freitag des Monats geworden ist: Da mischen sich charismatischer Lobpreis mit gregorianischem Choral, eucharistischer Anbetung und Rosenkranz; es gibt Beichte, seelsorgerliche Begleitung und vor allem großzügige, ungekünstelte Gast-Freundschaft. Monat für Monat kommen um die 250 bis 300 junge Menschen. Die Luft vibriert in einem Geist des Gebetes, der Freude und des Aufbruchs im Glauben. Wie hat das begonnen? Damals bin ich als Jugendseelsorger herumgefahren und habe mir Anregungen von anderen Jugendgebeten geholt. Beeindruckt war ich bei den Lorettos in Salzburg vom Welcome Service: Schon beim Eingang in den Gebetsraum wurde man von sympathischen jungen Team-Mitgliedern herzlichen begrüßt, konkret: man wurde angelächelt, angesprochen und dann wurde einem gesagt, wo man sich am besten hinsetzen kann. Das haben wir in Heiligenkreuz dann adaptiert: Mönche begrüßen die jungen Leute, die ja meist in Autos und Kleinbussen zu uns in den Wienerwald kommen, schon am Parkplatz, sprechen sie fröhlich an und zeigen ihnen einfach, dass sie sich über ihr Kommen freuen. Beim Eingang in die Kreuzkirche stehen dann nochmals »Welcome-Leute«, dann sind es Jugendliche, die den Liedtext und die Kerze für die Lichterprozession übergeben. So betreten die Jugendlichen nicht mehr als Fremde die Kirche sondern als liebe Gäste, die zu Freunden werden …

3. Nehmen Sie es persönlich!

In der Kirche gibt eine seltsame Tendenz. Ich nenne sie einmal »Objektivierung«. Wir sprechen vom Glauben in einer Weise, als könnte man ihn von der Person ablösen, ihn wegrücken, ihn zu einer Sache machen. Diesen »objektivierten« Glaube kann man dann schön ins Museum oder den Bücherschrank stellen, ihn in Methoden verpacken, durch die Gegend schieben, den Religionslehrer, den Pfarrer oder die Mama dafür verantwortlich machen. Wenn wir von einem missionarischen Turnaround der Kirche sprechen, dann müssen wir von uns sprechen. Ich fange einmal damit an.

In meinem Herzen war ich immer tief missionarisch – ich weiß nicht warum. Ich hatte einfach einen unbändigen Antrieb, diesen mich packenden »Einfall« von oben unter Menschen zu verbreiten. Seit meinem 17. Lebensjahr macht mich der Glaube an Christus richtig glücklich; er gibt meinem Leben Stabilität und Sinn und lässt mich in einem Raum voller Gnade und Wunder atmen. Und was ist es anderes als Gnade, dass ich überall in meinem bisherigen Wirken Fruchtbarkeit und Vermehrung erleben durfte? So war es in meiner Zeit als Landpfarrer, dann in den 18 Jahren, wo ich in Heiligenkreuz am Aufbau der Jugendseelsorge, am Aufbau einer apostolischen Öffentlichkeitsarbeit und vor allem am Aufbau der Hochschule mitarbeiten durfte.

2016 ereilte mich dann der Ruf, die Päpstlichen Missionswerke in Österreich, kurz »Missio«, zu leiten. »Warum gerade ich?«, fragte ich mich – ich war bis dahin nie in einem Missionsland gewesen, kannte die Päpstlichen Missionswerke kaum, hielt sie vor allem für spendensammelnde Organisationen für die jungen und armen Kirchen. Okay, sie sahen in mir also einen Macher und geschickten Spendensammler. Den sollten sie bekommen; ich sagte ja. Und dann kam es zu dieser ersten Begegnung mit Papst Franziskus, die mir noch heute Gänsehaut verursacht. Ich werde den 4. Juni 2016 nie vergessen, als wir Nationaldirektoren (darunter ich als der Neuling aus Österreich) dem Papst gegenüberstanden und er eindringlich zu uns sprach; er sagte sinngemäß: »Fangt zuerst mit dem Gebet an. Ihr seid mehr als eine NGO. Organisation ist nicht das Wichtigste, sondern Leidenschaft (‚passione'). Eure Hauptaufgabe ist nicht das Spendensammeln, sondern ihr sollt die ganze Kirche in eine missionarische Aufbruchsstimmung versetzen.« Damals hatte ich das Gefühl: »Pater Karl, jetzt spricht Petrus zu dir! Jetzt sagt dir Petrus persönlich, warum du diesen Job machen sollst.«

Von einer Sekunde auf die andere verwandelte sich mein Auftrag. Es sollte »Missio« also nicht bloß darum gehen, möglichst viele Spenden für die jungen und armen Kirchen in den sogenannten »Missionsdiözesen« zu sammeln. Das Ding sollte gedreht werden: Österreich sollte nicht nur als das Land, wo ich Spenden zu sammeln hatte für die jungen und armen Kirchen sein, sondern Österreich sollte selbst im Fokus von Mission stehen. Der Auftrag von Papst Franziskus packte mich tief: In Zukunft würde ich darüber nachdenken müssen, wie man die Heimat in eine »missionarische Aufbruchsstimmung« versetzt. Natürlich, das war dran! Denn Mission ist hier ja eine vielleicht noch größere Herausforderung: die geistige Not hier, der kollektive Abfall vom Glauben! Ist das nicht auf seine Weise genau so dramatisch wie die Armutsprobleme der jungen Kirchen in Afrika, Asien, Lateinamerika und Ozeanien?

Bei meinen ersten Besuchen im Senegal, auf Haiti und in Kenia, wo »Missio« übrigens am Rande der Massai Mara (Serengeti) eine Primärmission bei den Massai mit einer Schulanlage aufbaut, habe ich schnell gemerkt, dass es in diesen Ländern keinen Glaubensmangel gibt. Im Gegenteil! Von einem Bischof wie Joseph Decoste in der ärmsten Diözese Haitis kann man glauben lernen: Es haut einen um, wenn man sieht, wie er täglich um 5.30 Uhr in seinem vom Hurrikan niedergebrochenen Bischofshaus auf dem Boden kniet, um mit seinen Priestern und den Mitarbeitern im Haushalt den Barmherzigkeitsrosenkranz zu beten und dann die Heilige Messe zu feiern. Es bekehrt mich, wenn ich im Senegal und in Kenia Pfarrmessen erlebe, wo in Gesang, Tanz und auch in der Länge und Leidenschaft, mit der hier Gott verehrt wird, eine Gottesliebe zum Ausdruck kommt, wie man sie hier nur bei charismatischen Großevents findet. Die »Missionsländer« sind längst

Vorbild-Länder des Glaubens geworden. Wir in Europa sind es, die dringend Mission brauchen!

4. Nachholbedarf! Ein realistischer Blick auf die Situation

Wir brauchen dringend eine realistische Wahrnehmung der Situation. Was sagt uns beispielsweise die Shell-Jugendstudie von 2015 über die Religiosität der jungen Deutschen? Nur 9 Prozent der jungen Katholiken beten, und ganze 67 Prozent sind mit ihrem Glauben unzufrieden. Aber die Studie sagt noch etwas: Bei den jungen Muslimen ist es umgekehrt. Und da die jungen Muslime prozentual stark wachsen, spricht die Studie sogar von einer Zunahme der »Religiosität« der Jugendlichen in Deutschland. Korrelativ zum Schwund des christlichen Glaubens! Dem entspricht das Zukunftsszenario, das im Juli 2017 von der Studie »Demografie und Religion in Österreich« des Forscherteams um Anne Goujon entworfen wurde. Demnach werden 2046 etwa noch 45 Prozent der Österreicher katholisch sein, in Wien gar nur noch ein Viertel. Diese Zahlen gelten nur für den »günstigsten Fall«, dass die Migrationszahlen drastisch zurückgehen. Dem Schmelzen des katholischen Bevölkerungsanteils steht umgekehrt proportional das starke Anwachsen der Konfessionslosen und der Muslime gegenüber. 2046 könnte jeder dritte Bewohner von Wien ein Muslim sein. Diese Zahlen besagen also nicht mehr und nicht weniger, als dass Österreich in absehbarer Zeit nicht mehr christlich sein wird. In England wird der Anteil der Getauften bereits 2019 unter 50 Prozent sinken. Freilich kann alles ganz, ganz anders kommen. In solchen Berechnungen gibt es immer einen Unsicherheitsfaktor, den wir »Gnade« oder »Wunder« nennen. Hätte man zum Beispiel im Jahr 1982, als ich in das Stift Heiligenkreuz eintrat, die Zahl der Mönche aufgrund der damaligen Eintrittsstatistik für das Jahr 2017 vorausberechnet, so wäre man auf höchstens

25 gekommen. Heute sind wir aber 102. Man sollte mit der Gnade und den Wundern Gottes immer rechnen, aber naiv sollte man darüber auch nicht werden.

Jedenfalls müssen wir uns ein paar unbequeme Fragen stellen: Warum wächst die Kirche auf allen Kontinenten, in Afrika, Asien, Lateinamerika und Ozeanien, nicht aber in Europa? Nur der Kindermangel in den westlichen, den »christlichen« Ländern ist es ja nicht, der uns europäischen Christen in die Abwärtsspirale versetzt hat. Denn der christliche Bevölkerungsanteil schrumpft nicht nur durch den Mangel an Kindern, er schrumpft auch, weil innerhalb unserer Glaubensgemeinschaft die Weitergabe des Glaubens schlecht oder gar nicht funktioniert. Ob die nächste und übernächste Generation an Christus glaubt, zur Sonntagsmesse geht und aus den Sakramenten lebt, steht dahin. Im Gegenteil. Wo Kinder und Enkelkinder den Glauben ihrer Eltern übernehmen, ist das zur bestaunten Ausnahme geworden. Man war zu lange in einer Mentalität eines ängstlichen Appeasements gegenüber der christusfernen Welt gefangen, suchte vorrangig Anschlussfähigkeit, wollte der Welt beweisen, dass wir Christen ja gar nicht so verschroben sind, so als wollten wir beschämt sagen:»Sorry, uns Christen gibt es auch. Lasst euch davon nicht stören, wir lassen euch eh in Ruhe, aber bitte, bitte, – seid lieb zu uns und lasst uns doch auch mitspielen.«

Die Milieus des Glaubens sind ausgetrocknet. Wie oft musste ich mir in den Jahren, wo ich Landpfarrer im Wienerwald sein durfte, das Argument anhören: »Herr Pfarrer, ich bin eh katholisch. Zu Weihnachten komme ich in die Kirche.« Christsein in passiver Mitgliedschaft, als Fußnote zu einer ganz anderen, aus dem lebendigen Glauben längst ausgewanderten Wirklichkeit. Und wie viele wollten bei mir als ihrem »Herrn Pfarrer« damit punkten, dass sie (noch) nicht aus der Kirche ausgetreten waren und weiterhin den Kirchenbeitrag entrichteten. Wie bei einem Kegelclub, aus dem man Opa (Gott hab ihn selig) zuliebe den Bankeinzug noch nicht aufgekündigt hat. Ich sollte dem als

Pfarrer Anerkennung zollen und beifällig nicken. Auch wenn ich die Grundsubstanz von Bindung an die Kirche durchaus schätze, mit lebendigem Glauben hat das nichts mehr zu tun. Wo sind wir da strategisch hingekommen? Wie konnte so eine Atmosphäre, so eine Mentalität entstehen? Hat ihnen niemand gesagt, dass der christliche Glaube eine persönliche Gottesbeziehung in Christus durch den Heiligen Geist ist? Hat ihnen in neun Jahren Religionsunterricht niemand vermittelt, dass der Glaube eine freie und willentliche Entscheidung erfordert? »Cetera potest homo facere nolens, credere non nisi volens!«, sagt der heilige Augustinus. »Alles andere kann der Mensch tun, ohne es zu wollen. Glauben aber kann er nur, wenn er wirklich will.« (Augustinus, *Tractatus 26 in Ioannem*)

Wer hat uns eigentlich zur Annahme gebracht, der Glaube würde sich quasi automatisch, durch Milieuprägung, vererben? Die Böden sind schon lange verkarstet und für die Zukunft des Glaubens unfruchtbar. Die bloße Wertschätzung liebgewordener christlicher Traditionen wie etwa einer »schönen Hochzeit« oder einer »netten Erstkommunionfeier« bringt keine brennenden Christen hervor! Daher brauchen wir eine missionarische, das heißt eine aktive, eine werbende, eine auf die Menschen zugehende Verkündigung des Glaubens an Christus. Das bedeutet nicht, dass wir, um zu authentischem Christsein zu kommen, die liebgewordenen Traditionen zertrümmern müssten. Aber wir müssen wieder vom Evangelium her lernen, dass Gott uns von den »Früchten« her anschaut. Christlichkeit ist mehr als Christentümlichkeit, und Glaube ist mehr als Tradition, Christ-Sein ist mehr als Kulturpflege. Die Begeisterung für eine dieser schönen ländlichen Fronleichnamsprozession, zu der sich massenhaft Fotografen einfinden, ist noch nicht Ausdruck eines echten Vertrauens auf den wahrhaft gegenwärtigen eucharistischen Herrn. Da wird der Hülle applaudiert, nicht dem Inhalt. Die Kirche ist kein Museum des lieben Gottes. Wir haben nichts von einer Wertschätzung, die bloß einer touristisch vermarktbaren Ästhetik, einer ins

Kulturgut abgesunkenen Nostalgie gilt. Immerhin bietet eine solche positive Wertschätzung den Verkündigern die Chance, von der Form auf die Substanz, von der äußeren Tradition auf den inneren Gehalt zu verweisen. Ist die Tradition einmal ganz abgebrochen und der Glaube völlig exkulturiert, dann wird die Glaubensverkündigung noch schwerer.

Jedenfalls: Schluss mit dem Irrglauben, dass das Christentum durch Traditionserhalt weitervererbt wird! Schon 2011 hat Papst Benedikt XVI. in seinem Apostolischen Schreiben »*Porta Fidei*« das Phänomen beschrieben, das man herkömmlich »Säkularisation« nennt. Es ist einfach ein Faktum, dass der christliche Glaube in unseren Ländern aus verschiedenen Gründen nicht mehr jenes »einheitliche kulturelle Gewebe« ist, in dem die Inhalte bekannt waren und gleichsam ein Bezugssystem für das Denken und die Werthaltungen der Menschen dargestellt haben *(Porta Fidei 2)*. Haben wir ausreichend realisiert, dass wir bei der Glaubensweitergabe »missionarisch«, also werbend und gewinnenwollend sein müssen? Dass es nicht automatisch geht, weil andere Sinn- (oder Unsinns-) Angebote viel attraktiver scheinen? Haben wir wahrgenommen, dass es ein Luxus ist, die Inkulturation des christlichen Glaubens in anderen Kulturen zu fordern, während er bei uns immer mehr exkulturiert?

Die in Zahlen fassbare Realität ist, dass sich die Kirche in Europa und der »westlichen« Welt im Zustand quantitativer Schrumpfung befindet. Sollen wir uns darüber gar freuen, weil wir durch das Abschmelzen eine bessere, eine gereinigtere, eine liebendere, eine jesuanischere Kirche werden? Solche Thesen gibt es – und sie haben einen zweckoptimistischen Beigeschmack. Ich halte sie für nicht vereinbar mit dem Evangelium. Jesus wollte definitiv nicht den kleinen, feinen, exklusivenZirkel; er wollte das Heil für alle. Jesus startet deshalb, wie ich oben schon gesagt habe, mit Fischern und Hirten! Volle Netze, große Herden! Ich persönlich kann mich nicht freuen, wenn ich die Abbrüche sehe, die leeren Kirchen, die jungen Menschen, denen kein Feuer mehr für Jesus gereicht wird, denen weit und breit kaum einer ein Licht anmacht für die große, sie rettende Geschichte von der Erlösung. Es macht mich sehr traurig. Manchmal möchte ich darüber weinen, dass wir schwächer werden.

Traurigkeit über die Abbrüche ist okay. Selbst Jesus hat über die Verschlossenheit Jerusalems geweint. Niemand thematisiert gerne Misserfolge, niemand liebt »bad news«, schon gar nicht über die eigene Glaubensgemeinschaft. Jeder ist lieber Sieger als Verlierer. Es ist aber falsch, Schweigen über die Realitäten des Schrumpfungsprozesses zu breiten und die rosarote Brille aufzusetzen. Erst wenn der Arzt die Diagnose gestellt hat – so niederschmetternd sie auch sein mag – kann er zur Therapie schreiten. So schmerzend der Blick auf die Schrumpfung ist, so ist er doch der erste Schritt: das Richtige zu tun, Gegenmaßnahmen einzuleiten. Ich hoffe, es gibt ihn, den Verlustschmerz, nicht nur bei denen, die in den Werktagsmessen knien; ich gönne ihn jedem bischöflichen Ordinariat, jedem Pastoralamt, jedem kirchlichen Amtsträger! Lassen wir die Tränen zu! Nehmen wir Wirklichkeit wahr und trauern wir darüber. Das ist heilsamer, als die Dinge schönzureden! Hand aufs Herz: Was uns offizielle Kirchenmenschen vielfach blockiert ist, dass wir die Augen zumachen vor dem drohenden Nichts an Bedeutung und gesellschaftsgestaltender Kraft, in das wir abrutschen. Es rettet uns aber nicht davor, dass wir im Innersten doch die Wirklichkeit unserer eigenen Abwertung spüren. Verdrängung führt nur zu Neurosen. Vielleicht sind heute deshalb so viele engagierte Menschen in der Kirche frustriert, deprimiert und – wie man auf österreichisch sagt – »grantig«. Wir brauchen eine heilsame Traurigkeit – um dann missionarisch durchzustarten!

Klar, es nicht unbedingt klug, Bedrückendes in aller Öffentlichkeit zu thematisieren. Mir ist das bei meinem Amtsantritt als Nationaldirektor der Päpstlichen Missionswerke passiert, als ich in einem Interview über die diözesanen Kirchenzeitungen gesagt hatte, es sei für junge Leute »Masochismus«, sie zu lesen. Der Kontext war eigentlich klar: Ich wollte eine Lanze brechen für den innovativen Einsatz von Social Media in der Kirche. Die Redakteure der österreichischen Kirchenzeitungen reagierten mit Schmerz und Verärgerung. Verständlich! Trotzdem würde ich ihnen auch heute raten, dem schnellen Rückgang der Auflagenzahlen ins Auge zu schauen und sich intensiv zu überlegen, wie man den besten Content der Welt medial verbreiten kann, wenn Druckerschwärze gerade nicht gefragt ist. Ohne mutige »missionarische« Innovationen wird es keine Zukunft geben. Wir brauchen den Mut zu neuen Methoden einer missionarischen Verkündigung und nicht das Kritisieren und Bremsen derer, die sie beschreiten.

Mir fehlt zum Beispiel eine offene Evaluierung unserer katechetischen Anstrengungen und pastoralen Prozesse. Schon der Begriff »Evaluierung« ist für viele ein rotes Tuch, weil er Arbeit und Selbstreflexion bedeutet. Also ich meine ja auch, dass viele Evaluierungen »für die Katz« sind und es schade ist um die Bäume, die für das bedruckte Papier sterben müssen … Aber es gibt doch einen Bereich, von dem ich mir sehr wünschen würde, dass wir ihn einmal gründlich evaluieren: Das ist der Bereich der Sakramentenpastoral in unseren Pfarren! Wir schicken so viele kirchliche Mitarbeiterinnen und -mitarbeiter in die Vorbereitungskatechesen für Erstkommunion und Firmung. Wir erleben spontane Bereitschaft, unglaubliches Engagement, ein hohes Maß an Kreativität. Und dann kommt der große Frust. Wie steht es – ökonomisch gesprochen – mit der »Produktivität«, mit dem »Output« aus Erstkommunion und Firmung? Könnte es sich eine Firma leisten, so viele personelle Ressourcen in eine absehbar frustrierende Produktion zu stecken? Sind wir eine Schraubenfabrik in der alten DDR, wo produziert worden ist um der Produktion willen? Wie schaut es nach einigen Jahren mit der Motivation unserer Mitarbeiter, die sich redlich abgemüht haben, aus? Warum zieht man nicht Bilanz? Sind die Methoden, die Jahr für Jahr immer wieder angewandt werden, vielleicht in Erz gegossen? Kaum sind die Firmkandidaten »weggefirmt«, kommt die nächste Firmgruppe und es geht genauso weiter. Wo ist der »Output«? Wenn eine herrschende Theorie mit der Wirklichkeit nicht zu Rande kommt, ist es selten die Wirklichkeit, die falsch ist. Warum diskutiert man nicht klar und ergebnisorientiert über das Erstkommunionalter? Warum experimentiert man nicht mutiger mit dem Firmalter? Warum ist die Wiederherstellung der ursprünglichen Ordnung der Initiationssakramente Taufe, Firmung und Eucharistie noch immer weithin tabu? Das muss doch auf den Tisch, wo – theologisch gesehen – die Firmung kraft ihres unauslöschlichen Prägemals weitaus wichtiger einzustufen ist als der frühkindliche Empfang der Kommunion. Es geht Papst Franziskus sicher nicht darum, die Kirche durch permanentes Zündeln in Unruhe zu versetzen, aber die Situation ist dramatisch. Und darum müssen wir jetzt auch Szenarien (»Modellregionen«) für eine neue Sakramentenpastoral schaffen.

Vieles bewegt sich bei den Umstrukturierungsprozessen, die in fast allen westeuropäischen Diözesen laufen. Man versucht, die »Pfarren« – die historisch gewordenen territorialen Organisationseinheiten der Pastoral – personell und geographisch dem Schwund anzupassen. Die geschieht meist durch die Auflösung kleinerer Pfarren und die Schaffung größerer Pfarrverbandsstrukturen. Solche Prozesse sind so notwendig wie schmerzhaft. Meist sind sie auch ohne Alternative, zumal sich, historisch gesehen, in Österreich recht irrationale Pfarrstrukturen herausgebildet hatten. Hier hatte Joseph II. erst vor etwas mehr als 200 Jahren viele kleine Pfarren geschaffen. Der Aufklärer-Kaiser konnte sich das leisten, weil er Hunderte Klöster aufgelöst hatte und er den Klerus entsprechend umverteilen und versorgen konnte. Heute sind die Dörfer und Weiler teilweise ausgedünnt und verlassen. Zugleich sind die Menschen, die dort noch wohnen, meist mobil; es ist für die meisten kein Problem, einmal in der Woche zum Discounter in zehn Kilometern Entfernung zu fahren. In den Vereinigten Staaten findet man übrigens um die Kirchen herum riesige Parkplätze, weil es selbstverständlich ist, in seine Kirche zu fahren. Dort wird man – Best-Practice – schon auf dem Parkplatz von einem

Welcome-Team empfangen! Dort gibt es selbstverständlich Fahrdienste von jungen Gläubigen für ältere, die nicht mehr so mobil sind, zum Gottesdienst. Ich bin davon überzeugt, dass die Umstrukturierung vieler Pfarren, wenn schon nicht »alternativlos«, so doch in den meisten Fällen schlicht und einfach realitätsnahe ist.

Zugleich muss man aber sagen, dass sie nur an Symptomen herumdoktert. Was unsere »Taskforces« in den Diözesen in Atem hält, ist nicht die eigentliche Therapie der Krankheit. Umstrukturierungen kommen mir vor wie das Zusammenschieben von Betten im Krankenhaus. Gesund wird dadurch kein Mensch! Und wenn man nicht an die Therapie geht, wird man in wenigen Jahren die Betten noch ein bisschen näher aneinanderrücken, und dann noch ein bisschen und noch ein bisschen, bis es nichts mehr zu rücken gibt. Die eigentliche Ursache des quantitativen Niedergangs im Glauben ist der Niedergang der Glaubensqualität – dass nämlich die Leute ihren Glauben nicht mehr kennen! Und weil sie ihn nicht mehr kennen, können sie ihn auch nicht lieben. Und weil sie keine Kenntnis und keine Liebe haben, sind sie auch außerstande, sich mit diesem rätselhaften Etwas von Glauben und Kirche zu identifizieren. Es ist immer Qualität, die in Quantität umschlägt, und nicht – wie Karl Marx meinte – umgekehrt. Ich scheue mich nicht zu sagen: Wo geschieht heute substantielles »Marketing« für den immateriellen Wert »Glaube«? Womit wir bei Mission wären. Glaubensmarketing ist es, wozu Jesus seine Kirche auf die Wege der Menschheitsgeschichte ausgesandt hat.

Mit dem heiligen Thomas bin ich dafür, dass man sich von der Realität des hier gerade kollabierenden Christentums verwunden lässt – und zwar tief, und zwar zu Tränen! Ich gestehe uns Trauerphasen zu. Dann müssen wir aber aus der Schockstarre, der Trauerdepression, auftauchen und Gegenmaßnahmen ergreifen. Statistische Prognosen sind keine Naturgesetze. Hätte man im Jahr 30 die Statistiker und Zukunftsforscher auf die von Jesus verlassene, verängstigte Zwölfertruppe losgelassen, so wären diese galiläischen Fischer sicher niemals auf die Idee gekommen, dass aus ihnen einmal die größte Glaubensgemeinschaft des Planeten hervorgehen würde: das Christentum, zu dem sich 33 Prozent der Weltbevölkerung bekennen, davon sind 1,3 Milliarden Menschen katholisch.

5. Wege zu Taten, Wege zu neuem Mut

Ich habe mich sehr gefreut, dass viele Katholiken plötzlich ihr Christsein wiederentdeckten, als die Flüchtlinge kamen. Toll! Weniger toll, dass viele caritativ glänzten, aber dabei mit ihrem Glauben hinter dem Berg hielten, als wäre das ein Makel, den man interkulturell besser versteckt. Es hat mich erstaunt, wie verschämt Katholiken auf die vielen zugingen, die in den letzten Jahren in unser Europa gekommen sind und nicht getauft sind. Nicht wir Katholiken, die Freikirchen sind es, die in unserer westlichen Gesellschaft den Mut zur Primärmission, etwa unter den Migranten, aufbringen. Ein Bürgermeister, der 2015 eine große Gruppe Migranten im Turnsaal seiner Gemeinde aufgenommen hatte, wollte das Kreuz abhängen – »aus Respekt« vor den meist muslimischen Gästen. Die Betreuer, aktive, gläubige Katholiken, konnten den Bürgermeister von diesem fragwürdigen Akt der »Toleranz« abbringen, indem sie das Argument vorbrachten, er müsse auch sie, die Helfer, respektieren, die sich hier ehrenamtlich und freiwillig für die Flüchtlinge engagierten. So blieb das Kreuz hängen. Und diese Helfer brachten noch weitaus Größeres zustande: Da ihre Hilfe zutiefst von ihrer Liebe zu Jesus motiviert war, provozierten sie Fragen der Migranten. Die Folge davon war, dass unter den Muslimen so großes Interesse für den Glauben ihrer Helfer entstand, dass mehrere als Katechumenen aufgenommen wurden. Auch wenn das nicht das primäre Motiv der Helfer war, aber ihre Flüchtlingshilfe war in sich selbst und aus dem gegebenen Zeugnis heraus eine echte missionarische Tat.

Von Mendell L. Taylor (1912–1999), stammt der prägnante Spruch: »The Church must send or the church will end.«

Madeleine Delbrêl hat es ähnlich prägnant formuliert: »Wenn wir nicht missionieren, müssen wir demissionieren!« Der stärkste Appell zum missionarischen Aufbruch vor unserer Haustür stammt aber von unserem derzeitigen Papst Franziskus. Sein Antrittsschreiben »*Evangelii Gaudium*« von 2013 ist an programmatischer Wucht nicht zu übertreffen: »Ich weiß sehr wohl, dass heute die Dokumente nicht dasselbe Interesse wecken wie zu anderen Zeiten und schnell vergessen werden. Trotzdem betone ich, dass das, was ich hier sage, eine programmatische Bedeutung hat und wichtige Konsequenzen beinhaltet: Ich hoffe, dass alle Gemeinschaften dafür sorgen, die nötigen Maßnahmen zu ergreifen, um auf dem Weg einer pastoralen und missionarischen Neuausrichtung voranzuschreiten, der die Dinge nicht so belassen darf wie sie sind. Jetzt dient uns nicht eine ›reine Verwaltungsarbeit‹. Versetzen wir uns in allen Regionen der Erde in einen Zustand permanenter Mission.« *(EG 25)* Klarer kann man eine Ansage nicht formulieren. Und was geschieht? Was tun wir?

Papier ist geduldig, das weiß der Papst. Darum setzt er auch persönlich so stark auf Zeichenhandlungen. Er besucht Arbeiterwohnungen in Ostia; er geht in Altenheime und Waisenhäuser. Die Kirche muss raus in die Welt von heute und darf sich nicht länger in der Sakristei verschanzen. Inzwischen müsste man eher von Sitzungsräumen und Büros sprechen. Unser ehemaliger Abt Gregor Henckel Donnersmarck hat immer darauf hingewiesen, dass wir von einer bewegten, in die Welt gesendeten Kirche zu einer sitzenden Kirche geworden sind. Wenn man bedenkt, dass die ersten Jünger noch bevor der Name »Christen« in Antiochia aufgekommen ist, zunächst »Anhänger des (neuen) Weges« genannt wurden und Jesus selbst ja mit seinen Jüngern permanent auf dem Weg war, wohin ihm die Jünger folgten – ins irdisch Ortlose; wenn man in Rechnung stellt, dass Jesus sich selbst als »der Weg« bezeichnet, so ist es doch tragisch, wenn sich Priester und kirchliche Mitarbeiter heute in einer nicht aufhörenden Folge von Sitzungen verbrauchen. Ich könnte hier viel Wertschätzendes über Gremien sagen, die zur

Koordination und Motivation jeder Organisation notwendig sind. Wir müssen uns aber ernsthaft fragen, ob wir noch »Anhänger des Weges« sind oder ob wir zu einer Sitzungskirche degeneriert sind, die deshalb niemanden mehr bewegt, weil sie sich selbst nicht bewegt. Oder ist das veraltet, dass wir raus und auf die Menschen zugehen sollen? Hat etwa Papst Franziskus auch ein völlig veraltetes Priesterbild, denn er hat einmal gesagt: »Wenn ich an die Pfarrer von früher denke, die noch die Namen ihrer Pfarrkinder kannten, sie noch besucht haben; oder – wie einer von ihnen einmal zu mir sagte: Ich weiß von jeder Familie, wie ihr Hund heißt. Das muss man sich einmal vorstellen! … Das war doch schön!«

Dass die »sitzende Kirche« zur »knienden Kirche« wird, – das war eines der großen Anliegen von Papst Benedikt XVI. Dass die sitzende Kirche wieder zur gehenden, zur hinausgehenden Kirche wird, das scheint mir das Anliegen von Papst Franziskus zu sein. Beides ergänzt sich und gehört zusammen. Dass sich konkret etwas ändern muss, zeigte Papst Franziskus auch darin, dass er die weltweite Grundordnung für die Ausbildung von Priestern überarbeiten ließ. Im Dokument vom 8. Dezember 2016 ist festgelegt, dass in Zukunft alle Priester quasi zu »Missionaren« ausgebildet werden müssen. Für mich war das Dokument eine Bombe! Der Priester von morgen wird als »Missionar« an der Spitze eines missionarischen Volkes Gottes definiert. Der Priester soll ein Jünger Christi sein, der das Volk Gottes mit »missionarischem Schwung«, »missionarischer Sehnsucht« und »missionarischem Elan« leitet, wie das Dokument an mehreren Stellen betont. Gemäß der neuen Grundordnung hat die Priesterausbildung vier Kriterien zu beachten: Sie muss »ständig«, »ganzheitlich« und »gemeinschaftlich« sein – und sie muss eine »missionarische Formung« enthalten, so das neue Kriterium. Bisher wurden die Priester eher so ausgebildet, dass sie bestehende Gemeinden übernehmen konnten. Aber solche gibt es immer weniger – und wo es sie gibt, sind sie in ihrem Bestand gefährdet. Es genügt deshalb nicht mehr, Priester zu Hirten für eine schon vorhandene Herde auszubilden.

In Zukunft geht es darum, kirchliches Leben aufzubauen, das es noch gar nicht gibt. Das ist revolutionär. Aber schrieb nicht schon 1990 der heilige Johannes Paul II. »Alle Priester müssen ein missionarisches Herz und eine missionarische Mentalität haben.« (*Redemptoris Missio 67*)?

Ob dieser Paradigmenwechsel tatsächlich auch bei uns, bei den Leitern, der »Führungsschicht«, den Priestern, den Diakonen, den Religionslehrern und Pastoralassistenten, greifen wird? Die Seelsorger des 21. Jahrhunderts dürfen sich einfach nicht mehr in der Sakristei, auch nicht in der Pfarrkanzlei, noch hinter den Schreibtischen ihrer Verwaltungsbüros verschanzen. Sie brauchen den direkten Kontakt mit denen, für die sie da sind; sie sollten am »Stallgeruch der Schafe« erkennbar sein; sie brauchen die Gesinnung eines guten Hirten, der bereit ist, die 99 Schafe zurückzulassen, um dem einen verlorenen Schaf nachzugehen; sie brauchen auch missionarische Ideen, um die Menschen von heute für Christus zu gewinnen. Mir selbst, der ich als Kind eher schüchtern war, hat die humorvolle Bemerkung eines Jugendseelsorgers geholfen: »Geht von euch aus auf die jungen Menschen zu. Sprecht sie an. Habt keine Angst – denn die haben mehr Angst vor euch, als ihr vor ihnen je haben könnt.«

Aber nicht nur die Leiter des Volkes Gottes sind gefragt. Sind wir nicht alle gefirmt und damit zum Zeugnis berufen? Schon das Konzil von Trient (1545–1563) hat drastisch und plakativ beschrieben, was das heißt, gefirmt zu sein Man erhält durch das Sakrament die Kraft »ne Christi nomen confiteri erubescat!« »Dass er nicht rot anläuft, wenn er den Namen Christi bekennt!« Unsere Angst und Menschenfurcht muss einer heiligen Unverschämtheit weichen. Unsere unmissionarische Ängstlichkeit wird tausend Ausreden und zehntausend kluge Argumente finden, um uns einzureden, dass es ganz in Ordnung ist, in unserer unmissionarischen Passivität zu verharren! Unsere Angst vor dem Erröten, unsere Scham vor dem Zeugnis ist nur durch die Gnade besiegbar und zu diesem Sieg braucht es Gebet und Opfer. Ich erspare mir

Weiteres und empfehle die Lektüre des Romans von George Bernanos »Die begnadete Angst«.

4. Das Schlimmste ist, nichts zu tun!

Dass uns der Aufbruch nur im Gebet und mit Hilfe von oben gelingt, ist klar. Es gibt aber auch den »falschen Gnadenfatalismus« – jene Haltung des: »Da kann man nur noch beten!« Natürlich gilt in der Substanz und grundlegend zu allem der Primat der Gnade: Und natürlich hängt die Fruchtbarkeit unserer Unternehmungen von unseren vertrauensvollen Gebeten ab. Pauline Jaricot (1799–1862), die durch ihre Gründungsarbeit für die heutigen Päpstlichen Missionswerke maßgeblich dazu beigetragen hat, dass wir zur Weltkirche wachsen konnten, begann damit, dass sie zwei Millionen Franzosen zum Rosenkranzgebet motivierte! An Gottes Segen ist alles gelegen. Aber dieser geistlich-übernatürliche Aspekt dispensiert nicht von konkreten Taten und Handlungen. Jesus hat vor seiner Himmelfahrt den Jüngern nicht gesagt, dass sie »nur beten«, sollen. Er hat ihnen das Hinaufsehen, das Verkündigen, das Zu-Jüngern-Machen, das Taufen usw. aufgetragen. Unser Gebet muss einmünden in konkrete Anstrengungen. Wo steht denn auch in der Heiligen Schrift, dass das Gebet das alleinige und exklusive Heilmittel ist? Oder war das »ora« jemals das exklusive Prinzip benediktinischer und zisterziensischer Sprititualität? Da gehörte immer das »labora« dazu: »Bete und arbeite!« Jesus hat die Jünger am Seeufer von Galiläa keineswegs niederknien lassen; er hat sie auf den See zur Arbeit hinausgeschickt. Sie sollten ihre Netze auswerfen. Derselbe Herr, der seine Jünger auffordert, ohne Unterlass zu beten (Lk 21,36), hat sie ins Operative geschickt: Fische sollten sie bringen!

Wie sollen wir zu einem missionarischen Aufbruch kommen, wenn wir uns nicht an tausend Orten – in Gruppen, Gemeinden, Gemeinschaften, Freundeskreisen – zu konkreten missionarischen Handlungen vereinbaren? Dazu finden Sie übrigens Näheres und höchst Konkretes auf der Homepage von **Mission Manifest** (www.missionmanifest.online). Das Schlimmste ist es, nichts zu tun. Oder so lange und kunstvoll umzustrukturieren, dass unser Untergang »wohlgeordnet« erfolgt. Nein! Kirchliche Selbst-Euthanasie ist das Letzte, was wir jetzt brauchen. Es kommt jetzt auf Mut an, auch auf Mut zu vorübergehender Unübersichtlichkeit.

Die Leuchtzeichen des Aufbruchs sind ja da. Es gibt junge Initiativen, Gemeinschaften, Bewegungen, lebendige Zellen in den Gemeinden. Papst Franziskus hat dazu aufgerufen, dass aussterbende Ordensgemeinschaften mit ihren Gütern (die sie ja vom Volk Gottes für ihre Aufgaben erhalten haben) junge Gemeinschaften unterstützen sollen. Und in Salzburg etwa haben Schwestern der Loretto-Bewegung ein ehemaliges Mädchenheim zur Verfügung gestellt – zum Preis von 1 Euro jährlich. Gerade entsteht dort mit der »Home Mission Base« etwas, das weithin ausstrahlt und junge Menschen zu Christus führt. That's it! Ich habe aber Respekt auch vor diesen wahrhaft missionarischen Schwestern, denn auch Orden sind gewachsene institutionelle Organismen und schwer zu bewegen. So kenne ich leider auch viele überalterte Gemeinschaften, die auf ihren Immobilien und Rücklagen sitzen und sich (noch) nicht zu evangeliumsgemäßer Großherzigkeit entschließen können. Da dürfte sich noch manches ändern. Nur ein Beispiel: Als Nationaldirektor von Missio-Österreich hatte ich auf einer Reise nach Kenia an wunderschönen Gottesdiensten mit vielen buntgekleideten Massai-Kindern am Rande des Tierschutzparks Massai Mara teilgenommen. Ich war beeindruckt von der Frömmigkeit des dortigen Pfarrers und der Würde, mit der er die Heilige Messe feierte, zugleich aber bedrückt von dem »rostigen« Kelch, den er für die Messe verwendete. Ein schöner Kelch ist aber teuer, und so kam mir die Idee, einen alten Missio-Brauch wieder zu beleben, nämlich Priester zu bitten, uns nicht mehr gebrauchte Kelche, Monstranzen, Hostienschalen usw. zu überlassen, damit wir diese nach Afrika und Asien mitnehmen. Nach meiner Erfahrung hat doch fast jeder Priester irgendwann einen Kelch oder Ähnliches geschenkt bekommen, das er nicht mehr braucht. Und dann passierte mir ein folgenreicher Fehler, denn ich richtete die E-Mail nicht an österreichische Priester; die Bitte ging versehentlich an die E-Mail-Adressen der Pfarren. Selbstverständlich wusste ich, dass liturgisches Pfarreigentum nicht ohne weiteres weggegeben, verkauft oder verschenkt werden darf; es ist inventarisiert und gehört der Pfarre. Was mich dann aber doch sehr traf, war die Heftigkeit, mit der Diözesankonservatoren die Pfarrer gleichsam vor mir warnten, als wolle der Nationaldirektor der päpstlichen Missionswerke »Kirchenraub« begehen. Die Sache ging sogar bis zu einigen Generalvikaren, in einigen Diözesen sogar bis zum Bischof. Ich schickte sofort eine zweite E-Mail mit dem Hinweis, dass ich nicht Kelche in Pfarrbesitz, sondern Kelche im Privatbesitz von Priestern gemeint hatte. Ich habe schon Verständnis, dass Diözesankonservatoren von Amts wegen darauf achten müssen, dass wertvoller Kirchenbesitz nicht illegitim verschwindet.

Dennoch saß der Schock bei mir tief, der Schock über die Heftigkeit, mit der unsere wohlhabende Kirche an ihren Schätzen festhält. Ich habe mir sogar im Stillen gedacht: Wenn wir mit unserem Festklammern an unseren Besitzungen so weitermachen, dann stehen unsere Kelche ohnehin in ein paar Jahrzehnten in Museen; dann werden sie von den nachfolgenden heidnischen Generationen verscherbelt und in Cocktailbars landen. So wie man heute schon dutzendweise liturgisches Gerät und Paramente auf Flohmärkten finden kann. Und seit ich die Armut der jungen Kirchen in Afrika und Asien und Lateinamerika kennengelernt habe, da frage ich mich auch: Ob jede Restaurierung, jede Kirchenausmalung, jede künstlerische Verschönerung gerade an der Zeit und so unbedingt notwendig ist? Klar: Wir brauchen Schönheit, gerade in der Liturgie. Das muss uns auch finanziell etwas wert sein. Aber die vom Papst eingeforderte Priorisierung von Mission bedeutet, dass wir in Zukunft Projekt für Projekt,

Kostenstelle für Kostenstelle abwägen, ob darin ein missionarischer, zukunftsweisender Beitrag liegt, oder ob wieder nur die Leistungen von gestern archiviert werden und der Status quo gepflegt wird. Ist es nicht beschämend, dass die meisten Jugend- und Aufbruchsprojekte sich mühsam mit Spenden und Patenschaften finanzieren müssen, während es daneben große kirchenbeitragsfinanzierte Bürokratien gibt? Mission first ist eine hohle Phrase, wenn es nicht auch an die Kasse geht.

Doch bei Mission first sind wir alle in der Pflicht, nicht nur die Leitungs- und Verwaltungsorgane unserer katholischen Kirche. Es geht nicht (nur) um »die da oben« – es geht um dich und mich. Als die heilige Mutter Teresa einmal gefragt wurde, was sich an der Kirche ändern müsse, antwortete sie: »Ich und Du!« Jeder von uns muss missionarisch umdenken und dann in Gemeinschaft mit anderen zu handeln beginnen – wie im Tandemprinzip von www.missionmanifest.online. Das Schlimmste wäre es, wenn wir nichts tun. Passivität bedeutet in der derzeitigen Situation des christlichen Glaubens Suizid! Wir brauchen einen missionarischen Aufbruch! Und wie soll das gehen? Wie soll sich das Wunder eines neuen Anfangs ereignen? In der Spätscholastik formulierte man eine sichere Glaubensgewissheit: »Facienti quod est in se, Deus non denegat gratiam.« Das meint: »Demjenigen, der tut, was er kann, dem verweigert Gott die Gnade nicht.« Und das habe ich oft erfahren, ich kann es bezeugen: Gott hat aus meiner Bereitschaft, meinen bruchstückhafen und oft rein symbolischen Bekundungen meines guten Willens, alles für ihn zu tun, etwas gemacht hat, das mein Planen und können unendlich überstieg. Gehen wir in unseren Absichten, Gebeten und in einigen wenigen, aber klaren Handlungen in eine missionarische Richtung, so wird Gott eine Tür nach der anderen öffnen und alle Hindernisse überwinden. Gott wird uns in unserem missionarischen Aufbruch ebenso vor utopischen Erwartungen, vor Selbstüberschätzung und Überheblichkeit ebenso schützen wie vor Menschenfurcht und Ängstlichkeit. Aber wir müssen etwas tun, wie die Jünger, die zu zwei und zwei ausgesandt wurden und auch nicht genau wussten, wie das denn gehen sollte in den Dörfern! Dafür gibt es **Mission Manifest**. Eine Fundgrube der Anregungen – ganz viele Möglichkeiten zum Einsteigen und Mitmachen. Zwei und zwei – das kann heißen: Ich mit meinem Mitbruder, du mit deiner Frau, ihr beiden, die ihr Freunde seid! Fangt an! Und wenn ihr gemeinsam Apostelgeschichte lest und euch Seite für Seite fragt: Was ist für uns dran? Wen können wir mitnehmen? »Der Christ der Zukunft wird missionarisch sein, oder er wird nicht sein.« So könnte man ein berühmtes Wort von Karl Rahner abwandeln.

Als Nationaldirektor von Missio habe ich für Österreich eine Gebetsbewegung ins Leben gerufen, die den Titel trägt »Gott-kann« (www.Gott-kann.at). Im Hintergrund steht wieder Papst Franziskus, der permanent betont, dass alles Missionarische mit Mystik, Gottvertrauen und Gebet beginnen muss. Die Gebetsbewegung »Gott-kann« lädt Gläubige ein, täglich ein Gesätz vom Rosenkranz für einen konkreten jungen Menschen zu beten, der fern von Gott – oder noch gar nicht getauft ist. Jeder, der sich der Bewegung anschließt, erhält einen »rot-weiß-roten« Rosenkranz als symbolischen Hinweis darauf, dass es um unsere Heimat, um Mission für Österreich, geht. Meine Heimat hat schon oft vor ganz anderen Herausforderungen gestanden, 1683, 1938 oder 1945. Für hier und jetzt brauchen wir eine missionarische Fokussierung, und wir brauchen den gewaltigen Anschub des Gebetes; diese Kombination – davon bin ich überzeugt – ist noch allemal stärker als jede noch so frustrierende demographische Prognose.

5. Ite missa est! Raus, ihr seid gesendet!

Zum Schluss möchte ich einen konkreten Vorschlag machen: Übersetzen wir doch endlich die Schlussworte der Heiligen Messe korrekt! Die Eucharistiefeier schließt ja mit dem Entlassruf

»Ite missa est!« Das Volk antwortet mit »Deo gratias!«, – »Dank sei Gott« – und übt damit sein Recht aus, in jeder Heiligen Messe das letzte Wort zu haben. Die deutsche Übersetzung ist meines Erachtens eine einzigartige Fehlleistung. Da wird aus dem Lateinischen »Ite, missa est« ein lauwarmes: »Gehet hin in Frieden!« Das klingt so banal, so fad, so faul; das klingt so nach: »Na, nun geht schon, jetzt seid ihr wieder bedient – aber behaltet die schönen Gefühle noch bis nach dem Mittagessen!« Was da rüberkommt, ist genau nicht gemeint! Ganz im Gegenteil: Ite missa est! – das meint: Nun habt ihr eine Sendung, einen Auftrag – jetzt geht es los! Fangt an! Tut etwas! Richtig übersetzt müsste der Priester sagen: »So, und jetzt raus mit euch, ihr habt genug Kraft getankt – missa est! – jetzt seid ihr hinaus gesandt. Also strengt euch an, dass Gott überall hinkommt, wo er hin will! Amen!« Und die Gemeinde könnte antworten: »Dankeschön, lieber Gott, dass du uns sendest! Danke für deine Gnade! Wird erledigt!« Schon Papst Benedikt XVI. hat 2007 in *»Sacramentum Caritatis« (Art. 51)* zu einer richtigeren Übersetzung des »Ite missa est« kluge Überlegungen angestellt, aber geschehen ist bisher nichts. Wir werden weiterhin am Ende jedes Gottesdienstes mit der Phrase »Gehet hin in Frieden« eingeschläfert, die das Gegenteil dessen besagt, was das »Ite missa est« meint: Raus mit Euch in die Ruhelosigkeit des missionarischen Einsatzes! Das sollte sich dringend ändern!

Man muss sich immer die Matrix vor Augen halten: das Neue Testament. Dort sind die Jünger so begeistert von dem, was sie durch Jesus erfahren haben, dass es sie drängt, in die ganze Welt hinauszugehen. Paulus, der dann erst später von Christus auf wunderbare Weise in den Aposteldienst gerufen wird, schreibt: »Die Liebe Christi drängt uns, da wir erkannt haben: Einer ist für alle gestorben …« (2. Korintherbrief 5,14). Wenn man von Freude erfüllt ist, dann spürt man ein inneres Drängen; man ist beseelt vom Wunsch, sich mitzuteilen, anderen davon zu erzählen, die Freude zu teilen.

Wenn wir heute für einen missionarischen Aufbruch auch hierzulande die Leute und Kräfte und Ressourcen sammeln, dann geschieht das auch vor einem dramatischen Hintergrund: Mindestens 1,5 Millionen Christen werden weltweit gerade verfolgt, weil sie von der Freude an Gott nicht lassen wollen. Es gibt Länder, in denen man Kopf und Kragen riskiert, wenn man eine Bibel besitzt. Und wir machen uns die Hosen voll, weil uns jemand schief anschauen könnte, wenn wir uns zu Jesus Christus bekennen!

Die Gemeinschaft der Jünger Jesu trägt den Namen »Kirche«, das kommt vom griechischen Wort »*Kyrios*«, »Herr«. Die Kirche ist nämlich der fortlebende Christus, der durch die Weltgeschichte schreitet, vertreten und verkündigt durch diejenigen, die zur Kirche gehören, das sind wir Christen. Es ist klar, dass die erste Aufgabe der »Kirche« – also die »dem Kyrios gehörende Gemeinschaft« – darin bestehen muss, den Menschen die Liebe Gottes und das Heil zu bringen. Der Name »Jesus« bedeutet ja »Gott-Jahwe schafft Heil«. Jesus ist der »Heiland«. Was taugt eine Kirche, die es aufgegeben hat, den Menschen Heil und Erlösung und Rettung zu bringen? Bitte lasst euch durch **Mission Manifest**, durch Papst Franziskus, durch Jesus selbst motivieren! Mission first auf allen Ebenen. Ite missa est!

Sophia Kuby

3. Wir glauben, dass die Chancen nie größer waren als jetzt.

Das Defizit an privater und gemeinsamer Hoffnung in der Welt wird von Tag zu Tag größer. Viele suchen nach Sinn und finden ihn nicht oder geben sich mit kleinen Antworten zufrieden. Dabei ist die denkbar größte Hoffnung bereits in der Welt. Das Evangelium hat nichts von seiner Attraktivität verloren. Wir Christen sind dazu da, diese Hoffnung zu teilen, statt sie für uns zu behalten. Wo das geschieht, wird es für Menschen unserer Zeit verlockend, Christ zu sein.

1. Ein Zeitalter wird besichtigt.

Vor unseren Augen geht eine Epoche zu Ende. Wir erleben, wie sich Europa rasant entchristlicht. Die Zeit der sogenannten »Volkskirche« ist vorbei – also diese im Vergleich zur Menschheitsgeschichte kurze Zeitspanne, in der die gesamte Kultur vom Christentum durchwirkt war, in der jedes Dorf seinen Pfarrer hatte, in der christliche Hochfeste staatliche Feiertage waren, in der die Zehn Gebote das allgemein anerkannte moralische Fundament waren. Wir zehren noch von den Resten. Aber von der prägenden Kraft, die der Glaube einst für Europas Kultur hatte, ist nicht mehr viel übrig. Als Folge des schwindenden Glaubens erleben wir auch das Ende jenes Ausnahmezustands, in dem man als gläubiger Christ zumindest innerhalb der bundesdeutschen Gesellschaft weder Widerstände noch Nachteile zu erwarten hatte.

Mit Schrecken beobachten wir die dramatische Lage des Christentums im Mittleren Osten. Aber wird das Christentum des Westens nicht auch bald im Museum landen? Der Kölner Dom als profaniertes Weltkulturerbe? Public Viewing in der Kathedrale? Der Heilige Rock im Kuriositätenkabinett? Kirchen als Kolumbarien für Urnenbegräbnisse? Das Kloster als Kongresszentrum? Die Krypta als Hotspot zum Abtanzen? Der Kreuzgang als schicke Gastro-Location? Der Sonntag, ein Tag wie Mittwoch oder Freitag? Der Sankt-Martins-Zug als Lichterritual? Weihnachten als Winterfest? Wer die Dinge nüchtern beobachtet, muss sagen: Die Christen im Westen stehen auf der Liste der vom Aussterben bedrohten Arten. Die Säkularisierung unserer Kultur ist voll im Gang. Was sollte sie aufhalten? Die Glaubenssubstanz schwindet. Vor unseren Augen dehnt sich die geistliche Wüste aus. Die Zellen lebendigen geistlichen Lebens gleichen allenfalls kleinen Oasen. Bald ist es aus und vorbei. Game over. Weit scheinen wir davon jedenfalls nicht mehr entfernt zu sein.

Wirklich? Sagen nicht viele um uns herum, vielleicht sogar wir selbst: Aber nein, so schlimm ist es doch nicht, es geht uns doch allen gut! Die über Jahrhunderte gewachsene jüdisch-christliche Kultur prägt doch unsere gesamte Lebenswirklichkeit, vom Rechtssystem über die soziale Markwirtschaft, das Bildungssystem bis zu Malerei, Architektur, Musik. Die Kirche ist noch immer eine machtvolle Institution, in Deutschland mit 700.000 Angestellten und Millionen von Angeboten im ganzen Land. Die Kirchensteuerquelle sprudelt wegen guter Konjunktur kräftiger denn je. Kirchen und Bischofsresidenzen stehen in frisch renoviertem Glanz da. Wir werden halt ein bisschen kleiner. Kein Grund zur Aufregung!

Ja, man kann sich der Illusion hingeben, alles sei doch ganz in Ordnung. Aber während wir damit beschäftigt sind, uns auf keinen Fall bei der Verwaltung der immensen Struktur stören zu lassen, schrumpft die Kirche Monat um Monat, begleitet von herrlichen Orchestermessen. Die Wahrheit ist: In Deutschland treten jährlich um die 160.000 Menschen aus der katholischen Kirche aus; bei der evangelischen Kirche waren es im Jahr 2016 sogar über 190.000 Austritte. Zahlenmäßig betrachtet, zerrinnt uns das Christentum unter den Fingern. Die Minderheit der praktizierenden Katholiken wird sich langsam, aber sicher bewusst, dass Zivilisationen sterblich sind – auch christliche. Jesus selbst war realistisch und hat seine Jünger ganz direkt gefragt: »Doch wird der Menschensohn, wenn er kommt, auf der Erde noch Glauben finden?« (Lk 18,8). In den Stürmen der Geschichte ist der Glaube, der regional eine christliche Zivilisation hervorgebracht hatte, immer wieder verschwunden und mit ihm die christliche Prägung der Gesellschaft, wie die in Nordafrika zur Zeit des Augustinus oder in der Türkei in der zweiten Hälfte des ersten Jahrtausends. Auf eine große Geschichte zurückzublicken und wertvollste Kulturgüter hervorgebracht zu haben, über Geld, Liegenschaften und Bürokratien zu verfügen – all das ist keine Garantie für die Zukunft. An der Erhaltung der christlichen Kultur interessiert zu sein, ist wichtig. Aber christliche Kultur ist die Folge, nicht die Ursache von lebendigem Glauben. Oft trauern wir der christlichen Kultur nach, haben aber keine Zeit zum Gebet und zur Beziehungspflege mit Jesus.

Zu keiner Zeit war es ausreichend, wenn Christen einfach nur vom geistlichen Kapital ihrer Vorfahren lebten, ohne selbst aus dem lebendigen Glauben an Jesus Christus zu leben. Unsere Geschichte ist geprägt von Heiligen, von Reformern, von Männern und Frauen, die dem Absterben des Glaubens in ihrem Umfeld nicht tatenlos zusehen wollten und darauf drängten, neue angemessene Formen zu finden, nach dem Evangelium zu leben. Die Akteure geistlicher Erneuerung haben immer unter Widerstand und Feindseligkeit gewirkt. Oft haben sie eine ungeahnte Wiederbelebung des Glaubens bewirkt, die durch menschliche Weisheit und Anstrengung alleine nicht zu erklären ist. Wenn wir uns das bewusst machen, erscheint unsere eigene Herausforderung in einem anderen Licht.

2. Dieser Moment der Geschichte ...

Wieder ist ein Punkt erreicht, an dem es heißt: Niedergang oder Aufbruch. Wir brauchen ihn, den neuen geistlichen Aufbruch in der Kirche. Eine Revolution der Herzen und des Willens. Neues Ausstrecken nach Gottes Gnade. Hinwendung zu Ihm. Wir brauchen die Berufung und Erweckung einer neuen Generation von Hirten, Lehrern und Zeugen, um Menschen, die fern von Gott keine Stillung ihrer tiefsten Sehnsucht erfahren, zum barmherzigen Vater zu führen. Nur daraus kann dann auch eine Erneuerung der Grundlagen unserer Gesellschaft entstehen. Der Kulturverlust und die um sich greifende Verrohung resultieren unter anderem aus der schwindenden Verankerung der Bevölkerung im christlichen Glauben. Wenn die Gebote Gottes als Anleitung und Maßstab für ein gelungenes Leben im Persönlichen an Verbindlichkeit verlieren, tun sie es auch sehr bald für das gesellschaftliche Leben. Eine Zivilisation, die ihren Boden nicht kultiviert und fruchtbar hält, kann nicht dauerhaft weiter gedeihen. Wenn der lebendige Gott der Bibel nicht mehr angebetet wird, kommen die anderen, die erbarmungslosen Götter: Geld, Macht, Sex, politische Ideologien, der Tanz um das Ego. Etwas betet der Mensch immer an, denn er ist für die Anbetung geschaffen.

Gott ist unserer Zeit nicht ferner als dem Urchristentum. Im Gegenteil: Ich bin überzeugt, dass er uns die ungewöhnlichsten Schlüssel zu den Herzen unserer Zeitgenossen hinhält. Wir müssen sie erkennen und ergreifen. Dieser Moment der Geschichte, in dem das konventionelle Christentum abdankt, ist eine einzigartige Gelegenheit für neue Kreativität in der Glaubensweitergabe. Wachsendes geistliches Vakuum bedeutet größer werdender Hohlraum, der gefüllt werden kann. Es bietet sich uns eine einzigartige, wunderbare Chance, um Seelen für Christus zu gewinnen. Je mehr die negativen Folgen der Entchristlichung als persönliches Leid erfahrbar werden, desto klarer zeigt sich, dass die Möglichkeiten für eine geistliche Erneuerung übergroß sind. Ein neuer, seit langem nicht dagewesener Gestaltungsspielraum tut sich vor uns auf. Die Frage ist: Ergreifen wir die Gelegenheit? Gestalten wir diesen Moment der Geschichte? Besitzen wir selbst schon die geistliche Kraft, die es dafür braucht? Oder überlassen wir anderen das Feld?

Ohne freilich zu erkennen, dass unser Land, unser Kontinent, ein Gebiet der Neuevangelisierung geworden ist, werden wir nicht die Notwendigkeit sehen, aufzubrechen und neue Wege zu wagen. Wenn wir allerdings beginnen, den Auftrag »Geht hinaus in alle Welt und verkündet das Evangelium allen Geschöpfen« (Mt 16,15) wieder auf uns und unser Hier und Jetzt zu beziehen, wird es plötzlich spannend. Diese Welt, von der Matthäus spricht, ist unsere Welt, sie ist Europa, unser Land, meine Stadt, meine Straße, mein Freundeskreis, meine Arbeitskollegen. Im Vergleich zu den Generationen unserer Eltern und Großeltern, die in einer Gesellschaft groß wurden, in der zumindest die Grundkenntnisse des christlichen Glaubens präsent waren, haben wir einen grundsätzlich anderen Ausgangspunkt: Wir stehen vor der Herausforderung einer Gesellschaft, die eine Neuevangelisierung braucht. Diese Situation ermöglicht es uns nicht länger, in Passivität, Abwarten und Sorge vor der Zukunft zu verharren. Neuevangelisierung setzt voraus, dass es in Europa zunehmend Menschen gibt, die keinen blassen Schimmer von Gott haben. Menschen, die das Evangelium erstmalig hören werden. Neuevangelisierung heißt, Menschen, die vielleicht gar nicht mehr wissen, dass sie einmal auf den Namen des dreifaltigen Gottes getauft wurden, das Evangelium zu erschließen und ihnen die Freude des lebendigen Glaubens zu bringen.

Andere Epochen waren durch Krieg, Entbehrungen, Hunger, Aufruhr, Epidemien und totalitäre Regime geprägt. Das alles bleibt unserer Generation zumindest im deutschsprachigen Europa aktuell Gott sei Dank erspart. Was wir derzeit hingegen erleben, ist eine Krise, die den Menschen in seinen innersten, intimsten Fragen und Sehnsüchten berührt. Unsere Zeit ist geprägt von

Sinn- und Orientierungslosigkeit bei zugleich noch nie dagewesenem Wohlstand. Vielleicht hatten die Menschen von heute noch nie so wenig Antworten auf die großen existenziellen Fragen ihres Daseins: Woher komme ich, wer bin ich, wohin gehe ich, was ist der Sinn meines Lebens? Antworten darauf gehen in dem Maß verloren, in dem der Glaube schwindet, und die Bibel nicht mehr ist als eine im besten Fall interessante Erzählung.

Die Demoskopen fassen den rapiden Glaubensschwund in Zahlen. Aus ihnen geht hervor, dass ein wachsender Teil der Gesellschaft keinerlei christliche Prägung mehr erfahren hat. Andere haben noch eine klassische christliche Sozialisation durchlaufen: Nachtgebet mit Mama, Blättern in der Kinderbibel, Religionsunterricht – aber das bisschen, das sie von der großen Erzählung mitbekommen haben, hat kein Feuer angezündet und keinen Glauben vermittelt, der den ersten Sturm überstehen konnte. Wir haben es zunehmend mit Menschen zu tun, die das Vaterunser nicht mehr können und nicht wissen, was wir an Weihnachten und Ostern feiern.

Das birgt jedoch auch eine Chance: Es ist eine junge Generation, die nicht mehr den Kampf kämpfen muss, sich aus vermeintlichen, manchmal realen Zwängen eines kulturdominierten Christentums befreien zu müssen. Der Kampf, den unsere Eltern und Großeltern in den letzten 40 Jahren geführt haben, ist nicht mehr der unsere. Unsere Lebensenergie fließt nicht mehr in Debatten um die sexuelle Revolution, den Feminismus oder den Atheismus. Diese Themen bringen heute kaum noch jemand unter dreißig auf die Straße. Die bis dato herrschenden politischen, weltanschaulichen oder religiösen Einordnungen vermögen die Realität der jungen Generation von heute nicht mehr angemessen zu beschreiben. Links, rechts, liberal, konservativ, traditionell, fortschrittlich? In Kategorien dieser Art lässt sich die Lebenswirklichkeit in Gesellschaft und Kirche nicht mehr fassen. Genau so wenig lässt sich das Evangelium in solche Kategorien zwängen. Ein Papst Benedikt, der mit seinem Verständnis einer »Ökologie des Menschen«

konsequenter grüner ist als die Grünen? Ein Papst Franziskus, der im Flüchtlingsdrama lauter seine Stimme erhebt als die Linken? Das Evangelium ist weder traditionell noch fortschrittlich, weder liberal noch konservativ, weder links noch rechts. Es ist eine Nachricht ohne Verfallsdatum, eine Heilsbotschaft, die für jede Generation immer wieder neu lebendig ist. Sie stellt den Menschen und seine Beziehung zu Gott in den Mittelpunkt. Jede Generation ist dazu neu berufen, eigene Kreativität entwickeln und neue Wege und Methoden zu erfinden, diese breaking news in die Welt zu tragen. Die Überschreitung politischer oder weltanschaulicher Etiketten, die das Evangelium ausmacht, passt hervorragend zu unserer Zeit. Junge Menschen bringen in dieser Hinsicht beste Voraussetzungen mit, sich von der Weite des Evangeliums begeistern zu lassen.

Die große Herausforderung für uns Christen ist es, das Evangelium so zu verkündigen, dass es die Menschen wieder existenziell berührt. So lange es für viele eine fromme Botschaft bleibt, die man eine Stunde in der Woche über sich ergehen lässt, die aber nicht die Kraft entfaltet, das alltägliche Leben zu durchdringen, dürfen wir uns nicht wundern, dass Menschen in einer spaßsaturierten Welt anderswo aufregendere Vergnügungen finden. In einer Zeit, in der alles erlaubt ist und alle denkbaren Freiheiten errungen scheinen, ist es nur allzu leicht, dass Verkündigung gleich zweifach scheitert: Entweder indem man das Evangelium aus Opposition zur *»Anything goes«*-Mentalität mit einer moralischen Checkliste verwechselt, oder indem man versucht, die Leute mit einer weichgespülten, anspruchslosen Wohlfühlbotschaft bei Laune zu halten. Damit erreicht man kaum jemanden. Warum sollte sich jemand dem moralischen Anspruch des Evangeliums unterwerfen, wenn er nicht zuerst Gott als lebendig und rettend erfahren hat, sich damit überhaupt erst für das Evangelium interessiert? Und wer niemals die transformative Kraft des Evangeliums erfahren hat und im Grunde nur seinen permissiven Lifestyle von ganz oben bestätigt wissen will, wird sich auch dann nicht bekehren, wenn ihm die Kirche säuselnd zuflüstert: »Es ist alles nicht so wichtig, Hauptsache du fühlst dich gut.«

Wo ist der Ansatzpunkt? Die heutige schier grenzenlose Freiheit ist auch eine Zeit großer Orientierungslosigkeit. Freiheit ist kein Garant für Glück. Die Kirche hat dem freiheitsverwöhnten, aber orientierungslosen Menschen von heute einen ungeheuren Schatz anzubieten. Wissen wir das? Noch? Schon? Oder meinen selbst wir in einem geheimen Winkel unserer Seele, dass uns das Evangelium die Freiheit raubt? Solange wir nicht höchst persönlich Zeugnis – notfalls in der U-Bahn – dafür geben können, dass Jesus Christus unsere Freiheit nicht etwa einschränkt, sondern ihr Sinn und Richtung gibt, werden die besten Strategien fruchtlos bleiben. Erst wenn wir biographisch glaubhaft machen können, dass es unsere Beziehung zum lebendigen Gott ist, die uns zu einem authentischen, spannenden, überraschenden, ambitionierten, oft abenteuerlichen Leben befreit, wird Glaube wieder interessant. Dann wird auch der Ort, wo man diesem Gott begegnen kann – die Kirche – nicht mehr lange den Ruf haben, langweilig zu sein. Die Kinder der Freiheit, die viel vom Leben erwarten, wollen mehr als das halbherzig Verdruckte des konventionellen Christentums.

In uns allen nagt die Versuchung, uns von Gott phasenweise abzusetzen und unser Glück auf eigene Faust zu mehren. Die Folgen der Abkehr von Gott erfahren nicht nur »dem Glauben Fernstehende« (wie man sie früher nannte); auch Christen kennen das Erkalten der Liebe und den dumpfen Zustand, der daraus resultiert. Jesus weist in Mt 24,12 selbst darauf hin: »Und weil die Missachtung von Gottes Gesetzen überhand nimmt, wird die Liebe bei vielen erkalten.« Wir wollen Menschen zu Gott bringen, sind aber selbst oft weit weg von Gott und immer wieder neben der Spur; sind hin- und hergerissen zwischen Abwendung von Gott und Hinwendung zu ihm; sind Sünder, die Leid verursachen. »Woher kommen die Kriege und woher Kämpfe bei euch,? Doch wohl von eueren Leidenschaften, die in euerem Inneren wüten«, schreibt der Apostel Jakobus (4,1). Das Evangelium wird dann attraktiv, wenn wir selbst seine Kraft erfahren, die uns befähigt, in diesem inneren Kampf das Gute zu wählen. Das ist die transformative Kraft des Evangeliums, die wir nur verkündigen können, wenn wir selbst aus ihr leben.

Zugleich gibt es eine verrückte Verheißung, die wir auf unseren heutigen Zustand lesen dürfen: »Wo aber die Sünde sich mehrte, ist die Gnade übergroß geworden, damit, wie die Sünde ihre Herrschaft durch den Tod geltend machte, nun die Gnade herrsche und durch Gerechtigkeit zu ewigem Leben führe durch Jesus Christus, unseren Herrn.« (Röm 5,20-21). Paradoxerweise gibt es mehr Gnade, je mächtiger die Sünde wird. Wir haben einen Gott, der uns umso mehr Gnade anbietet, je mehr wir Menschen uns von ihm abwenden. Welche Sprengkraft hat das Evangelium!

In unserer chaotischen Zeit, in der die Sünde so mächtig ist, bietet Gott eine übergroße Gnade an. Um die einzigartigen Chancen für eine Erneuerung des Glaubens in unserer Zeit zu sehen, müssen wir die großen Defizite unserer Zeit verstehen. Wo zeigt sich die Gottesferne am meisten, wo wird das Erkalten der Liebe am spürbarsten? Ich sehe zwei große Wunden: Der Verlust der Gemeinschaft und der Verlust der Identität. In einem wunderschönen Gebet von Frère Roger heißt es: »Die offene Wunde in uns ist die Stelle, an der Du deine Liebe eingießt.«

3. Die erste Wunde: Der Verlust von Gemeinschaft

Wir sind immer weniger eingebunden in eine stabile menschliche Umwelt, in ein Netz aus sozialen Beziehungen, aus dem uns Sicherheit und Zugehörigkeit erwächst. Von Menschen wird heute erwartet, dass sie mobil, flexibel, unabhängig, individuell agieren. Diese Eigenschaften sind Ideal und Anforderung zugleich. Wir wollen so leben und gleichzeitig müssen wir so leben, wenn wir mit den Anforderungen des persönlichen und beruflichen Lebens mithalten wollen.

Der Verlust von Gemeinschaft macht sich vor allem im unmittelbaren persönlichen Umfeld bemerkbar. 160.000 Ehen zerbrechen in Deutschland jedes Jahr. Gut die Hälfte der Ehepaare hatte minderjährige Kinder. Die auseinandergehen, hinterlassen tief verwundete junge Menschen. In einer Gesellschaft, in der der Staat alle denkbaren Risiken absichert, wird Fürsorge in der lokalen Gemeinschaft der Familie, des Freundeskreises, des sozialen Umfelds überflüssig. Persönliche Unabhängigkeit wird uns als Ideal der fortschrittlichen Gesellschaft verkauft, deren Kehrseite allerdings zur neuen Volkskrankheit wird: Einsamkeit. In Skandinavien, wo individuelle Unabhängigkeit schon lange erklärtes Regierungsziel ist, lebten schon 2015 über 30 Prozent der Bevölkerung in Einpersonenhaushalten. Leben, arbeiten, sterben sie ohne menschliche, familiäre Zuwendung? Es wird viel von Partizipation, Inklusion, Interaktivität gesprochen. Dennoch fühlen sich Menschen aller gesellschaftlichen Schichten und Altersgruppen zunehmend einsam, sehnen sich nach Gemeinschaft, menschlicher Wärme und Zugehörigkeit und können sie nicht finden.

Aber wir kündigen noch eine ganz andere Art der Gemeinschaft auf, diejenige, die uns solidarisch macht mit den Schwächsten in unserer Gesellschaft. Christliche Solidarität mit den Schwachen gründet auf der Überzeugung, dass der Mensch Ebenbild Gottes ist. Diese Überzeugung wurde immer auch als moralischer Imperativ begriffen, der es gebietet, den Nächsten in seiner Würde und seinem Lebensrecht zu achten und zu schützen. Die millionenfache Aufkündigung dieser Solidargemeinschaft der Menschen durch die Tötung ungeborener Kinder kann in diesem Zusammenhang nicht verschwiegen werden – alleine in Deutschland geschieht das rund tausendmal an jedem Arbeitstag. Ungerechtigkeit in diesem Ausmaß kann psychosozial und geistlich für die Beteiligten nicht folgenlos bleiben – für Frauen wie für Männer.

Gleichzeitig ist die Sehnsucht nach Gemeinschaft, allem voran nach fester Partnerschaft, nach Ehe und Familie gleichbleibend hoch. Die allermeisten wünschen sich stabile, dauerhafte

Beziehungen. Und sie wünschen sich Kinder. Aber Wunsch und Wirklichkeit klaffen immer dramatischer auseinander. Bindungsangst oder gar Bindungsunfähigkeit machen es schwer, persönliches Lebensglück und Geborgenheit dauerhaft zu finden und anderen zu geben. Der Aufbau von dauerhaften, tragenden Beziehungen, die auch dann noch halten, wenn es dick kommt, ist heute durch die psychischen Vorbelastungen, die sexualisierte Kultur und die ständig präsente Exit-Option der Scheidung entschieden schwerer geworden. Gemeinschaft leben heißt, das Verbindende nachhaltig über das Trennende stellen zu können. Diese Kunst scheinen wir gerade zu verlernen.

Die größte und tiefste Einsamkeit entsteht aber, wenn der Mensch Gott nicht mehr kennt. Wenn Gott, der Schöpfer und Retter, ein Fremder geworden ist, entsteht eine durch nichts zu stillende Ureinsamkeit. Der Mensch hat nichts anderes mehr als die brüchigen Beziehungen dieser Welt. Zerbrechen diese, fällt er in ein Loch ohne Boden.

Jesus bietet uns dazu ein radikales Gegenmodell. Er hat Gemeinschaft aufgebaut und dafür gesorgt, dass sich dieses beziehungsvolle Netzwerk in die Geschichte bis heute fortsetzt. Wir sagen dazu Kirche. Kirche ist Gemeinschaft mit Gott und Gemeinschaft untereinander. Aber ist die Kirche hierzulande wirklich noch eine beziehungsvolle Gemeinschaft – ist sie communio, die daraus entsteht, dass Jesus das Zentrum ist? Gemeinden werden zu immer größeren Einheiten zusammengelegt, ohne dass die immer weiter um sich greifende Anonymisierung durch die Megastruktur kompensiert würde. Wo bietet die Kirche heute konkret Gemeinschaft an, die über den Smalltalk nach der Sonntagsmesse hinausgeht? Wenn man von den geistlichen Gemeinschaften absieht, sucht man oft vergeblich einen Ort in der Kirche, wo man christliche Communio erfahren kann. Dabei ist die Liebe doch das herausstechende Merkmal, an dem die Menschen Christen erkennen sollen (vgl. Joh 13,34-35). Wie wird die Liebe heute unter Christen konkret? Wo sind Orte, wo sie erlernt und genährt werden kann?

Wenn die Kirche wieder ein Ort der echten christlichen Gemeinschaft – eine Gemeinschaft von Gemeinschaften – wird, bietet sie etwas an, das knappste Ressource geworden ist. Sie wird zum Ort, wo man tief und sicher zugehörig ist – nicht aufgrund von Sympathie oder guter Organisation, sondern weil man als Brüder und Schwestern in Christus zusammenkommt. Eine spezifisch christliche Gemeinschaft entsteht dort, wo Menschen die Erfahrung machen, dass Gott sie in ihrem tiefen Inneren kennt und trotzdem liebt. Wie könnte man nach dieser Erfahrung nicht andere auch lieben, ihr Leid teilen, ja sogar Mühen für sie auf sich nehmen? Das ist die Grundlage der christlichen Communio, die mit keiner anderen Gemeinschaft vergleichbar ist. Die Erfahrung der Vergebung und der Liebe Gottes ermöglicht eine genuin christliche Qualität von Liebe untereinander. Wenn die in der Kirche wieder gelebt wird und ausstrahlt, werden Menschen kommen und nach dem Grund der Freude fragen, die aus dieser Gemeinschaftserfahrung entsteht. Je heterogener die konkrete christliche (Pfarr)gemeinschaft in sozialer Zugehörigkeit ist, desto mehr wird sie strahlen und vom Wirken Gottes Zeugnis geben. Wenn der Anwalt mit dem Fabrikarbeiter, die Obdachlose mit der Unternehmensberaterin, der Marokkaner mit dem Deutschen, die alleinerziehende Mutter mit dem kinderlosen Ehepaar christliche Gemeinschaft bilden – beginnen die Menschen, wie Gott zu lieben. »Daran werden alle erkennen, dass ihr meine Jünger seid, wenn ihr untereinander Liebe habt.« (Joh 13,35) Aber auch umgekehrt gilt: An der Liebe untereinander werden die Menschen die Liebe Gottes erkennen. Sie werden in Scharen kommen, wenn sie in der Kirche finden, was ihnen heute so sehr fehlt: bedingungslose Annahme und Zugehörigkeit.

4. Die zweite Wunde: Der Verlust der Identität

Ein zweiter Verlust charakterisiert die Menschen unserer Zeit: Noch nie waren Menschen so stolz auf ihre Individualität und gleichzeitig so unsicher in ihrer Identität. Von allen Seiten werden wir in Frage gestellt – einerseits durch den technischen Fortschritt, andererseits durch den Angriff auf unsere tiefste Identität als Mann und Frau.

Menschliches Genie hat ungeahnte technische Fortschritte, aber auch abgründige Möglichkeiten der Zerstörung eröffnet. In einem winzigen Smartphone befindet sich eine größere Rechenleistung, als die NASA sie zur Verfügung hatte, als der erste Mensch zum Mond flog. Gleichzeitig sitzt ein Diktator in Asien vor einem Knopf, den zu drücken die Auslöschung von Millionen von Menschen bedeuten würde. Maschinen und Computer erleichtern uns einerseits die Arbeit, andererseits entsteht ein Konkurrenzkampf zwischen Mensch und Maschine, der den Menschen in Frage stellt. In diesem Kampf um Effizienz und Präzision zieht der Mensch den Kürzeren. Seine natürlichen Fähigkeiten scheinen nicht mehr auszureichen. So nicht mehr wettbewerbsfähig wird der Mensch zum Rohstoff transhumaner technischer Optimierungen: Vom Chip in der Blutbahn, der ununterbrochene Bioanalyse liefert, bis zum Gehirn, das durch direkten Computeranschluss übermenschliche Fähigkeiten erhält, wie es Tesla-Gründer Elon Musk derzeit mit seiner Firma Neuralink versucht. Dadurch stellen sich ganz neue Fragen nach der Identität. Wenn Mensch und Maschine immer mehr verschmelzen, wer ist er dann? Ist er ohne technische Hilfsmittel noch »Mensch«? Hat er noch einen Wert an sich oder zählt nur noch die gesteigerte Produktivität, die sich durch Verschmelzung mit Technik erreichen lässt? Was bedeutet die Ebenbildlichkeit Gottes, wenn er so, wie Gott ihn geschaffen hat, nicht mehr genügt?

Mit der Technik ist die Kontrolle über den Menschen bis in die intimsten Bereiche vorgedrungen. Fortpflanzung kann im Labor stattfinden; sie ist nicht mehr notwendigerweise die Frucht des Sexualakts von Mann und Frau. Wunschmenschen kann man bald genetisch designen und wie ein Auto konfigurieren. Ei- und Samenzellen werden im Internet bestellt. Den Bauch einer

Leihmutter mieten Menschen mit Kinderwunsch in einem unterentwickelten Land preisgünstig an und das Baby wird gegen Bezahlung produziert, inklusive Rückgaberecht bei mangelnder »Qualität«, wie Fälle wie Baby Gammy in Thailand zeigen. Kommerzielle Messen zur Reproduktionsmedizin, in denen sich die Besucher unter anderem über Adoptionsmöglichkeiten oder Leihmutterschaft informieren können, finden regelmäßig in unseren Ländern statt, manche, wie *»Men having Babies«*, exklusiv für homosexuelle männliche Kunden. Die Forschung am künstlichen Uterus schreitet voran, was die Fortpflanzung des Menschen vollständig ent-menschlichen würde. Auch hier ist der Mensch im Wurzelbereich seiner Existenz in Frage gestellt. Wer ist er, wenn er nicht einmal mehr für seine eigene Reproduktion gebraucht wird, oder nur noch als Lieferant der Rohstoffe (Ei- und Samenzelle) dient? Woher nehmen die so entstandenen Kindern noch ihre Identität, wenn sie um Abstammung und Familiengeschichte betrogen wurden? Wie kann sich ein heranwachsender Mensch irgendwo zugehörig fühlen, wenn er vom ersten Moment seiner Existenz an technisch produziert, gekauft und verkauft wurde?

Verlust von Identität wird heute auch via Gendertheorie politisch provoziert. Nicht mehr das biologische Geschlecht bestimmt, ob jemand Mann oder Frau ist, sondern seine »gefühlte Wirklichkeit«, die mit seinem Geschlecht übereinstimmen kann, aber nicht muss. Diese gefühlte Wirklichkeit beschränkt sich logischerweise auch nicht auf zwei, sondern auf unendlich viele denkbare Geschlechter und Identitäten, für die am laufenden Band neue Namen erfunden werden. Facebook bietet in den USA und Großbritannien mittlerweile 71 Optionen an, damit jeder die Identität finden kann, die er »wirklich« hat. Das oberste Ziel allerdings lautet *»gender-fluidity«*, also überhaupt keine festgelegte Identität mehr, sondern eine, die ständig im Fluss ist. Wenn der Mensch aber keine Identität mehr hat, wenn sein Leib nichts mehr mit seinem Wesen zu tun hat, wenn seine geschaffene Realität nichts mehr bedeutet, oder auf etwas hindeutet, dann ist das nicht nur ein Angriff auf den Menschen, sondern ein Angriff auf den, der den Menschen als Mann und Frau geschaffen hat. Wenn unsere geschaffene Natur als Unterdrückung des empfundenen Geschlechts, und Loslösung von jeglicher geschlechtlichen Identität als ultimative Freiheit verstanden wird, ist das nichts anderes als die tiefste Leugnung der Gutheit der Schöpfung. Keine Zeit vor uns hat dies in dieser Radikalität formuliert. Der Nihilismus der Ich-Verweigerung macht es dem Menschen schwer, mit einem Du Beziehung aufzubauen, sei es ein Mensch oder Gott. Ein solcher Identitätsverlust kann nicht ohne Folgen bleiben. Menschen, die ihre Identität ständig neu (er)finden müssen, sind rastlos, wurzellos, ziellos, haltlos. Sie erleben Verunsicherung bis in den intimsten Bereich ihres Seins hinein und versuchen, sich durch den politischen Kampf um soziale und rechtliche Anerkennung ihrer selbst zu vergewissern. Das menschliche Elend, das hinter der so fabrizierten Identitätslosigkeit steckt, ist groß. Diese Menschen haben dieselbe Sehnsucht im Herzen wie jeder andere auch. Sie wollen anerkannt, angenommen und geliebt sein.

Aus diesem Leid entsteht eine ganz eigene Chance zur Verkündigung eines Gottes, der uns bereits im Mutterleib berufen hat; der uns bei unserem Namen genannt hat, als wir noch im Schoß unserer Mutter waren (vgl. Jes 49,1). Die Bibel hat einen erstaunlich weiten Begriff von Identität, im Gegensatz zu gewissen identitären Tendenzen, die nicht als Antwort auf den Identitätsverlust taugen. »Da gibt es nicht mehr Juden und Griechen, Sklaven und Freie, da gibt es nicht Mann und Frau. Denn ihr alle seid einer in Christus Jesus.« (Gal 3,28). Die eine, erste Identität, die wir durch und in Jesus Christus bekommen, ist die der Kindschaft Gottes. Wir sind eins in Ihm, weil wir eine gemeinsame Natur als Kinder Gottes haben. Und als solche sind wir Gott so viel wert, dass er durch die gesamte Heilsgeschichte hindurch die Liebe des Menschen zu gewinnen sucht. »Weil du mir so teuer bist in meinen Augen, so wertgeschätzt und weil ich dich liebe, gebe ich Länder für dich hin und Völker für dein Leben. (Jes

43,4) Es könnte keine schönere, radikalere Antwort auf die Infragestellung des Menschen durch Technik, entmenschlichte Fortpflanzung und politische Gendertheorie geben. Gott genügt der unoptimierte Mensch, der Mensch, so wie er ist. Dieser »Erdenkloß« (diesen Begriff wählte Thomas Mann in seinen Josefsromanen für den aus Lehm geschaffenen Menschen) ist ihm sogar so wertvoll, dass er für ihn Mensch wird und freiwillig ans Kreuz geht. Der Mensch, der im Labor erzeugt wurde, seine Vorfahren nicht kennt und in keine Familiengeschichte eingebunden ist, kann durch den Wert, der ihm von Gott zugesprochen wird, Heilung seiner Identität finden.

Aber die Bibel offenbart uns noch eine weitere, präzisere Identität des Menschen. Nicht nur als Kind Gottes und nach seinem Abbild ist der Mensch geschaffen, sondern als Mann und Frau (vgl. Gen1, 27). Das ist kein Widerspruch zum Galatertext. Jede dieser biblischen Aussagen hat einen jeweils anderen Bezugspunkt. Während in der Kindschaft Gottes und in unserer Zugehörigkeit zu Christus der Unterschied zwischen Mann und Frau keine Rolle mehr spielt, spricht die Genesis von der menschlichen Natur, der Geschlechtlichkeit und Komplementariät, die sich in Gottes Schöpfung zeigt. Der Mensch ist nicht eine im Grunde asexuelle Rohmasse, die sich im Laufe des Lebens ihre eigene Identität gibt. Er ist auch nicht Geist, der in einem Körper gefangen ist, mit dem er sonst nicht viel zu tun hat. Er hat nicht einen Körper, als wäre es ein beiläufiges Accessoire; er ist vielmehr beseelter Leib. Er ist diese Einheit von Körper und Geist, die im irdischen Leben niemals voneinander trennbar sind. Die Tatsache, dass wir den Körper eines Mannes oder einer Frau haben, ist folglich nicht etwa ein nichtssagender Zufall. Das Faktum sagt etwas Basales darüber aus, wer wir sind und schenkt gleichzeitig eine Aufgabe und Berufung, als Mann und Frau ein Fleisch zu werden. Identität im biblischen Sinn kann also auch am Leib abgelesen werden. Jede vermeintliche Theologie, die eine Trennung von Geist und Leib postuliert hat, wird von der Kirche als unwahr zurückgewiesen.

Die Aufgabe für die Kirche ist es und wird es immer mehr sein, dem Menschen seine eigene Schönheit als Leib-Seele-Einheit aufzuzeigen. Dabei wird es weniger um akademische Philosophie (die allerdings unverzichtbar ist) gehen als darum, Menschen wieder das Menschliche, Menschen wieder sich selbst zu erklären. Die Wiederentdeckung von Männlichkeit und Weiblichkeit, von Sexualität, von Identität, nicht in einem engen, stereotypen Sinn, sondern in der Weite und Freiheit, die erst das Evangelium eröffnet, ist eine Mammutaufgabe für die Kirche von heute. Denn wenn der Mensch nicht mehr weiß, wer er ist, kann er nur schwer stabile Beziehungen eingehen und ein gesundes Verhältnis zum gleichen wie zum anderen Geschlecht entwickeln.

5. Pflegt die Wunden des Herzens!

Die beiden epochalen Verlusterfahrungen, nämlich der Verlust von Gemeinschaft und der Verlust von Identität lassen den Umkehrschluss zu, dass die zwei korrespondierenden Hauptleiden der Menschen heute Einsamkeit und existenzielle Verunsicherung sind. Menschen fühlen sich überrollt von Umbrüchen, die so groß und unaufhaltsam scheinen, dass der Einzelne sich ohnmächtig fühlt. Die Seele der Menschen reagiert darauf seismographisch und offenbart das Ausmaß der Krise. Über eine halbe Milliarde Menschen auf der Welt leiden unter Depression oder Angstzuständen und können ihr Leben nur noch mit Psychopharmaka und Antidepressiva ertragen. Die zwölf größten Konsumenten weltweit sind wohlhabende, sogenannte Erste-Welt-Länder, neun davon liegen in Westeuropa. Alleine in Deutschland gibt es einen Anstieg des Antidepressiva-Konsums in den letzten vier Jahren um 46 Prozent. Viele, die es trotz der Einnahme von Antidepressiva und medikamentöser Ruhigstellung nicht schaffen, begehen Selbstmord. Unter den 10–24-Jährigen ist der Suizid laut Weltgesundheitsorganisation bereits die zweithäufigste

Todesursache. Zunehmend wird ein solches »selbstbestimmtes« Aus-dem-Leben-Scheiden als »Recht« und Errungenschaft der Aufklärung eingefordert. In unseren Nachbarländern ist Euthanasie gang und gäbe, in Belgien ist seit 2014 sogar die Sterbehilfe bei Kindern und Jugendlichen mit unerträglichen oder nicht zu lindernden körperlichen Schmerzen legalisiert.

In einer Gesellschaft, aus der Wärme und Geborgenheit rapide weichen und die Menschen nicht mehr wissen, auf wen oder was sie hoffen können, werden wir gerade Zeitzeugen eines menschlichen Infarkts. Diese Entwicklungen finden nicht irgendwo statt, sondern mitten unter uns. Sie gehen mitten durch unsere Herzen; sie gehen quer durch alle Gesellschaftsschichten. »Keiner ist eine Insel« (Thomas Merton). Auch die Kirche nicht.

Wie von Hoffnung sprechen, wenn das Leid solche Ausmaße annimmt? Das Evangelium verspricht gesellschaftlich kein kommendes Paradies, ist in seiner Menschenkenntnis höchst realistisch und fördert nirgendwo den Glauben, der Mensch könne sich mit eigener Kraft aus dem Sumpf ziehen. Aber es gibt die heilende, transformative Kraft des Evangeliums. Sie ist nicht abhängig davon, ob die Umstände leicht oder schwer, turbulent oder friedlich sind. Sie wird geschichtlich wie biographisch häufig gerade unter dramatischen Umständen sichtbar: in der Rettung aus Not, im »Ich kann nicht mehr!« Der Flächenbrand an Freude, mit dem die ersten Christen auf den Plan der Weltgeschichte traten, kam, nachdem zunächst alle Hoffnung am Kreuz betrogen schien. Sie wuchs in Hauskirchen und Katakomben, bewährte sich unter Verfolgungen, wurde reich am Zustrom der Armen und erlangte seine Identität im Zeugnis der Märtyrer. Was das Christentum nicht verträgt, ist Verbürgerlichung – seine Verwandlung in einen erbaulichen Sonntagsevent, in eine innere Polizei oder eine Religionsbehörde. Ersticken lässt es sich mit zu viel Geld, lahm wird es durch allzu bequeme Privilegien. Aber es wächst dort, wo Menschen wieder beginnen zu beten, Gemeinschaft zu bilden, an die Ränder gehen. Christentum kommt von den Rändern und braucht die Ränder. Das Reich Gottes breitet sich ja paradoxerweise gerade unter Bedrängnissen, Schwierigkeiten, ja sogar Verfolgung aus. Weltweit wächst die Zahl derer, die dem lebendigen Gott begegnen – oft unter schwierigsten Umständen.

Das große menschliche Leid, das wir heute inmitten einer saturierten Wohlstandsgesellschaft sehen, ist aus Sicht der Kirche nicht Hindernis, sondern Chance. Das Evangelium hat die Kraft, die Einsamkeiten und Identitätskrisen unserer Tage von innen heraus zu verwandeln. Aber dazu müssen wir es wagen, diesen radikalen Perspektivwechsel zu vollziehen, den Papst Franziskus zu predigen nicht müde wird: »Sie (die Kirche) ist aufgerufen, aus sich selbst herauszugehen und an die Ränder zu gehen. Nicht nur an die geografischen Ränder, sondern an die Grenzen der menschlichen Existenz: die des Mysteriums der Sünde, die des Schmerzes, die der Ungerechtigkeit, die der Ignoranz, die der fehlenden religiösen Praxis, die des Denkens, die jeglichen Elends.« (Rede von Kardinal Jorge Mario Bergoglio im Vorkonklave). Die Welt, gerade unsere westliche, liegt geistlich und menschlich gesehen auf dem Krankenbett. Sie braucht Heilung, aber ohne Gott sucht sie verzweifelt nach einem Arzt. »Das ist die Mission der Kirche, einer Kirche, die heilt und pflegt. Ich habe in der Vergangenheit von der Kirche als einem Feldlazarett gesprochen. So ist es! Es gibt so viele Verletzte! Es gibt so viele Menschen, die der Pflege bedürfen! Das ist der Auftrag der Kirche: Pflegt die Wunden des Herzens, öffnet Gott die Tore, denn Er ist gut und vergibt alles, weil Gott ein zärtlicher Vater ist. Gott wartet immer auf uns!« (Papst Franziskus)

Ist das unsere Kirche von heute? Läuft sie, laufen wir hinaus auf die Straßen, begegnen wir den Menschen dort, wo sie am meisten leiden, in ihrer Einsamkeit und ihrer Orientierungslosigkeit, um ihnen zuzurufen: »Wir haben einen Arzt!« Sind wir angetrieben vom Auftrag, die Menschen zu heilen, aufzurichten, ihnen neue Hoffnung zu geben? Sind wir selbst bereit, uns vom Herrn heilen und aufrichten zu lassen und aus dieser Erfahrung der Barmherzigkeit und neugeschenkten Hoffnung zu den Menschen zu eilen?

Sind wir uns unserer großen Verantwortung bewusst? »Wenn wir diesen Auftrag vergessen«, so Franziskus weiter, »dann vergessen wir auch die Armut und den apostolischen Eifer! Wir setzen alle unsere Hoffnungen in diese Mittel, doch damit wird die Kirche immer mehr zu einer NGO, die zwar schön und nett aussieht und auch mächtig wirkt, aber sie entspricht dann nicht dem Evangelium, weil ihr jener Geist, jene Armut und jene Kraft zum Heilen fehlen.«

6. Von der Armut, den Quellen der Kraft und der Hoffnung

Wir können nur geben, was wir selbst empfangen haben. Wir gläubigen Christen sind nicht eine andere Spezies Mensch, nach dem Motto »wir und sie«. Auch wir können unter der Einsamkeit, unter der tiefen Verunsicherung, die manche Menschen heute erfahren, leiden. Wenn wir uns selbst als immun erachten, unser Leben nicht Gott hinhalten und darum beten, dass er kommt und uns heilt, können wir keine Kirche sein, die im Geist des Evangeliums »Armut und Kraft zum Heilen« entwickelt. Ja, es gibt heute eine einmalige Chance, den Menschen das Evangelium zu verkündigen, aber sind wir fähig, sie wahrzunehmen? Leben wir selbst das, was weiterzugeben von so großer Dringlichkeit ist? Oder gleichen wir einer gut organisierten NGO mit edlen humanitären Zielen? Ist unser Leben ein Ruf nach Heilung und Heil durch Gott? »Heile mich, Herr, dann werde ich heil, hilf mir, dann ist mir geholfen« (Jer 17,14). Oder bleibt Gott uns äußerlich, wie ein guter Bekannter, den man zwar gerne in den schön hergerichteten Salon führt, aber sicherlich nicht in die Rumpelkammer oder ins Schlafzimmer?

Die große, endgültige Hoffnung auf Heil, das durch alles Leid, durch alle Ungerechtigkeit hindurch auf uns wartet, kann nur von einem Gott geschenkt werden, in dem Gerechtigkeit und Barmherzigkeit eins sind. Es ist eine menschliche Notwendigkeit, daran zu glauben, dass die Ungerechtigkeit nicht das letzte Wort hat. Auch wenn wir in diesem Leben so viel Ungerechtigkeit erleiden, wird letztlich alles gut. Wenn Gott aber nur gerecht, nicht aber barmherzig wäre, müsste unser ganzes Leben wie die bange Frage des Psalmisten sein: »Wolltest du Herr, der Sünde immer gedenken: Herr, wer könnte bestehen?« (Ps 130,3)? Gott aber erlöst uns durch Gerechtigkeit und Gnade (vgl. Röm 5,17).

Aus dieser letzten Gewissheit, die uns auf ewig zugesagt ist und uns durch kein Leid, keinen Schicksalsschlag, keine Epoche hindurch genommen werden kann, entsteht Hoffnung. Die eine, große Hoffnung, die Hoffnung, dass bei Jesus ein Leben in Fülle auf uns wartet. (vgl. Joh 10,10) Lange haben wir sie vernachlässigt, ja vielleicht sogar vergessen, denn die allermeisten von uns sind ohne die Notwendigkeit aufgewachsen, aus ihr heraus zu leben. Da wir allerdings merken, dass die Zeit des bequemen Christentums zu Ende geht, ist es Zeit, uns neu die Frage nach der einen, wirklichen, tragenden christlichen Hoffnung zu stellen.

Hoffnung kann nur entstehen, wenn wir unsere eigene Agenda und die Geschicke der Welt vom Blick Gottes durchdringen lassen. Alle Masken abzunehmen und uns von Gott anschauen zu lassen, verändert uns. Sein Blick auf uns setzt ungeahnte Kräfte frei, ermöglicht Hoffnung und Erneuerung der Kirche.

Wenn wir als Kirche den Menschen, die Gott nicht kennen, nur eine Ahnung dieser Hoffnung geben, werden viele Lust bekommen, ihr weiter auf die Spur zu kommen. Sein ganzes Vertrauen nur auf Arbeit, auf Wohlstand, auf Familie, auf ein halbwegs bequemes Leben setzen, ist vielen zu wenig. Ohne die eine, große Hoffnung, ohne Jesus Christus zu kennen, lauert im Untergrund immer die Angst, dass die vermeintlichen Sicherheiten doch wegbrechen könnten. Unter den Gründen, warum Paare heute keine Kinder wollen, wird bisweilen genannt, dass man in eine so unsichere und chaotische Welt keine Kinder setzten sollte. Das ist aus weltlicher Sicht nachvollziehbar. Aber fehlt es hier nicht genau an der Hoffnung, die stärker ist als die Unwägbarkeiten unserer Zeit?

Durch die Bibel hindurch sind Hoffnung und Glauben austauschbare Begriffe. Wir können hoffen, weil wir an einen Gott glauben, der die Geschichte umspannt und durchwirkt und der in seinen Verheißungen treu ist (vgl. Heb 10,23). Der Gott der Bibel ist nicht einfach nur der erste Beweger, wie Aristoteles ihn nannte, der die Welt geschaffen und sie dann ihrem Schicksal überlassen hat. Er ist nicht einfach ferne Erstursache, die alles in Bewegung gesetzt hat und die Welt dann sich selbst überlässt. Der Gott, den uns die Bibel offenbart, hat ein Herz, das durch die Geschichte pulsiert und mitfühlt. Wir glauben an einen Gott, dem unser Schicksal nicht egal ist und der in die Geschichte eingreifen kann und dies unablässig und auf geheimnisvolle Weise tut. Gott fühlt mit, nicht nur mit dem Schicksal der Menschheit, sondern mit jedem von uns ganz persönlich, mit unserem Leid, unserer Freude, unseren Kämpfen, unserem Versagen.

Hoffnung entsteht in dem Maß, wie wir aus der Gewissheit leben, von Gott persönlich gemeint und geliebt zu sein in einer Weise, die weder Bedingung noch Untreue kennt. Hoffnung entsteht, wenn wir auf ein Leben mit Gott in Ewigkeit, auf vollkommene Stillung unserer tiefen Sehnsucht nach bedingungsloser Liebe hin leben können. Wäre dies allgemein lebendige Glaubenswirklichkeit unter den Getauften, wären die Kirchen voll, würde kirchliches Leben blühen, Gemeinden wachsen. Denn wie könnte man Gott nicht loben und ihn zum Mittelpunkt des Lebens machen, wenn er uns das wird, was der Mensch heute so verzweifelt sucht: eine treuer Gott, ein Fels, auf dem man das Leben bauen kann?

In den deutschsprachigen Ländern deuten die Zahlen der Kirchenaustritte, der Kirchenschließungen, die demographische Entwicklung der Kirchenmitglieder, die Zahl der Priesteramtsanwärter und der Paare, die sich auf eine standesamtliche Hochzeit beschränken, darauf hin, dass dies nicht die Wirklichkeit der meisten Getauften ist. Die Krise der Kirche ist eine Krise des Glaubens, und die Krise des Glaubens ist eine Krise der christlichen Hoffnung. Wir haben verlernt, dass wir Gott existenziell brauchen, damit unser Leben gelingt. Wir haben uns daran gewöhnt, dass wir mit etwas Intelligenz und Arbeit unsere kleinen Hoffnungen auf ein einigermaßen gutes Leben realisieren können: die Hoffnung auf Karriere, auf Gesundheit, auf die Überwindung persönlicher Krisen; die Hoffnung, die Liebe fürs Leben zu finden, eine Familie zu gründen, alles Nötige zum Leben zu haben. Das alles ist gut und erstrebenswert! Aber je mehr tragfähige Fundamente im persönlichen Leben und auf gesellschaftlicher und weltweiter Ebene wegbrechen, umso mehr kommt es auf die große, unzerstörbare christliche Hoffnung an – die Hoffnung auf das ewige Leben.

Ohne Glauben an den lebendigen Gott fehlt der Horizont der Hoffnung. Im selben Ausmaß wie viele Menschen heute niedergedrückt sind von bleierner Traurigkeit und dem Defizit an Sinn, hungern sie nach etwas, auf das sie ihr Leben dauerhaft ausrichten können. Nicht Betreuung, Rezepte zur Selbstfindung und Unterhaltung sind darauf die Antwort. Im Grunde hat die Kirche nichts zu geben als Jesus. In geballter Dosierung, durch kraftvolle Verkündigung des Wortes, mit Kreativität und durch das geteilte Leben in den Sakramenten. Auf Jesus Christus kann man sein Leben bauen – hier und für immer. Durch ihn ist selbst dem Tod der Stachel genommen. Gott hat ihn selbst durchlitten und durch die Auferstehung besiegt. Gott verheißt uns eine gute Zukunft!

Gleichzeitig vertröstet uns die christliche Hoffnung nicht einfach nur auf eine gute Zukunft – ein Vorwurf, der oft gegen die Kirche erhoben wird. Wenn er wahr wäre, wären Christen Zyniker, ohne Mitgefühl für die Leidenden, unbeteiligt, desinteressiert. Aber Christen setzen sich überall auf der Welt für ihre Mitmenschen ein, denn sie stehen unter dem doppelten Liebesgebot. »Du sollst den Herrn, deinen Gott, lieben mit deinem ganzen Herzen und mit deiner ganzen Seele und mit deiner ganzen Kraft undmit deinem ganzen Denken, und deinen Nächsten wie dich selbst.« (Lk 10,27).

Wie könnten wir die Hoffnung nicht weitergeben, aus der wir selbst leben? »Denn wovon das Herz voll ist, davon redet der

Mund« (Mt 12, 34). Leben wir wirklich aus ihr? Ist die Verheißung eines ewigen Lebens in Fülle konkret und anziehend genug für uns selbst, dass wir von ihm her unser Leben gestalten? Ohne Zweifel brauchen wir selbst, unsere Kirche, eine Erneuerung der Sehnsucht nach Gott, nach dem ewigen Leben. Das Problem der Kirche ist sicherlich nicht mehr, dass sie zu viel von der Hölle spricht, das Problem ist, dass sie zu wenig vom Himmel zu sagen hat. Die Figuren des Evangeliums, die eine echte, lebensverändernde Begegnung mit dem Herrn machen, sind Menschen, die große Sehnsucht nach »Mehr« haben. Wenn die unfassbaren Verheißungen des Evangeliums für uns Getaufte nicht lebendige, ersehnte Wirklichkeit werden, kann die Kirche der Welt nicht viel mehr geben als etwas menschliche Linderung ihres Leids. Dann ist sie wie eine NGO, die gute Werke tut. Wo ist unsere Sehnsucht nach dem lebendigen Gott, unsere Leidenschaft für ihn? Jeder Mensch trägt in sich die unstillbare Sehnsucht nach Erfüllung, nach Glück. Auch ganz ohne Gott zu kennen, leben wir doch intuitiv auf etwas zu, hat unser Leben eine Richtung, erahnen wir: Es muss mehr geben als die unvollkommenen, flüchtigen Fetzen von Glück, die wir in unserem Leben erfahren und die uns doch in ihrer Flüchtigkeit und Vorläufigkeit unbefriedigt lassen. Hier bieten sich heute die für unsere Zeit ganz eigenen, großen Chancen der Glaubensweitergabe. Es geht um die rettende, die überwältigende Begegnung mit Gott. Nirgendwo anders liegt die Quelle der Erneuerung. Den Glauben kann man nur weitergeben durch »Überfluss«, durch überfließende Sehnsucht nach dem, der allein die Sehnsucht des Menschen vollkommen erfüllen kann. Wer, wenn nicht die Kirche, kann den Weg zur Quelle dieses lebendigen Wassers weisen? Die Quelle sprudelt und die sich ausbreitende Wüste wartet sehnsüchtig darauf, von ihm erfrischt zu werden.

Maximilian Oettingen

4. Wir sprechen alle Menschen in unseren Ländern an und machen keinen Unterschied …

… wie Jesus keinen Unterschied gemacht hat. Wir gehen auf Christen, Nichtchristen, Andersgläubige, Ex-Gläubige zu. Es gibt keinen Menschen, für den Jesus nicht gestorben ist und der Jesus nicht kennenlernen sollte. Gott ist »die Liebe« (1 Joh 4,16) und will, »dass alle Menschen gerettet werden und zur Erkenntnis der Wahrheit gelangen.« (1 Tim 2,4) Wir wollen es auch.

Ich war wirklich fasziniert: Da standen diese jungen Leute – und sie erzählten wieder und wieder von der Herrschaft Jesu Christi. Davon, wie wichtig es ist, dass jede und jeder von uns Jesus Christus als Herrn und Gott nicht nur erkennt, sondern auch anerkennt. Und sie sprachen von einer »Lebensübergabe an Jesus«. Dabei wirkten sie so normal auf mich, waren in meinem Alter, vielleicht zwei, drei Jahre älter – und cool waren sie auch noch.

1. Kerygma, Katechese, Theologie

Ich war fasziniert – und zerrissen. Denn im Tiefsten merkte ich sofort, dass Jesus keineswegs der »Herr meines Lebens« war. Was ich wusste, war, dass es Gott, dass es Jesus gab. Ich hatte als Kind und Jugendlicher im Glauben schon einiges erlebt. Zweifel daran, dass es einen Gott gab, hatte ich keine: Letztlich war ich zu oft auf Wallfahrten gewesen, um noch mit intellektueller Berechtigung an der Existenz Gottes zweifeln zu können. Aber dieser Anspruch, dieser starke Anspruch, dass Jesus der Herr ist, mein Herr und mein Gott, derjenige, der in meinem Leben wirklich das Sagen hat – dieser Anspruch war für mich neu. Und echt schwierig. Dabei ist er uns sogar aus geläufigen Gebeten vertraut: »Mein Herr und mein Gott, nimm alles von mir, was mich hindert zu Dir. Mein Herr und mein Gott, gib alles mir, was mich fördert zu Dir. Mein Herr und mein Gott, nimm mich mir und gib mich ganz zu eigen Dir.«

Ich war fasziniert, total zerrissen – und eigentlich hatte ich Angst. Was würde passieren, wenn ich Jesus als meinen Herrn annehme? Würde nicht auf der Stelle gähnende Langeweile in meinem Leben ausbrechen, würde ich selbst nicht langweilig werden, würde ich mich zu 100 Prozent auf Jesus einlassen? Müsste ich nicht mit blutleerem Gesicht an Wochenenden ehrenamtlich Suppe austeilen? Würde das nicht automatisch implizieren, dass ich geweihter Priester werden müsste? Und wenn nicht, müsste ich dann nicht eine alte, hässliche und wahrscheinlich zahnlose Frau heiraten? Christen, das waren für mich diese merkwürdigen Menschen mit den unterirdischen Outfits.

Doch in mir entwickelte sich eine echte Sehnsucht nach Seiner Herrschaft in meinem Leben. Ich wollte Jesus gerne vertrauen – aber ich konnte es zunächst einfach nicht. Ein guter Freund gab mir dann einen wertvollen Hinweis. Er sagte: »Maximilian, diese Zerrissenheit – das, was du erlebst, ist normal. Wichtig ist, dass du jetzt beginnst, mit deinem Mund zu bekennen, dass du Jesus vertraust, dass sein Wille in deinem Leben geschehen darf. Und irgendwann wirst du es auch mit dem Herzen glauben können.«

Meine Reaktion? Ich kam mir ertappt vor. Denn bei den Worten »Dein Wille geschehe« im Vaterunser hatte ich so einen Trick. Naja, ich versuchte so gut wie möglich, sie nicht allzu deutlich zu artikulieren. Und da ich oft und viel nuschelte, dachte ich, dass es in den Ohren Gottes nur allzu natürlich wirken würde, wenn beim Beten das eine oder andere Wort unverständlich bleibt: »Vater

Unser im Himmel, geheiligt werde Dein Name, Dein Reich komme, nuschel, nuschel, wie im Himmel, so auf Erden.« Über Jahre hinweg wähnte ich mich mit dieser Strategie auf der sicheren Seite. Gott konnte diese drei Worte gar nicht hören. Das würde ich ab jetzt ändern. Ich fing an »Herr, Dein Wille geschehe!« auszusprechen, wieder und wieder, und zwar langsam und deutlich.

All das spielte sich auf einer Wallfahrt in Medjugorje, Mitte der 1990er Jahre, ab. Und da es dort wenig zu tun gibt außer Beten, wiederholte ich diese Worte oft: »Herr, Dein Wille geschehe!« Es war ein echtes Lippenbekenntnis; es fühlte sich karg und unspektakulär an – aber ich befand mich am Beginn eines Abenteuers.

Unsere Pilgertruppe damals war »charismatisch« und liebte es, Lobpreislieder zu singen. So richtig viel »Lobpreis«! Vorm Frühstück, auf dem Weg zur Messe, während der Messe, nach der Messe, vor dem Mittagessen, auf dem Weg hinauf zu irgendwelchen Bergen, auf dem Weg hinunter. Ständig gab es Lobpreis. Und ehrlich gesagt überforderte mich diese Form der Frömmigkeit – gleichzeitig hatten die Leute etwas Freies, etwas Ausgelassenes – und etwas Schönes. Etwas, das ich nicht hatte. Poetisch gesagt: Ich war betört »und ich ließ mich betören.« (vgl. Jer 20,7)

Und dann gab es einen Moment, den ich nie vergessen werde: Wir standen vor einer weitläufigen Fläche, überall waren Kreuze. Die meisten aus Holz, einige aus Stein. Und wir wurden angehalten, jeweils alleine und in Stille vor einem Kreuz zu beten. Im hinteren Bereich, etwas abgelegen, stand ein großes weißes Kreuz. Ich würde dort alleine beten können; jedenfalls würde ich dort mein Lippenbekenntnis zum Besten geben. Ich ging also hinüber, kniete mich mit gesenktem Kopf hin und sprach meinen Satz: »Herr, Dein Wille geschehe!« Nach einer Weile hob ich meinen Blick und las unten am Fuß des Kreuzes einen Satz, interessanterweise in Deutsch, der mir irgendwie vertraut vorkam und mir in diesem Moment tief ins Herz fiel: »Herr, Dein Wille geschehe!« Die Angst fiel von mir ab. Die Zerrissenheit in mir fing an sich aufzulösen.

»Herr, Dein Wille geschehe!« Das war mein Satz, mein Gebet für den Rest des Tages, eigentlich für den Rest dieser Pilgerreise; einer der Sätze, die anfingen, mein Leben zu prägen. Und je öfter ich ihn betete, desto mehr erahnte ich, dass Gott es sehr gut mit mir meint, dass ich unter seinem Blick heil werden würde, und dass ich mit meinem Herrn und Gott einfache, erste Schritte in seiner Nachfolge gehen kann. Der Schleier der Angst vor den Konsequenzen einer ehrlichen Nachfolge Christi hatte einen großen Riss bekommen.

Nach wenigen Stunden tauchte eine interessante Frage in mir auf: Könnte ich nicht in den Semesterferien für einen Monat zu jenem Freund ziehen, der mir geraten hatte, das Lippenbekenntnis zu machen? Dort, erst dort, so mein Eindruck, würde ich beginnen zu erahnen, wie es mit meinem Leben weitergehen würde.

Auf dem Weg zurück von dieser Pilgerreise, ich war damals 22 Jahre alt, machte ich einen Zwischenstopp bei Freunden. Am Abend lag ich dort in der Badewanne und schlug vor Freude auf das Wasser. Ich hatte zum ersten Mal in meinem Erwachsenenleben eine konkrete Entscheidung für Jesus getroffen. Natürlich ist jeder Weg zu und mit Jesus einzigartig. Aber, wenn es um die Nachfolge Christi geht, da braucht es bei aller Unterschiedlichkeit der Wege diesen Moment der Entscheidung. Diesen Augenblick, in dem wir unsere »Netze« fallen lassen und beginnen, Jesus nachzufolgen (vgl. Mk 1,18). Irgendwann müssen wir eine Antwort auf die simple Frage geben, ob Jesus Christus unser Herr und Gott ist. Und natürlich ist mit dieser einen Antwort längst nicht alles getan. Es ist ja auch »nur« ein Anfang. Wahrscheinlich sind wir auch gut beraten, diese Frage wieder und wieder zu beantworten. Aber der Punkt, auf den ich hier hinaus möchte, ist: Stellen wir diese Frage oft genug? Stellen wir sie überhaupt? Grundsätzlicher gefragt: Tragen wir sie an Leute heran, für die Jesus nicht Herr und Gott ist?

Womit ich bei der Frage nach dem *Kerygma*, also nach der Erstverkündigung wäre, die Papst Franziskus in *»Evangelii Gaudium«*

wie folgt umschreibt: »Das *Kerygma* hat trinitarischen Charakter. Es ist das Feuer des Geistes, der sich in der Gestalt von Zungen schenkt und uns an Christus glauben lässt, der uns durch seinen Tod und seine Auferstehung die unendliche Barmherzigkeit des Vaters offenbart und mitteilt. Im Mund des Katechisten erklingt immer wieder die erste Verkündigung: ›Jesus Christus liebt dich, er hat sein Leben hingegeben, um dich zu retten, und jetzt ist er jeden Tag lebendig an deiner Seite, um dich zu erleuchten, zu stärken und zu befreien‹. Wenn diese Verkündigung die ›erste‹ genannt wird, dann nicht, weil sie am Anfang steht und dann vergessen oder durch andere Inhalte, die sie übertreffen, ersetzt wird. Sie ist die ›erste‹ im qualitativen Sinn, denn sie ist die hauptsächliche Verkündigung, die man immer wieder auf verschiedene Weisen neu hören muss und die man in der einen oder anderen Form im Lauf der Katechese auf allen ihren Etappen und in allen ihren Momenten immer wieder verkünden muss« (vgl. ebd, 164). Diese Erklärung des *Kerygma* sollte man in Stein meißeln!

Wenn man mich heute fragen würde, was mich 1995 so bewegt hatte, dann würde ich antworten: Es war das *Kerygma*. Äußerlich so simpel – aber doch so stark, weil es in seiner Artikulation das zu bewirken schien, was es beinhaltete: »Jesus liebt dich, er möchte dein Herr und dein Gott sein. Hast du ihm schon die Erlaubnis gegeben, der Herr deines Lebens zu sein?« Wie gerne hätte ich mich damals mit abstrakteren theologischen Fragen beschäftigt und bei einem Bier über die Tiefen der Trinität räsoniert oder über den Zusammenhang von Glaube und Vernunft. Stattdessen ging es um mein persönliches Leben: Es gab packende »Lebenszeugnisse«, verwoben mit diesen provokanten Fragen nach den grundsätzlichen Prioritäten meines Lebens. Sie bohrten sich in mein Inneres. Sie ließen mich nicht kalt. Ich musste Stellung beziehen.

In den ersten Jahrhunderten der Kirche gab es eine klare Unterscheidung zwischen *Kerygma* und Katechese, sagt Pater Raniero Cantalamessa in *»Das Kreuz, Gottes Kraft und Weisheit«*. Das *Kerygma* war der Anfangspunkt des Glaubens und die Katechese sollte diesen Glauben formen. Dies wurzelte in der Überzeugung, dass der Glaube an sich nur durch das Hören des *Kerygmas* zu wachsen beginnt.[4] Frage: Welchen Schwerpunkt setzen wir in unserer kirchlichen Verkündigung? Was wäre Ihre Antwort?

Ich bin überzeugt: Es gibt Erstverkündigung und es gibt Katechese; wir wissen auch um die Bedeutung guter Theologie. Aber: In der kirchlichen Praxis haben wir die Reihenfolge der genannten Verkündigungsformen auf den Kopf gestellt. Zumindest im deutschsprachigen Raum betreiben wir viel Theologie, aber kaum Katechese. Und nur ganz selten gibt es eine Erstverkündigung. Doch genau sie ist unersetzlich, damit der Glaube an Jesus Christus überhaupt eingepflanzt wird und wachsen kann. Und wenn man mich fragt, wie die Kirche wieder irgendeine Bedeutung in den Biographien von Menschen gewinnen könnte, sage ich: Stellen wir die Dinge wieder vom Kopf auf die Füße!

In den Worten Cantalamessas: »Die Katechese und die Theologie der Kirche sind wie ein majestätischer Baum, der aus diesem Samenkorn (dem *Kerygma*, Anm.) gewachsen ist. Es selbst (also das *Kerygma*, Anm.) indessen ist – wie es mit dem natürlichen Samen geschieht – im Laufe der Zeit gleichsam begraben worden.«[5] Und so kommt es, dass Menschen, die dem Glauben fernstehen und auf irgendeine Weise mit kirchlichem Leben konfrontiert werden, sehr oft mit Theologie in Berührung kommen. Diese Theologie ist wiederum an sich selbstverständlich sehr relevant, aber nicht für jemand, der zunächst das *Kerygma* hören und dann katechetisch unterwiesen werden müsste. Sonst ist das wie ein Diskurs über Schwimmdidaktik, ohne je im Wasser gewesen zu sein.

Wir stehen heute, so meine Einschätzung, vor einer großen Herausforderung – der Herausforderung, unsere kirchliche Verkündigung zu vereinfachen und zu profilieren. Sie muss verständlicher

---

4 Raniero Cantalamessa, Das Kreuz, Gottes Kraft und Weisheit, Köln 1999, S. 15ff.

5 Ebd., S. 17.

werden und vor allem muss sie zur Positionierung herausfordern. Unsere Theologie ist über zwei Jahrtausende gewachsen. Jetzt aber müssen wir arm werden, das *Kerygma* ausgraben und neu einüben. Es muss der Anfang unserer Verkündigung, ihre Mitte und ihr prägendes Element sein.

Schon 1958 machte Joseph Ratzinger darauf aufmerksam, dass wir uns »auf dem Weg zur kleinen Herde« befinden; dass also die räumliche Ausdehnung unseres mitteleuropäischen Kulturraums nicht deckungsgleich ist mit der räumlichen Ausdehnung des Christentums in unseren Breitengraden. Das impliziert natürlich, dass es Orte gibt, an denen Jesus der Herr ist – und manche, an denen er es nicht ist. Doch was passiert eigentlich, wenn jemand von einem Ort zum anderen gleichsam übersiedelt, wenn sich also jemand in den Bereich des Christlichen begibt? Er wechselt das Herrschaftsgebiet. Daher ist ein klares Bekenntnis notwendig, je früher, desto besser. Es liegt in der Natur der Sache. Und wir unterwerfen uns gerne der Herrschaft Jesu Christi, weil »sein Zeichen« über uns »Liebe heißt« (vgl. Hohelied 2,4).

Eine Verkündigung, die zu einem Bekenntnis herausfordert, wird ihre Dynamik vom *Kerygma* her empfangen, sie wird – wie es in These 4 von **Mission Manifest** heißt – keine Unterschiede machen, so wie Jesus auch keine Unterschiede gemacht hat. Sie wird sich in gleicher Weise an nominelle Christen und an Nicht-Christen, an Ex-Gläubige und an Andersgläubige richten – und sie mit der simplen Frage provozieren, ob Jesus tatsächlich der Herr ist. Natürlich müssen dann noch viele Schritte gesetzt werden, kluge Schritte, die ausdifferenzieren, formen und inkarnieren; Schritte, die wir unser ganzes Leben lang zu setzen haben. Aber ohne Bekenntnis am Anfang des Weges, ohne persönliches Zugeständnis, dass Jesus wirklich der Herr ist, der Meister, dem wir folgen und von dem wir lernen, wird so ein Weg schwierig. Was der seinerzeit als »junger Wilder« verschriene Theologe Ratzinger 1958 prophetisch andeutete, ist längst Wirklichkeit geworden. Wir sind auf dem Weg zur kleinen Herde. Und dieser Prozess kann fruchtbar werden – unter anderem dann, wenn wir das *Kerygma* an den Anfang der kirchlichen Verkündigung stellen und die eine Frage nach dem Herrn zur Mitte machen.

Unter uns gefragt: Sind wir schon so weit? Legen wir, beispielsweise in unseren Ausbildungsmodulen, das Augenmerk genügend auf die Erstverkündigung? Sind wir mit ihrer liebevollen Provokation vertraut? Oder haben wir Angst, die Menschen zu verschrecken? Manchmal habe ich den Eindruck, dass es sogar Theologen gibt, die (während sie endlos auf der Autonomie und der Freiheit des Menschen herumreiten) diesen Urvorgang des christlichen Glaubens noch nicht realisiert haben: dass alles damit anfängt, dass man das Ruder seines Lebens an Jesus abgibt.

2. Nachfolge hat ihren Preis

In »Wie hat Jesus Gemeinde gewollt?« macht Gerhard Lohfink eine interessante Bemerkung, er sagt: »Jesus ruft nicht ganz Israel in die Jüngerschaft. Es gibt neben den Jüngern ein breites Spektrum von Menschen, die sich dem Evangelium Jesu öffnen und seinen Umkehrruf ernst nehmen, aber nicht in seine unmittelbare Nachfolge treten. So ergeben sich wie von selbst drei Gruppen: der Kreis der Zwölf, der in den Evangelien bereits mit den ›Aposteln‹ gleichgesetzt wird – der Kreis der Jünger, der bedeutend größer ist, aber ebenfalls in der unmittelbaren Jesusnachfolge steht – und schließlich das Volk, insoweit es die Botschaft Jesu positiv aufnimmt.«[6]

Viele im Volk werden von Jesus angesprochen und bekehren sich, bleiben aber sesshaft, wie beispielsweise Zachäus (vgl. Lk 19,1 ff.). Manche werden vom Herrn berufen und gehen mit ihm auf äußere Wanderschaft (vgl. u.a. Mk 1,16 ff). Zwölf schließlich werden aus diesem Kreis der Jünger vom Herrn gewählt. Sie nennt er »Apostel« (vgl. Lk 6,13). So weit, so verständlich.

---

6 Gerhard Lohfink, Wie hat Jesus Gemeinde gewollt?, Freiburg 1991, S. 209.

Ein berechtigter Hinweis, der mit dieser Unterscheidung üblicherweise einhergeht, ist, dass es auch heute alle drei Personengruppen braucht: »Apostel«, »Volk« – und »Jünger«. Mit den Jüngern sind jene Männer und Frauen gemeint, die auch äußerlich dem Herrn folgen und von ihm in jene Städte und Ortschaften gesandt werden, »in die er selbst (später) gehen wollte« (vgl. Lk 10,1). Ich glaube, dass gerade im katholischen Kontext die bisweilen allzu tiefe Kluft zwischen »Volk« und »Apostel« aufgefüllt werden würde, wenn es einen entsprechend großen Kreis an »Jüngern« gäbe. Eine solche Personengruppe würde in beide Richtungen, zum »Volk« und zu den »Aposteln« hin, gleichsam als Bindeglied fungieren.

Liegt es vor diesem Hintergrund nicht nahe, in unserer kirchlichen Verkündigung sprachliche Unterschiede zu machen? Sollten wir nicht »zielgruppenkonform« vorgehen, also beispielsweise zum »Volk« hin anders sprechen als zu den »Jüngern« und »Aposteln«?

Wenn ich uns Christen zuhöre, vor allem dann, wenn wir zum »Volk« hin verkünden, kommt es mir oft vor, als ob wir besonders »niedrigschwellig« sein wollten. Die Hürde, die hineinführt ins kirchliche Leben, darf nicht zu hoch sein. »Anschlussfähig« muss unsere Sprache sein, »anschlussfähig« im Hinblick auf die Gepflogenheiten unserer Zeit und Generation. Alle wollen wir »mitnehmen«, also sprechen wir zu unterschiedlichen Personengruppen unterschiedlich und betteln dabei um die Gunst der Masse, vielleicht auch, um möglichst viele Kirchenbeitragszahler/Kirchensteuerzahler zu gewinnen oder zu behalten. Und das ist natürlich alles sehr verständlich und nachvollziehbar, aber es ist nicht der Weg Jesu Christi. Gerade wenn er zu einer größeren Menge sprach, machte Jesus es sehr deutlich, dass ihm nachzufolgen etwas kostet, und zwar richtig viel.

In Markus 8,34-35 lesen wir (eigene Hervorhebung, Anm.): »Er rief die Volksmenge und seine Jünger zu sich und sagte: Wer mein Jünger sein will, der verleugne sich selbst, nehme sein Kreuz auf sich und folge mir nach. Denn wer sein Leben retten will, wird es verlieren, wer aber sein Leben und meinetwillen und um des Evangeliums willen verliert, wird es retten«. Auch im Doppelgleichnis vom Turmbau und vom Krieg spricht Jesus zu einer großen Menschenmenge über den Preis der Nachfolge. Einleitend sagt er: »Eine große Volksmenge begleitete Jesus. Er wandte sich an sie und sagte: Wenn jemand zu mir kommt und nicht Vater und Mutter, Frau und Kinder, Brüder und Schwestern und dazu auch noch sein eigenes Leben hasst, kann er nicht mein Jünger sein. Wer nicht sein Kreuz trägt und mir nachfolgt, kann nicht mein Jünger sein.« (Lk 14,25ff.) Bei Lukas 11,29 lesen wir (eigene Hervorhebung, Anm.): »Als die Volksscharen zusammenströmten, sagte er: Dieses Geschlecht ist ein böses Geschlecht.« Nach der Speisung einer »große Menge« (vgl. Joh 6,2 ff) kommt es zur »Brotrede« des Herrn (vgl. Joh 6,22 ff), die Jesus mit der Unterstellung eröffnet, dass die »Menge« ihm nicht wegen der »Zeichen« gefolgt ist, sondern, weil sie sich satt essen konnte (vgl. Joh 6,26). Es folgt ein äußerst kontrovers geführtes Gespräch um die Identität des Herrn, worauf »viele Jünger« sich zurückzogen und nicht mehr mit ihm »umherwanderten« (vgl. Joh 6,66). Und die einzige Frage, die Jesus den Zwölf in diesem Moment stellt, ist: »Wollt auch ihr weggehen?« (vgl. Joh 6,67). :

Frage unter uns: Was würde Jesus samstagabends nach den Tagesthemen im »Wort zum Sonntag« sagen? Ich habe den nicht allzu leisen Verdacht, dass seine ersten Worte in etwa so lauten würden: »Wer mein Jünger sein will, der nehme täglich sein Kreuz auf sich …« Oder, auch eine lustige Vorstellung: Jesus schaut das »Wort zum Sonntag«. Ob er finden würde, dass es »seine« Sendung ist?

Natürlich ist es wichtig, liebevoll und freundlich zu sein. Natürlich ist es wichtig, eine Willkommenskultur in unseren Gemeinden zu entwickeln. Natürlich ist es wichtig, Akzente zu setzen, aufgrund derer Menschen, auch die großen Massen, ein Interesse am Christlichen bekommen. Aber gleichzeitig muss ich mir immer wieder folgende Fragen stellen: Wann habe ich das letzte Mal von Selbstverleugnung und Kreuzesannahme gesprochen, gerade vor einer großen Gruppe? Wie oft betone ich, dass Familie wunderbar und großartig ist, aber hinter der Nachfolge Christi immer an zweiter Stelle steht? Weise ich darauf hin, dass man sich am Beginn der Nachfolge Christi – wie beim Bauen eines Turms – hinsetzen soll, um bei sich zu überlegen, ob man diesen Weg tatsächlich gehen kann? Wann habe ich zuletzt öffentlich gesagt, dass die Situation eines Christen mit dem Leben eines Soldaten verglichen werden kann – und zwar in einer relativ kleinen Armee kurz vor einem Kampf gegen eine wesentlich größere Streitmacht? Betone ich, dass ein schales, bloß konventionelles Christsein nicht einmal für den Misthaufen reicht? Was ist meine Reaktion, wenn Leute unsere Gruppen und Gebetskreise verlassen? Wende ich mich dann wirklich an den Rest und frage, ob auch sie gehen wollen?

Nachfolge Christi kostet. Und das müssen wir sagen.

Gott ist die Liebe (vgl. 1 Joh 4,16) und will, »dass alle Menschen gerettet werden und zur Erkenntnis der Wahrheit gelangen« (1 Tim 2,4). Daher hielt er nicht daran fest, »wie Gott zu sein«, sondern »er entäußerte sich selbst; nahm Sklavendasein an und wurde den Menschen gleich« (Phil 2,7). Und diesen Weg des Abstieges müssen wir heute in unserer Verkündigung gehen. Es geht um eine Akzentverschiebung: Von den Höhen der Theologie zur Einfachheit des *Kerygmas*, zu jener Erstverkündigung, die vom Feuer des Geistes durchdrungen ist, die an das authentische Zeugnis dessen rückgebunden ist, der verkündigt, – und die betört.

Denn Nachfolge Christi ist durchwoben von einer faszinierenden Schönheit, sie kündet vom »schönsten von allen Menschen« (vgl. Ps 45,3).

Und das muss man an uns sehen.

Marie-Sophie Maasburg

5. Wir glauben, dass unsere Mission so kraftvoll sein wird, wie es unsere Gebete sind.

Ein missionarischer Neuaufbruch kann nicht anders beginnen als mit einem Neuaufbruch in Fasten und Gebet. Gott, der alle Menschen leidenschaftlich liebt, hat gehandelt und wird auch jetzt nicht zögern zu handeln, wenn wir ihn persönlich und rückhaltlos anrufen. Es werden Wunder geschehen. Gott wird den Menschen über den Weg laufen, und sei es in Träumen und inneren Eingebungen. »Haben wir keine Scheu, Gott selbst um die schwierigsten Dinge zu bitten wie die Bekehrung großer Sünder oder ganzer Völker« (Charles de Foucauld).

1. Die letzte Option

»Da kann man nur noch beten.« Das ist ein Satz, den ich häufig höre; er ist regelmäßig dran, wenn eine Situation aussichtslos, eine Krankheit unheilbar oder alle Hoffnung dahin ist. Mir bereitet er Unbehagen. Ich frage mich, woran das liegt. Liegt es vielleicht an dem unscheinbaren Wörtchen »nur«? Da kann man »nur« noch beten. In diesem »nur« schwingt eine gewisse Resignation mit. Man hat ja bereits alles versucht, alles Menschenmögliche getan. Jetzt kann man als letzte Option »nur« noch hoffen, dass es da irgendwo eine höhere Macht gibt, die sich vielleicht doch noch dazu herablässt, mein Bitten zu hören, die metaphysische Panne zu beseitigen und die Situation im letzten Moment zu wenden.

»Da kann man nur noch beten.« Wenn ich das höre, wehrt sich alles in mir: Nein, nicht »nur noch«! Wir dürfen uns jederzeit an den liebevollen, allmächtigen und wunderbaren Vater im Himmel wenden, ihm alles hinlegen, erzählen, sogar klagend an den Kopf werfen – er hört uns immer, wenn wir auch oft nicht verstehen, welche Antwort er gibt, wie er sie gibt und wann er sie gibt. In unserer Familie haben wir die Kraft des Gebets schon oft erleben dürfen. Wir können Zeugnis davon ablegen, dass Gott heilt. Er hat meinen Bruder nun schon seit fünf Jahren von einem aus medizinischer Sicht unheilbaren Tumor geheilt. Viele haben dafür gebetet.

Es gibt viele Stellen im Alten und Neuen Testament, die uns auffordern zu beten – allezeit, getragen von Dank und Freude. Eine Stelle, die mich besonders berührt, steht im Philipperbrief: »Um nichts macht euch Sorgen, bringt vielmehr in jeder Lage euere Anliegen durch Bitten und Flehen mit Dank vor Gott. Dann wird der Friede Gottes, der alles Begreifen übersteigt, euere Herzen und euere Gedanken in Christus bewahren. (Phil 4,6f) Ist das nicht wundervoll, dass wir aufgefordert werden, uns nicht zu sorgen? Vielleicht denkt da jemand: »Leicht gesagt. Ich kann meine sorgenvollen Gedanken doch nicht einfach abstellen.« Dafür gibt es den zweiten Satz. Wenn wir im Vertrauen auf den Vater zu ihm kommen und unsere Bitten mit Dank vor ihn bringen, dann wird der Friede Gottes uns erfüllen. Indem wir ihm die Sorge geben und flehend vor ihn treten, versorgt er uns im gleichen Atemzug mit einem Frieden im Herzen, der alles Begreifen übersteigt. Gott ist zuvorkommend; wo immer sein Wort etwas von uns verlangt, ist die Versorgung schon inbegriffen, damit wir auch können, was von uns gefordert ist. Aus eigener Erfahrung kann ich sagen: Es lohnt sich, es auszuprobieren.

2. Lasst uns das Gebet zurück an den Anfang holen.

Ich bin überzeugt, dass wir beim Thema Gebet grundlegend umdenken müssen. Es ist an der Zeit, dass wir die Schönheit und

Vollmacht, die im Gebet liegen, wieder neu entdecken und unser Leben dadurch revolutionieren. Ich glaube, es ist an der Zeit, das Gebet an den Anfang zu holen. Und nicht nur das. Es ist an der Zeit, dass Gebete unser Leben durchdringen, wir seine Wirkung neu erleben und dem begegnen, der am anderen Ende wartet: Jesus Christus.

Dafür müssen wir uns anschauen, was Beten eigentlich ist. Am besten fragen wir den, der die Antwort selbst ist. Als Jesus von seinen Jüngern aufgefordert wird: »Herr, lehre uns beten,« nimmt er ihre Anfrage durchaus ernst und unterweist sie mit den Worten: »So sollt ihr beten: Unser Vater im Himmel, dein Name werde geheiligt, dein Reich komme, dein Wille geschehe wie im Himmel so auf der Erde. Gib uns heute das Brot, das wir brauchen. Und erlass uns unsere Schulden, wie auch wir sie unseren Schuldnern erlassen haben. Und führe uns nicht in Versuchung, sondern rette uns vor dem Bösen.« (Lukas 11,1-4, zitiert nach der Einheitsübersetzung) Lasst uns die erste Hälfte dieser Worte einmal genauer betrachten und eintauchen in das, was Jesus seine Jünger gelehrt hat.

3. Das erste Wort: Unser Vater im Himmel

Jesus spricht Gott als Vater an. Bereits in diesen ersten Worten des Gebets zeigt er uns die intime und wundervolle Beziehung, die wir zu Gott haben dürfen. Wir dürfen uns an ihn wenden, wie ein Kind sich an seinen Vater wendet. Unter uns Menschen ist ein guter Vater einer, der sein Kind kennt. Ich kann das an meinem Mann beobachten: Er weiß, was unsere Kinder brauchen; er war vom Tag ihrer Zeugung an da; er hat sie begleitet und sich an ihnen gefreut. Er blickt sie an und es durchströmt ihn Liebe und das Bedürfnis, seinen Kindern auf ihrem Weg zu helfen, sie durchs Leben zu begleiten und eine innige Beziehung zu ihnen zu haben. Auch möchte er sie herausfordern, damit sie auch innerlich wachsen und zu selbstständigen, gesunden Erwachsenen heranreifen. Er möchte das Beste für seine Kinder.

Es gibt sicher Menschen, denen der Zugang und die Beziehung zu Gott dem Vater schwer fällt, weil sie keinen guten, sondern einen schlechten, abwesenden, gar misshandelnden Vater erlebt haben. Selbst wenn man einen guten Vater hatte oder hat, so war und ist der doch unvollkommen. Ich bin überzeugt: Jeder von uns braucht die Heilung seines Vater-Bildes und nur die Begegnung mit unserem Vater im Himmel kann zu dieser Heilung führen. Gott selbst ist der einzig vollkommene Vater. Er ist vollkommen gut.

Sein Ja zu uns ist gesprochen seit der Erschaffung der Welt. Wenn wir uns an ihn wenden, ist das immer der zweite Schritt in der Beziehung, weil er den ersten Schritt auf mich zu schon gegangen ist. Er hat uns geschaffen und uns bereits im Mutterleib beim Namen gerufen. Er kennt uns und sehnt sich unendlich danach, dass wir ihn auch kennen wollen. Er ist der Vater der Herrlichkeit, der Barmherzige, der reichste Vater der Welt. Wenn Jesus uns einlädt, seinen Gott Vater zu nennen, schlägt er eine Brücke ins Universum und spricht uns eine ungeahnte Qualität in unserem Gottesverhältnis zu, eine Qualität, die keine andere Religion kennt: die Kindschaft. Er sagt es nicht nur so dahin, dass wir Kinder Gottes sind, es ist Realität. Und als Kinder sind wir auch Erben. Und als Erben haben wir Vollmacht in Wort und Tat, mit und durch seinen Sohn Jesus Christus.

Wenn wir in dieser Haltung ins Gebet gehen, eröffnet sich automatisch eine neue Dimension, in der alles möglich wird und in der wir dem Vater begegnen. Wir dürfen uns im tiefen Vertrauen, dass er weiß, was wir brauchen, an ihn wenden. Und im Wissen, dass er uns sieht, hört und antwortet. Das wird von Jesus noch mal unterstrichen. Nachdem er die Jünger gelehrt hat zu beten, sagt er im Lukasevangelium »Bittet und es wird euch gegeben; sucht und ihr werdet finden; klopft an und es wird euch aufgetan. Denn jeder, der bittet, empfängt, und wer sucht, findet, und wer anklopft, dem wird aufgetan. Wo ist unter euch ein Vater, der, wenn ihn sein Sohn um einen Fisch bittet, ihm statt des Fisches eine Schlange gäbe? Oder wenn er um ein Ei bittet, ihm einen Skorpion gäbe? Wenn nun ihr, die ihr böse seid, eueren Kindern gute Gaben zu geben wisst, wie viel mehr wird euer Vater im Himmel heiligen Geist denen geben, die ihm bitten« (Lukas 11,9f)

Hier sind zwei Aspekte bemerkenswert. Einerseits die Sicht auf den Vater – den vollkommenen und guten Vater. Anderseits das, was er uns geben will: den Heiligen Geist – damit sich selbst. Das wollte er von Beginn an: mit dem Menschen, seinem Geschöpf, Gemeinschaft und Beziehung haben. »Der Beistand aber, der Heilige Geist, den der Vater in meinem Namen senden wird, der wird euch alles lehren und euch an alles erinnern, was ich euch gesagt habe.« (Joh 14.26) Der Heilige Geist ist derjenige, der alles in uns bewirken kann und wird. Wir dürfen im Vertrauen auf Gottes Wort in das Gebet gehen, in all unserer Schwachheit und Unvollkommenheit. Denn es ist uns zugesagt: »Ebenso nimmt sich auch der Geist unserer Schwachheit an. Wir wissen ja nicht, um was wir bitten sollen, wie es sich gehört. Doch der Geist tritt selbst für uns ein mit unaussprechlichem Seufzen.« (Röm 8,26)

4. Das zweite Wort: Dein Name werde geheiligt

Was heißt das? »Heilig« ist etwas, das einen besonderen Platz beansprucht, das anders ist als alles andere, das vom Gewöhnlichen zu trennen ist, das besonders ist und das aussortiert wird, um einen besonderen Auftrag zu erfüllen. Sein Name soll uns heilig sein. Ihm soll alle Ehre gebühren. Wir dürfen die Schönheit seines Namens – Jahwe, Abba, Vater – neu entdecken. Schon alleine dadurch, dass wir seinen Namen ehren, heiligen und hochhalten, treten wir in einen Raum ein, in dem wir Gott begegnen. Es steckt jedoch noch mehr dahinter. Indem er uns seinen Namen offenbart, macht er sich für uns ansprechbar – und nahbar. Wir dürfen ihn anrufen. Durch Jesus Christus hat er uns sein Wesen und seinen Willen offengelegt. Sodass wir nicht mit einer fremden

Ungewissheit kommunizieren müssen, sondern uns in vollkommenem Vertrauen an ihn, den persönlichen Gott, wenden dürfen.

5. Das dritte Wort: Dein Reich komme

Im Gebet, das Jesus seine Jünger lehrt, greift er auf, was er ihnen schon oft eingeschärft hat: Das Reich Gottes ist schon nahegekommen; es ist nicht mehr fern. Jesus sagt sogar: »Denn das Reich Gottes ist (schon) mitten unter uns« (Lk 17,21) Und dennoch lehrt er zu bitten, dass dieses Reich kommen möge. Ein Widerspruch? Wie so oft im Wort Gottes geht es auch hier nicht um ein Entweder-oder, sondern um ein Sowohl-als-auch. Im Gespräch mit dem jüdischen Gelehrten Nikodemus sagt Jesus: »Wenn jemand nicht von Neuem geboren wird, kann er das Reich Gottes nicht sehen.« (Joh 3,3) Das zeigt mir, dass das Reich Gottes tatsächlich schon mitten unter uns ist. Aber nicht jeder ist in der Lage, es zu sehen und somit darin zu leben. »Dein Reich komme« ist die sehnliche Bitte, dass wir sein bereits angebrochenes Reich quasi auf der Haut spüren und erleben. Gott soll uns die Augen öffnen für all die Versorgung und Schönheit, die er für uns bereit hält. Und es ist das Flehen, dass dieses Reich sich ausbreitet. Dass es mit Macht kommt und sichtbar wird – für uns und immer mehr Menschen.

6. Das vierte Wort: Dein Wille geschehe

Gott hat also einen Willen, einen Willen für uns und unser Leben. Für jeden einzelnen, für Familien und Nationen. Und nachdem er durch und durch gut ist, ist auch sein Wille für uns gut, ja besser, als wir es jemals für uns wollen könnten. Wenn wir im Blick darauf, dass Gott unser liebender Vater ist, in dieses Gebet einstimmen, dann im tiefsten Vertrauen darauf, dass der Wille des

Vaters das Beste für uns möchte. Er weiß wirklich, was wir brauchen, auch wenn wir es selbst noch nicht wissen. Das ist wie mit dem Willen eines kleinen Kindes: Ein Kind ist abhängig davon, dass seine Eltern das Gute für es wollen. Ich erlebe das an meinem vierjährigen Sohn. Wie oft gibt es Situationen, in denen er etwas möchte, was ihm schaden würde. Er ist noch in dem Alter, in dem er meist darauf vertraut, dass seine Eltern recht haben, wenn sie etwas sagen. Er hört, wenn er gewarnt wird, er kommt, wenn wir rufen, er ist bereit zu glauben, dass wir es gut mit ihm meinen. Und dabei sind wir so fehlbar und unvollkommen in unserem Elternsein. Wie viel mehr dürfen wir darauf vertrauen, dass Gottes Wille gut ist!

7. Das fünfte Wort: Wie im Himmel, so auf Erden

Den Himmel auf die Erde beten! Das ist es, was wir damit tun. Als Christen dürfen wir das jedes Mal dann erleben, wenn wir gemeinsam beten, dürfen damit in diese ins Unendliche erweiterte Realität eintreten. Himmel und Erde sind nicht getrennt. Gottes Wille soll geschehen – hier wie dort.

8. Das sechste Wort: Unser tägliches Brot gib uns heute

Jesus lehrt uns hier das vollkommene Vertrauen, das Vertrauen auch in den kleinsten Dingen des Alltags. Diese Dimension darf ich Zuhause mit meinen Kindern von Tag zu Tag mehr erleben. Gott hat Interesse an mir – an allem, was ich tue und was mich bewegt. Er ist mitten drin in unseren täglichen Belangen, Sorgen und Nöten. Aber auch in unserer Freude und unserem Lachen.

Wie oft durfte ich erleben, dass sich eine Situation völlig unerwartet aufgelöst oder gewendet hat, wenn wir ihn in unsere Mitte geholt haben. In den banalsten Dingen, beim Wickeln, beim Kochen oder auf dem Weg in den Kindergarten. Gott weiß, was wir brauchen und er sorgt dafür, dass wir ernährt werden. Gleichzeitig spricht er von einer unfassbaren Realität, denn er hat sich selbst als »das Brot des Lebens« (Joh 6, 35 und 48) bezeichnet. Auch hier wird wieder offenbar, was Gottes Herz ist – er möchte sich uns schenken und in innigster Beziehung zu uns sein. Indem wir den Vater bitten, dass er uns unser tägliches Brot gebe, bitten wir ihn, in uns Gestalt anzunehmen. Und er tut es durch seinen Sohn, Jesus Christus.

Während der letzten Monate bin ich mit einigen Fragen sehr konkret konfrontiert worden: Wie darf man beten, wo darf man beten – mit was darf man Gott belästigen und um was muss man sich doch selbst kümmern? »Hilf dir selbst, dann hilft dir Gott.« Bei mir galt es, viele gelernte oder selbstauferlegte Regeln und Verhaltensweisen aufzubrechen. In mir selbst mussten wahre Gedankenfestungen zum Einsturz gebracht werden. Es war und ist ein gnadenvoller Prozess, sich aus diesen zu lösen und zuzulassen, dass Gott für »mein täglich Brot« sorgt. Dass er mich hört, auch wenn ich mit einem heulenden Kind auf dem Arm und einem motzenden Kind an der Hand versuche, rechtzeitig zu einem Arzttermin zu kommen. Dass er mich hört, wenn ich keine Worte mehr finde und nur noch funktioniere. Dass er mich hört, wenn ich nur noch kurz etwas nuscheln kann, bevor ich erschöpft einschlafe am Abend. Er versorgt mich – in all meinen Belangen. Vor allem aber darin, dass er sich mir immer wieder selbst neu schenkt. Ich bin so dankbar für diesen Prozess und die Erfahrung, dass Gottes Wort wahr und treu ist. Dass er tatsächlich mit einem Frieden zu mir kommt, der mein Verstehen übersteigt, wenn ich all meine Sorgen auf ihn werfe.

An dieser Stelle möchte ich dazu ermutigen, Gott wirklich und von Herzen einzuladen, uns »unser tägliches Brot« zu geben. Das physische Brot, das geistige Brot, das emotionale Brot, einfach alles, was wir zum Überleben brauchen. Sein Anliegen ist, uns in unseren banalsten und alltäglichsten Situationen zu begegnen. Ich möchte auch dafür werben, ihn selbst als »täglich Brot« zu begreifen und zu verinnerlichen. Wir werden Wunder erleben.

Ich habe an dieser Stelle das Vaterunser noch einmal ausgepackt und in seine Einzelteile zerlegt, weil ich darin alles finde, was wir brauchen, wenn es um das große Überlebensthema der Kirche, das Thema von **Mission Manifest** geht. Es geht um die Fragen: Werden wir morgen noch Christen sein? Wird es die katholische Kirche in einigen Jahrzehnten bei uns noch geben?

Ja, alles ist da: Wir haben einen Vater, der uns nahe ist und unsere Sorgen kennt – die Sorge einer Mutter um ihr Baby ist dabei kategorial in keiner Weise verschieden von der Sorge eines Bischofs um seine Gemeinden. Der heilige und machtvolle Name dieses Vaters ist uns geoffenbart; wir haben quasi seine Visitenkarte, können ihn rund um die Uhr anrufen. Die Zeichen seines Reiches sind erkennbar, sein Wille ist lesbar.

Ich bin überzeugt davon, dass gerade tausend strategische Köpfe rotieren und Millionen verbraten werden für pastorale Planspiele. Ich möchte das nicht schlechtreden – aber beten die Entscheidungsträger auch? Beten sie inständig, täglich, vor ihren Strategiesitzungen, nach ihren Planspielen, und zwar (nach einem Wort Luthers) so, »als ob alles Arbeiten nichts nützt«? Dann erst haben wir die Ermächtigung, auch so zu »arbeiten, als ob alles Beten nichts nützt.« Das Gebet um ein machtvolles Hereinbrechen der Gegenwart Gottes in unsere Länder muss das Erste und nicht das Letzte sein. Gott der Vater will das Allerbeste für uns, er hat bereits Pläne, die all unser Püppchenrücken toppen. Es ist zu wenig, dass wir ihm am Ende des Tages unsere Strukturmodelle und Handlungsoptionen unter die Nase halten und beten: »Herr, unser Wille geschehe!« – mit frommem Augenaufschlag. »Am Ende«, sagt C. S. Lewis, »werden nur zwei Gruppen von Menschen vor Gott stehen – jene, die zu Gott sagen: ›Dein Wille geschehe‹, und jene, zu denen Gott sagt: ›Dein Wille geschehe‹.«

9. Beten! Und Fasten.

Beim Evangelisten Matthäus finden wir ein geheimnisvolles Schriftwort; es findet sich nicht in allen Bibelübersetzungen, da es sich um späte Textüberlieferung handelt; es lautet: »Diese Art (von Dämonen) wird nicht ausgetrieben, es sei denn durch Gebet und Fasten.« (Mt 17,21). Es entspricht dem Geist Jesu, der sich vor seinem großen Aufbruch zu Gebet und Fasten in die Wüste zurückzog und dort dem Satan gegenübertrat. Gerade dort, wo es wie Charles des Foucauld eindringlich schreibt: »um die schwierigsten Dinge zu bitten (gilt) wie die Bekehrung großer Sünder oder ganzer Völker« ist Fasten in Kombination mit Gebet die stärkste Waffe. Fasten ist keine Option. Fasten gehört zum Gebet.

Man kann auf vielfältige Weise fasten. Es geht darum, willentlich auf etwas zu verzichten, das wir brauchen oder wollen. Indem wir fasten, öffnen wir uns Gott auf eine einzigartige Weise. Wir geben Raum frei, den er füllen kann. Indem wir etwas weglassen (beispielsweise Essen) schaffen wir Raum für Begegnung mit ihm. Jesus gibt klare Anweisungen, wie wir fasten sollen – nicht laut, sondern leise. Im Verborgenen. Denn unser Vater sieht das Verborgene. Darum sollen wir kein griesgrämiges Gesicht machen. Im Gegenteil – wir sollen Fasten und dabei feiern, mit Freunden lachen und das Leben genießen. Auf was immer wir verzichten, wir sollen es im Verborgenen dem Herrn hinhalten. Nur ihm.

Im Fasten positionieren wir uns neu, sprechen ein »Ja« in unserem Tun zu Gott und laden ihn ein. Wenn wir das frohen Herzens tun, dann dürfen wir die Gewissheit haben, dass Gott es sieht, annimmt und uns darin auf besondere Weise begegnet. Ich durfte das selbst in diesem Jahr sehr deutlich erleben: Im Februar bin ich in eine zwölftägige Fastenzeit gegangen. Es war das erste Mal, dass ich ein rein geistig motiviertes Fasten gemacht habe – 12 Tage nur Wasser und Saft, ohne dass der gesundheitliche Aspekt oder das Abnehmen eine Rolle gespielt haben. Ich fastete in einer Zeit, in der ich mit einigem zu kämpfen hatte und gerade mit mir und meinem inneren Schweinehund sehr stark konfrontiert wurde. Als ich ins Fasten gestartet bin, hat Gott mich vom ersten Tag an reich beschenkt und ich war überwältigt von seiner Treue. Er hat mich in eine neue Dimension des Gebets geführt, sodass ich in meinem Alltag, mit meinen Kindern, beständig beten konnte, ohne dass es Mühe gemacht hat. Im Gegenteil – es hat ganz viel Freude und Gelassenheit freigesetzt. Ich konnte ihm in diesen Tagen ganz neu begegnen und mein »täglich Brot« auf eine für mich neue Art und Weise empfangen. Das war eine starke Erfahrung.

In einer Zeit, in der das Fasten zu einer säkularen Wellnessübung verkommen ist, möchte ich dazu einladen, das Fasten neu zu entdecken. Es ist eine wunderbare Chance, dem Herrn Raum zu geben und einfach zu sehen, was er für uns bereithält. Essen wir nicht, so schärft das unsere geistigen Sinne. Fasten hat sich für mich als Tat-Gebet erschlossen. Indem ich etwas weglasse, IHM diesen Raum gebe und sage »dein Wille geschehe« kann ich mich auf besondere Weise mit seinem Willen eins machen. Das ist wunderbar und kraftvoll.

10. Vom Gebet, von der Mission und vom Überfluss

Ich bin überzeugt, dass die persönliche Begegnung mit Jesus Christus der Ort ist, wo ein jeder von uns anfangen darf, Gott, dem Vater zu begegnen. Und wie ein Kind seinen Vater erlebt und kennenlernt, so wächst auch sein Vertrauen und seine Erfahrung in dem, was der Vater tut und wie er wirkt. Lasst uns im Kleinen beginnen und zum Großen heranwachsen. Wir werden lebendiges Zeugnis für sein Reich werden, und schon unser Leben wird erster Baustein der Mission sein. Wenn wir erleben, wie Gott für unser tägliches Brot sorgt und so unsere Beziehung zu ihm Grundlage und Wachstum erfährt, dann werden wir auch im Gebet wachsen und in Kühnheit und Zuversicht Großes und noch Größeres von ihm erbitten. Wir werden nicht nur empfangen, wir werden überfließen, sodass es auf andere übergeht. Was auf andere übergeht, kommt nicht aus eigener Kraft, sondern aus dem Überfluss, den Gott schenkt. Mission ist Überfluss. Alles andere ist Krampf. Überfluss ereignet sich in einem betenden Herzen. Man kommt aus dem Gebet und möchte überfließen vor Dank und Freude.

Ich bin zutiefst davon überzeugt, dass Gott eine liebevolle Beziehung zu uns möchte – denn Liebe und Beziehung ist er in sich selbst, in seinem dreieinen Wesen. Selbst erleben zu dürfen, wie diese Beziehung ist und sich auswirkt, stärkt meine Sehnsucht, dass jeder Mensch Gott auf diese Weise kennenlernen möge. Meine eigenen Erfahrungen mit Gott rüsten mein Gebet mit Kühnheit aus – ihn um MEHR zu bitten. Und es macht mir Mut, meine Menschenfurcht täglich neu zu überwinden, seinen Namen auf den Lippen zu tragen, Menschen von ihm zu erzählen und seinem Auftrag nachzukommen, das Evangelium aller Welt zu verkünden.

11. Gebet, das Berge versetzt

Wenn wir miteinander ins Gebet gehen und den Vater im Himmel bestürmen, etwas in Bewegung zu setzen, dann sind wir dabei, wenn die Berge versetzt werden; wir werden Wunder erleben und mehr Bekehrungen bezeugen können, als wir das je für möglich gehalten haben. Wunderschön heißt es im Psalm 133: »Seht, wie ist es lieblich und gut, wenn Brüder beisammen wohnen in Eintracht. (…) Es ist wie Tau auf dem Hermon, wie Tau, der niederfällt auf den Zion. Denn dorthin entbietet Segen der Herr und Leben in Ewigkeit. Hier finden wir eine sehr mächtige Aussage: Wo Brüder in Einheit beieinander wohnen, befiehlt der Herr seinen Segen. Das ist ein Versprechen.

Es liegt Kraft darin, wenn wir uns mit anderen »eins im Geist« machen und miteinander ins Gebet gehen. Bei Matthäus sagt

Jesus: »Wenn sich zwei von euch auf der Erde einig sind, um was sie bitten wollen, so wird es ihnen zuteil werden von meinem Vater im Himmel.« (Mt 18,19) Wenn wir diese Aussage nicht alleine stehen lassen, sondern uns in Erinnerung rufen, was Jesus uns im Vaterunser gelehrt hat, dann muss etwas in uns aufstehen und jubeln. Dann müssen wir von der tiefen Hoffnung durchdrungen werden, dass unser Gebet das Herz des Vaters berührt und wir ihn damit bewegen, einzugreifen und zu tun, wofür sein Herz schon immer schlägt.

Ich rede nicht aus der hohlen Hand, habe das ganz praktisch erlebt; Lange haben wir im Hauskreis reihum für verschiedene Anliegen der Einzelnen gebetet. Das war gut. Aber nach einiger Zeit haben wir entschieden, uns für das jeweilige Treffen ein Thema zu wählen, in dem wir uns eins machen und für das wir gemeinsam vor Gott hintreten. Wir übten uns in diesem »Gebet in Einheit« und wir durften daraufhin in neuer und bisher nicht da gewesener Weise erleben, wie unser Gebet tatsächlich unser Leben verändert hat, sich Umstände verändert haben und Bewegung in scheinbar starre Situationen kam. Für mich war das eine starke Offenbarung. Mir wurde bewusst, wie stark unser Gebet wird und wie laut es in Gottes Herzen widerhallt, wenn wir uns zusammentun und in Einheit für ein Anliegen eintreten.

Es ist mir ein tiefes Anliegen, euch das ins Herz zu schreiben: Dass wir uns zusammentun – über Konfessionsgrenzen hinaus – und gemeinsam und in Einheit für eine Erweckung und Missionswelle in Europa eintreten. Lasst uns dieses Anliegen mitnehmen – in unsere Familien, Hauskreise, Gemeinden, Kirchen und Gebetshäuser. Und lasst uns Gott gemeinsam so lange in den Ohren liegen, bis er handelt! Das »Gebet in Einheit« ist übrigens eine der konkret beschriebenen Mitmachgelegenheiten auf der Seite www.missionmanifest.online. Wer das **Mission Manifest** unterschreibt (und den ersten Klick macht), ist ja dann eingeladen, auch den zweiten Klick zu machen und sich bei einer Initiative zu beteiligen, bzw. selbst etwas »Missionarisches« in Gang zu setzen.

Wir wollen **Mission Manifest** auf Gebet und Fasten aufbauen. Das Gebet soll an erster Stelle stehen und Ausgangspunkt und Fundament dieser Bewegung sein. Das Gebet ist die Grundlage, auf der die Mission wachsen und gedeihen wird. Jeder, egal für welche Aufgabe er sich verpflichten lässt, ist gerufen, in dieses Gebet mit einzustimmen. Das Gebet, dass alle Menschen die Frohe Botschaft hören, dass die Herzen bereitet werden, um es aufzunehmen und dass jeder Einzelne Jesus Christus als seinen Erlöser annimmt.

Johannes Hartl

6. Wir danken allen Christen außerhalb der katholischen Kirche, die heute schon mit Hingabe missionieren, taufen und Menschen zu Jesus führen.

Wir Christen in der katholischen Kirche sehen ihre Treue zur Heiligen Schrift und ihre entschiedene Nähe zu Jesus. Wir haben Wertschätzung für die positiven Impulse der Reformation. Wir wollen demütig – auch und gerade von den Freikirchen – lernen und mit allen unseren Geschwistern in der Ökumene kooperieren, um selbst missionarischer zu werden. Wir wissen, dass die Welt nur zu Christus findet, wenn wir die Einheit wiederfinden und sie in Gebet und Mission schon heute einüben (vgl. Joh 17,21).

In der Theorie ist so manches leichter als in der Praxis. Das scheint jedenfalls für die Ökumene zu gelten. Auch rund hundert Jahre nach Beginn der Ökumenebewegung sind essenzielle Lehrfragen keineswegs geklärt. Überraschend jedoch ist, in wie vielen Punkten eigentlich schon Klarheit herrschen müsste. Mit der gemeinsamen Erklärung zur Rechtfertigung wurde im Jahr 1999 einer der für die Reformatoren unabdingbaren Punkte einvernehmlich formuliert. Evangelische und katholische Christen, so könnte man etwas salopp zusammenfassen, verkünden grundsätzlich das gleiche Evangelium von der Errettung durch Jesus Christus und der Notwendigkeit des Glaubens an ihn. »Damit die Welt glaubt«, so betet Jesus in der Nacht vor seinem Tod um die Einheit seiner Jünger

(Joh 17, 21). Man sollte sich das immer wieder vor Augen halten: **Einheit** ist die *conditio sine qua non* von **Zeugnis**, die notwendige Vorbedingung, damit das Zeugnis der Christen in der Welt überhaupt etwas ausrichten kann. Das Zweite Vatikanische Konzil betont ebenso wie die Päpste der letzten Jahrzehnte die Notwendigkeit der ökumenischen Zusammenarbeit.

1. Von Freikirchen lernen

Ökumenische Bestrebungen gibt es zuhauf. Authentische Beziehung jedoch hat immer etwas mit einer Begegnung auf Augenhöhe zu tun. Solche Augenhöhe äußert sich in der Bereitschaft, die Perspektive des anderen einzunehmen und ihr eine reale Bedeutung zuzumessen. Fünfhundert Jahre nach der Reformation muss deshalb die Frage gestellt werden, ob wir Katholiken in Bezug auf die Geschichte der Reformation von der Möglichkeit ausgehen, dass auch wir etwas verloren haben. Denn jedes Mal, wenn eine Beziehung zu Bruch geht, verlieren beide Seiten etwas. Bei jeder Trennung gibt es Abstoßungs- und Abgrenzungsbewegungen; man möchte sich nun, wo das eigentlich Unmögliche nun einmal geschehen ist, umso deutlicher und begründeter von der jetzt jeweils fremden Partei distanzieren.

So hat die Reformation vier grundlegende Lehrsätze mit einem jeweiligen *sola* oder *solus* formuliert: *sola scriptura, sola gratia, sola fide* und *solus Christus. Allein* die Schrift, *allein* durch Gnade, *allein* durch Glaube und Christus als *einziger* Mittler. Ganze Bibliotheken wurden mit den kontroverstheologischen Büchern über diese Lehrsätze gefüllt. Katholiken können ihnen nämlich nicht bedingungslos zustimmen. Das bedeutet jedoch nicht, dass die Protestanten mit ihrer Betonung dieser vier Lehrsätze den Finger nicht in eine reale Wunde gelegt hätten. Tatsächlich kann man fragen, wie sich die Reformation überhaupt hätte ausbreiten können, wenn die vier von der Reformation betonten Lehren in der katholischen Kirche nicht tatsächlich unterbelichtet gewesen wären. Verhält es sich heute anders? Um Schultheologie muss es dabei noch nicht gehen. Doch beziehen wir es einmal auf durchschnittlich katholisch sozialisierte Leute in Deutschland, Österreich oder der Schweiz: Ist den meisten dieser Menschen bewusst, dass Jesus allein der Retter ist? Ist die herausragende Stellung der Heiligen Schrift verinnerlichter Bestandteil des eigenen Glaubenslebens? Ist die urchristliche Lehre überhaupt bekannt, wonach nicht fromme Leistungen, sondern der vertrauensvolle Glaube an die unverdiente Gnade Gottes den Menschen das rettende Geschenk der Erlösung bringt? Die These dieses Kapitels ist: Nein, all dies ist erschreckend wenigen Katholiken bekannt. Und weiter: Katholiken können an entscheidenden Stellen von Protestanten lernen. Sie müssen es sogar. Dies auch – und sogar in besonderem Maße – von Freikirchen.

2. Die Häresie der falschen Betonung

Man kann über alles Bescheid wissen und doch, wenn es darauf ankommt, das Entscheidende nicht über die Lippen bringen. Wertet man die vier *sola* der Reformation als dogmatische Lehrsätze und unterstreicht ihren Ausschließlichkeitsanspruch, werden sie für Katholiken schnell untragbar. Liest man sie jedoch als Artikulationszeichen, verhält es sich anders. In einem gesprochenen Satz wird nie jedes Wort auf die gleiche Weise betont werden. Die Sprache lebt – wie die Musik – von Artikulation. Erst die Betonung erschließt, worauf es zuerst ankommt, auf was ein Satz oder eine Melodie hinausläuft. Als Martin Luther die Bühne betrat, war die christliche Theologie schon fast 1500 Jahre alt. Mehr als tausend Jahre nach den Höhenflügen der alexandrinischen Christologie und ein paar Jahrhunderte nach den Großmeistern der Scholastik mit ihren Hunderten von Summen und Kommentaren stellt ein Augustinermönch eine banal einfache Frage: »Wie bekomme ich einen gnädigen Gott?« Eigentlich ist es schockierend, dass er diese Frage überhaupt stellen musste. Martin Luther, der immerhin Dozent der Theologie war, hatte darauf offensichtlich noch keine befriedigende Antwort gefunden. Mitten im Kosmos der Lehre, die er sich über Augustinus, Aristoteles und den Aquinaten angeeignet hatte, klaffte dieses eine Loch, diese eine Frage nach dem gnädigen Gott. Dass Martin Luther die Antwort schließlich in der einfachen Lektüre des Römerbriefs fand, und dass sie so befreiend einfach war, sagt viel über den Zustand der Kirche zur Zeit der Reformation aus. Was Luther »entdeckte«, war überhaupt keine neue Lehre. Selbstverständlich war der Römerbrief auch schon im 15. Jahrhundert bekannt. Selbstverständlich hatte die Kirche schon vor Martin Luther gelehrt, dass es die Gnade Gottes ist, die den Menschen rettet. Doch scheinbar wurde anderes viel mehr betont.

Theologische Wahrheiten sind nicht selten symphonisch. Sie sind wie Melodien, die erst im Kontext einer Partitur sinnvoll und schön erklingen. Gott ist die Liebe, doch man muss mithören: Er ist auch gerecht. Gott erhört Gebete, doch man muss mithören: Es gibt auch das Geheimnis der Nacht des Glaubens, des Scheiterns und der scheinbaren Abwesenheit Gottes. Betrachtet man den reinen Umfang des lutherischen Katechismus oder der ersten reformatorischen Bekenntnisse und vergleicht sie mit katholischen Lehrtexten, so entsteht der Eindruck einer Verschlankung. Das Ganze wird ein wenig überschaubarer. Katholische Theologen erkennen in den *sola* eine überzogene Engführung. Es sind eben doch auch noch Werke, durch die der Mensch mit der Gnade Gottes kooperiert. Es ist eben doch auch die Tradition, die mir die Schrift überhaupt erst vermittelt. »Katholisch« bedeutet »allumfassend«. Das eine kann man über die katholische Theologie tatsächlich sagen: Sie ist überaus nuancen- und facettenreich. Sie blickt auf eine reiche Lehrtradition zurück. Nimmt man die Glaubenspraxis von Sakramenten über Ämter, Liturgie und Heilige bis hin zum Brauchtum dazu, sieht man sich konfrontiert mit einem hochkomplexen religiösen System. Ein System, in dem man auch den Überblick verlieren kann.

Jede Welle der Reformation kann als ein Versuch der Reduzierung von Komplexität gelesen werden. Das große Schlagwort lautet stets »zurück«: zurück zum Ursprung, zurück zu den authentischen Anfängen, zurück zur ersten Liebe. Der Reformation erging es nicht anderes. Sie fand bald Reformatoren, die wiederum selbst »zurück« wollten. Schon wenige Jahrzehnte nach den Konfessionskriegen kam mit den Pietisten und Puritanern eine Gegenbewegung zur kirchlich stabilisierten protestantischen Orthodoxie. Erneut ging es um den unmittelbaren Gottesbezug, die persönliche Frömmigkeit. Genau der Punkt, an dem Luther begonnen hatte. Er scheint schnell aus dem Blickfeld geraten zu sein. Und das hat etwas mit der Betonung zu tun.

Die Theologie lebt wie die Sprache eben von der rechten Betonung. Es gibt nicht nur falsche oder wahre Sätze, sondern auch solche, die so eigenartig betont werden, dass ihr Sinn entstellt ist. Was können Katholiken von den Protestanten lernen? Die Bedeutung der rechten Betonung. Die katholische Dogmatik kennt die Lehre von der »Hierarchie der Wahrheiten«. Diese besagt, dass nicht alle theologischen Aussagen gleich zentral für den Glauben sind. Selbstverständlich kommt der Aussage, dass Jesus Christus wahrer Mensch und wahrer Gott ist, eine größere Bedeutung zu als der Aussage, dass der Zölibat Voraussetzung für die Priesterweihe ist – obgleich beides von der katholischen Kirche gelehrt wird. Ist es bei einer Kirche, die so reich an Glaubensartikeln, Festen und Traditionen ist, nicht denkbar, dass es zu einer Betonungsverschiebung auf zweit- und drittwichtige Themen kam, durch die das Wesentliche aus dem Blick geriet? Ohne Zweifel ist das denkbar und wahrscheinlich ist es tatsächlich der Fall. Es gibt nicht nur die Häresie der objektiv falschen Lehre. Es gibt auch die Häresie der falschen Betonung.

Eine harte Formulierung. Aber es geht um nichts weniger als um die Frage, ob Menschen wissen, was für ihr Heil notwendig ist. Was weiß ein kirchlich halbwegs sozialisierter Katholik von seinem Glauben? Weiß und glaubt er, dass Jesus Christus wahrer Mensch und wahrer Gott ist? Dass er der Weg zum Vater ist? Dass er der einzige Weg ist – und nicht nur einer unter vielen? Weiß er, dass der persönliche Glaube an Jesus Christus entscheidend ist für sein Heil? Oder weiß er vielleicht nur, dass Pfarrer nicht heiraten dürfen, dass es einen Papst gibt, dass man an Weihnachten »Stille Nacht« singt und letztendlich alle Menschen in den Himmel kommen, weil sie so brav sind?

3. Der Fokus auf dem Evangelium der Errettung

Der Kern der christlichen Botschaft wird deutlich in der ersten nachösterlichen Predigt. Am Pfingsttag verkündet Petrus den Tod und die Auferstehung Jesu. »Was sollen wir tun?« Das war die logische Frage der Zuhörer, die von Petrus ins Herz getroffen wurden (Apg 2,37). Nicht intellektuelle Einsicht forderte die Verkündigung des Evangeliums, sondern den konkreten Schritt der Bekehrung zum Herrn. Eine solche persönliche Entscheidung für Jesus verliert nach und nach an Beachtung, wenn ein ganzes Volk sich dem christlichen Glauben zuwendet und Säuglinge auf Grund der Entscheidung ihrer Eltern getauft werden. Freikirchen sind ihrer Definition nach Entscheidungskirchen. Um zu ihnen zu gehören, genügt es eben nicht, Mitglied einer Volkskirche zu sein, sondern es bedarf einer individuellen Entscheidung. Die Betonung auf der Notwendigkeit der eigenen Entscheidung darf wohl – quer durch alle Wellen der Entstehung freikirchlicher Glaubensgemeinschaften – als das zentrale, Freikirchen verbindende Merkmal angesehen werden. Freilich findet sich die »Entscheidung« ebenso in den Frömmigkeitsbewegungen des Hochmittelalters, in der Predigttätigkeit großer katholische Heiliger, ja sie ist tief biblisch und urchristlich. Die Ignatianischen Exerzitien sind ganz wesentlich auf die beiden Begriffe »Wahl« und »Entscheidung« aufgebaut.

Für diese Entscheidung ist die rechte Betonung essenziell, denn wie bereits erwähnt: Nicht alle Glaubensaussagen in der Kirche sind gleich zentral. Dass es jedoch Gott gibt, dass er die dreifaltige Liebe ist, dass Jesus Christus der einzige Weg zu ihm ist, dass sein Tod und seine Auferstehung uns neues Leben schenken: Das sind die Kernaussagen des Christentums. Das Level akademischer Bildung unter den Hauptamtlichen in der Kirche und die Breite unserer theologischen Tradition sind ein Schatz und eine Versuchung zugleich. Wer zu viel Angst vor einfachen Antworten hat, der gibt bald gar keine mehr. Die Kunst der Reduktion und die Betonung des Wesentlichen müssen dringend neu gelernt werden. Was ist die zentrale Aussage des Evangeliums und welcher konkrete Umkehrschritt folgt daraus für den Einzelnen? Diese zwei Bestandteile der Pfingstpredigt sollten christliche Predigt allgemein kennzeichnen. Immer mehr Menschen in Europa sind selbst mit grundlegenden Aussagen des Christentums nicht mehr vertraut. Dass wir den entscheidenden Kern der Botschaft und den Aufruf zu einer echten Entscheidung verstehbar auf den Punkt bringen, ist ein wesentliches Lernfeld für Katholiken. Lernen können sie das am besten bei Freikirchlern. Wir leben in Zeiten der Freiheit. Wir wachsen nicht mehr automatisch in den Glauben hinein; wir müssen ihn wählen. Wenn es niemanden mehr gibt, der als Jugendlicher oder Erwachsener den Glauben bewusst wählt, indem er sich mit Kopf und Herz für Jesus Christus entscheidet, stirbt die Kirche relativ schnell aus. Eine Volkskirche, deren neue Mitglieder durch den traditionellen Weg der familiären Sakramentalisierung dazu kommen, kann freilich auch lange weiter bestehen, egal, wie gut es ihr gelingt, persönlich entschiedene Christen hervorzubringen.

4. Pragmatik als theologische Disziplin

Man stelle sich ein Restaurant vor, in dem es nichts zu essen gibt. Die Dekoration stimmt, die Kellner sind freundlich, die Tische sorgfältig gedeckt, es duftet von der Küche her … Doch es gibt eben nichts zu essen. Die Vorstellung ist völlig skurril, weil jedem einleuchtet, dass ein solches Restaurant ziemlich bald schließen müsste. Ebenso müsste ein Bäcker schließen, bei dem es kein Brot gibt, ein Taxifahrer, der nicht Taxi fährt. Das Absurde bei diesen Bildern: Das Personal des Restaurants, der Bäcker und der Taxifahrer, bekommen weithin unabhängig von ihrer Leistung ihr festes Gehalt. Die meist sinnfrei Beschäftigen klagen nur hinter vorgehaltener Hand; und sie klagen eher über die schlechte Bezahlung als über die Tatsache, dass der Kunde eigentlich nicht ordentlich bedient wird.

Dieser spöttische Vergleich soll nicht suggerieren, in der katholischen Kirche der deutschsprachigen Länder würde nichts Sinnvolles geleistet. Er soll lediglich auf die Gefahr hinweisen, die entsteht, wenn die regulativen Kräfte ausfallen, die das Angebot einer Institution in Bezug auf das Erreichen spezifischer Ziele korrigieren. Das Ziel kirchlichen Handelns wurde von Jesus Christus vorgegeben: »Darum geht zu allen Völkern und macht alle Menschen zu meinen Jüngern; tauft sie auf den Namen des Vaters und des Sohnes und des Heiligen Geistes, und lehrt sie, alles zu befolgen, was ich euch geboten habe« (Mt 28,19f.). Das ist das Ziel des »Familienunternehmens« Kirche. Freilich: »Erfolg ist keiner der Namen Gottes«; auf diesen Begriff hat einst Martin Buber die Diskrepanz zwischen unseren und den göttlichen Ideen von Effizienz gebracht. Und doch muss an irgendeinem Punkt die Frage ansetzen, ob das, was wir im Namen des Herrn unternehmen, auch tatsächlich dem Ziel dient, das er anvisiert hat. Er hat eben nicht nur gesagt: »Macht irgendetwas, so lange es von Herzen kommt«, sondern es ging ihm konkret darum, Jünger »zu machen«. Aufgabe der Kirche ist es also, Menschen in die Nachfolge Jesu Christi einzuladen. Gelingt ihr das nicht, gleicht sie dem Restaurant, das alles andere tut, nur kein Essen serviert. Jede christliche Institution – ob katholisch oder freikirchlich – steht in der Gefahr, das eigentliche Ziel aus dem Blick zu verlieren. Der große strategische Vorteil der Freikirche jedoch ist die rein materielle Abhängigkeit vom Erreichen des Zieles. Diese Aussage klingt beinahe materialistisch, doch sie besagt nichts anderes als dies: Eine Freikirche gibt es nur, so lange sie überzeugte Menschen hervorbringt. Deshalb vermutet man bei ihr mit Recht ein Know-How dafür, wie man Menschen gewinnt und nachhaltig bei der Stange hält.

Eines der ersten Gespräche, das ich mit dem leitenden Mitarbeiter einer stark wachsenden Freikirche führte – es war vor vielen Jahren – konfrontierte mich als Katholiken mit einer mir sehr unvertrauten Größe: der Pragmatik. Als ich über die Schönheit und den Reichtum katholischer Liturgie, der Sakramente und der Ämter sprach, erwiderte mein protestantischer Freund nicht etwa, dass er all dies theologisch ganz anders sähe. Er meinte nur lakonisch, die Strukturen und Konzepte seiner Freikirche erschienen ihm einfach viel pragmatischer. Sie seien einfach den realen Bedürfnissen angepasst. Damals bin ich über das Wort »pragmatisch« erschrocken. Sollte die Kirche sich denn wie ein Unternehmen ständig dem Diktat des Sofort-Erforderlichen oder des rein Zweckmäßigen unterwerfen? Selbstverständlich geht das nicht in Fragen der Lehre, auch nicht unbedingt in der Liturgie. Wenn es so etwas wie ein »katholischen Prinzip« gibt, dann besteht es wohl darin, dass diese Größen sich eben nicht stets neu erfinden, sondern ihre Kraft aus der gewachsenen Objektivität der Tradition beziehen. Hier kann es also unmöglich primär um »Pragmatik« gehen. Wohl aber darin, wie beides vermittelt wird. Und definitiv ist Pragmatik angebracht in Evangelisation und pastoralen Formen. Genau hier gibt es sehr viel zu lernen.

In den folgenden Abschnitten sollen Themenbereiche genannt werden, die für missionarisches Christsein von großer Bedeutung sind, gleichwohl sie vielen aktiven Katholiken wenig vertraut erscheinen. Es handelt sich dabei um Themen, die in Freikirchen auf Grund ihrer grundsätzlich andersartigen Organisationsform tendenziell stärker etabliert sind. Zwar ist weder jede einzelne

Freikirche in jedem einzelnen dieser Bereiche besonders stark, noch handelt es sich um genuin protestantische Themen oder solche, die nicht auch in katholischen Gemeinden mitunter auf vorbildliche Weise gelebt werden. Aber das weltweite Wachstum der Freikirchen beinhaltet eine Botschaft, die von Katholiken nicht übersehen werden darf, wenn es um das Comeback der Kirche gehen soll.

5. Kleingruppen

Die Erkenntnis, dass der Glaube kleine Gruppen verbindlicher Weggemeinschaft braucht, lässt sich wohl als universale Einsicht innerhalb der Christenheit bezeichnen. Planmäßig und strukturiert als Mittel der Evangelisation eingesetzt wurden Kleingruppen aber wahrscheinlich erstmals von John Wesley im 18. Jahrhundert. Die um ihn, seinen Bruder Charles und um George Whitefield entstandene Aufbruchsbewegung innerhalb der Anglikanischen Kirche wurde schon bald »Methodismus« genannt. Eine strategische, pragmatisch orientierte Bewegung der Mission und Heiligung, die von Anfang an auf völlig andere Weise arbeitete als die englische Volkskirche. Es verwundert nicht, dass der Methodismus sich schon bald nach der Gründergeneration von der Anglikanischen Kirche trennte und einen freikirchlichen Weg einschlug, wobei er heute nur noch selten zu den Freikirchen gezählt wird. Der Einfluss des Methodismus besonders auf Großbritannien und die USA kann kaum überschätzt werden. Und die Arbeit in Kleingruppen ist auch in praktisch jeder Freikirche im deutschsprachigen Raum fester Bestandteil.

Obwohl es in vielen katholischen Bewegungen und Gemeinschaften ebenso lebendige Kleingruppen gibt, zum Beispiel die klassischen »Gebetskreise« in der Charismatischen Erneuerung, ist innerhalb der Freikirchen ein so unvergleichlicher Erfahrungsschatz gewachsen, dass Prinzipien erfolgreicher Kleingruppenmodelle am besten dort gelernt werden können. Wie eine solche Gruppe auch missionarisch aktiv werden kann, kann zum Beispiel bei der jungen »International Christian Fellowship« (ICF) studiert werden, die sich in den ersten zwanzig Jahren seit ihrer Gründung in Zürich im deutschsprachigen Raum gerade unter jungen Leuten und in Großstädten mit erstaunlichem Tempo ausbreitet. Das Kleingruppenmodell von ICF sieht die schnelle Integration von Noch-Nicht-Glaubenden und lebensnahe Auseinandersetzung mit persönlichen Situationen aus dem Glauben heraus vor. Doch nicht nur dort, in beinahe jeder größeren und wachsenden Freikirche spielen die Kleingruppen eine entscheidende Rolle. Für Kleingruppenleiter gibt es normalerweise Ausbildungsmodule, für Kleingruppenstunden hat man Inhalte aufbereitet; es gibt Handlungsanweisungen für herausfordernde Situationen, Strategien zur Multiplikation. Möchte man etwas über den effektiven Einsatz von Kleingruppen lernen, geht man am besten dort in die Schule, wo es den größten Erfahrungsschatz gibt: in wachsenden Freikirchen.

Typisches Kennzeichen der Erweckungsbewegungen, die in der Regel zur Gründung von Freikirchen führten, waren Aufrufe zur persönlichen Entscheidung. Als »Altar call« (»Altarruf«) bezeichnet bildet der Aufruf, nach vorne zu kommen, den klassischen Abschluss evangelistischer Predigten der »Great awakenings« (ca. 1730–1760 und ca. 1800–1840, besonders in den USA), sowie der Erweckungsbewegung Charles G. Finneys (1792–1875, USA). Jede dieser Erweckungswellen zielte bewusst auf die Bekehrung Nicht-Glaubender oder lau Gewordener ab und erreichte Millionen. Aus den Erweckungsbewegungen entstanden nicht nur historisch viele der heutigen Freikirchen, sie bezogen von dort auch wesentliche methodische und theologische Prägungen (*vgl. McGrath, Alister E.: Der Weg der christlichen Theologie, München 1997*). Zentraler Lehrbestand ist die Notwendigkeit der persönlichen Bekehrung (*McGrath, 108*). Da die Adressaten der Verkündigung in den Erweckungsbewegungen Erwachsene sind und die Kindertaufe zumindest in den Anfangszeiten der Bewegungen größtenteils als gültig anerkannt wurde, war nicht die Taufe das äußerliche Zeichen der erfolgten Bekehrung. Der Schritt der ganzheitlichen Entscheidung zur Nachfolge Jesu wird unterschiedlich bezeichnet, komplett fehlt er jedoch nie. Im Umfeld der katholischen charismatischen Erneuerung, in manchen Elementen vom Evangelikalismus geprägt, hat sich etwa das Wort »Lebensübergabe« etabliert. Gemeint ist eine aktive, persönliche und existenzielle Entscheidung, das zu leben, was das Sakrament der Taufe eigentlich meint.

Durch die Kindertaufe ist das Moment der bewussten Entscheidung in der katholischen Praxis der westlichen Welt zunehmend in Vergessenheit geraten. In der Praxis sollte das Sakrament der Firmung den Schritt in den selbstgewählten, aktiven Glauben leisten; das funktioniert aber eher selten. Mit Recht verweisen Gemeinschaften wie der »Neokatechumenale Weg« auf die Notwendigkeit einer persönlichen Initiation in den Glauben als Erwachsener oder Jugendlicher. In der Moderne zerfällt das volkskirchliche Gefüge mehr und mehr und steigert den Entscheidungsdruck des Einzelnen. Ob jemand tatsächlich selbst aktiv glaubt, ist auf radikale Weise Gegenstand der Wahl des eigenen Lebensmodells geworden (*vgl. Taylor, Charles: Ein säkulares Zeitalter, 1999*). Proportional zu dieser Entwicklung und der Entstehung pluraler Möglichkeiten der Sinnstiftung und der Orientierung muss die Fähigkeit der Kirche zunehmen, solche Entscheidungen anzuregen und zu begleiten. Häufig jedoch fehlt schon der Wortschatz dafür. Weder Katechismus noch Kirchenrecht scheinen die Kategorie der »persönlichen Bekehrung« zu kennen. Dabei besteht doch oft ein großer Unterschied zwischen einem Christen, der in erster Linie wegen der familiären Tradition zur Kirche gehört und einem, bei dem eine innere Umkehr und bewusste Entscheidung stattgefunden hat! Dass es so etwas wie eine persönliche Entscheidung gibt und wie eine solche aussehen kann, gilt es ganz neu zu lernen. Zum Beispiel von den Freikirchen.

6. Niedrigschwellige Gottesdienste

Als der heilige Franziskus das wohl erste Krippenspiel der Kirchengeschichte veranstaltete, erwies er dasselbe Feingefühl im Umgang mit seiner »Zielgruppe« wie Don Bosco, der mit Handpuppen vor den Straßenkindern Turins predigte. Wirkmächtige Verkündiger haben immer Formen gesucht, mit denen die Adressaten der Verkündigung möglichst direkt angesprochen wurden. Im Gegensatz zu den aus altehrwürdiger Tradition kommenden und oft stark ritualisierten Gottesdienstformen der Volkskirche bezieht eine Freikirche die Gottesdienstteilnehmer von Anfang an mit ein, und zwar allein durch ihre Fähigkeit, die Menschen anzusprechen. Während Katholiken in der Vergangenheit häufig aus fest verankerter Gewohnheit und wegen der »Sonntagspflicht« in die Heilige Messe gingen, ganz unabhängig davon, ob die Predigt oder die Kirchenmusik sie ansprachen, können Freikirchen nicht auf solche traditionellen Bindungen aufbauen.

Es gibt natürlich auch in Freikirchen Fehlentwicklungen. Und dass die Orientierung an den »Besuchern« auch gefährlich ist, dass es in der Liturgie auch nicht darum gehen kann, ein Publikum zu unterhalten, steht fest. Dennoch sind die Gottesdienstbesucher der Gegenwart und Zukunft zunehmend solche, die sich zu diesem Besuch aus einem bestimmten Grund entscheiden. Möchte eine Gemeinde wachsen, braucht sie Veranstaltungen und Gottesdienste, die es kirchenfernen Besuchern möglichst leicht macht, sich überhaupt zum Besuch zu entschließen und sich schließlich dort auch wohl zu fühlen. In den Achtzigerjahren wurde durch Bill Hybels in Chicago das Konzept der »seeker sensitive church« bekannt. Seine »Willow Creek«-Gemeinde veranstaltete ihre Gottesdienste bewusst nicht in einem Kirchengebäude, sondern an einem Ort, der Besuchern, die nichts mehr mit Kirche am Hut haben, vertraut ist: im Kino. Viele der wachsenden Freikirchen im deutschsprachigen Raum wählen den gleichen Weg. Sie nutzen Gebäude, die nicht kirchlich wirken, es auch nicht sind. »Wie müsste ein Gottesdienst aussehen, dass jemand, der dem Glauben fern steht, mit Freude daran teilnehmen würde?« lautet die Kernfrage der am stärksten wachsenden Freikirchen. Dass diese Herangehensweise nicht mit einer Verwässerung der Botschaft einhergehen muss, zeigt vielleicht am eindrücklichsten die »Redeemer Presybterian Church« in Manhattan, die unter der Leitung ihres überaus wortgewaltigen Pastors Tim Keller intensive philosophisch-theologische Auseinandersetzung mit dem Zeitgeist leistet. Als presbyterianische Gemeinde ist sie zwar nicht freikirchlich, doch ist ihre Arbeitsweise und die von der Muttergemeinde ausgehende Neugründungsbewegung in New York einer Freikirche sehr ähnlich *(vgl. Keller, Tim: Center Church, dt.: Kirche in der Stadt, 2015).*

Der Einsatz von Musik, der Predigtstil, die Funktion eines Begrüßungsteams: All das kann man von Freikirchen lernen, ohne das zentral Katholische dabei aufgeben zu müssen. Dies betrifft besonders Formen, die nicht liturgisch, sondern evangelistisch sind. Der klassische freikirchliche Gottesdienst besteht aus gesungenem Lobpreis, auf den eine Predigt und das Angebot zum persönlichen Gebet oder der Aufruf zur Entscheidung folgt. Ein solches Format kann selbstverständlich die katholische Eucharistiefeier nicht ersetzen und muss auch nicht mit ihr vermischt werden. Als offener Abend, als Großevent in einer Halle oder als missionarische Open-Air-Veranstaltung eignet sich dieses Format jedoch ausgezeichnet, um neue Leute auf neue Weise anzusprechen. Die Einladung zum Sonntagsgottesdienst oder zu einem Glaubenskurs kann dann der zweite Schritt sein.

7. Führung und unternehmerisches Handeln

Im Kirchenrecht ist die Leitungsvollmacht an die Weihe gebunden. Dadurch ist zwar theologisch Bedeutsames ausgesagt, doch ein Qualitätskriterium für de facto ausgeübte Führung ist damit noch nicht gegeben. Ein Geweihter kann ein guter oder auch ein nicht so guter Leiter sein. Darüber hinaus wird Führung in der Kirche auch außerhalb der kirchenrechtlich definierten Felder wahrgenommen. In den letzten Jahrzehnten haben kirchliche Institutionen eine Menge Geld ausgegeben, um sich in den Bereichen des Managements von professionellen, oft säkularen Firmen beraten zu lassen. Solche Maßnahmen können durchaus hilfreich sein, bleiben aber nicht selten punktuell. Darüber hinaus stellt sich die grundlegendere Frage, ob es überhaupt dem Wesen des kirchlichen Apostolats entspricht, sich nach den Kategorien von McKinsey entwickeln zu lassen.

In einer Volkskirche trägt die Führungsperson in unteren und mittleren Etagen in der Regel wenig Verantwortung für Finanzen, und ihr wird auch wenig Kompetenz bei der Auswahl des Personals zugestanden. Ein Ortspfarrer bekommt die Pastoralreferentin ebenso zur Verfügung gestellt wie sein festes Gehalt. Während dieses Modell Stabilität garantiert, ist es nicht besonders gut darin, die dynamische Entwicklung neuer Initiativen zu begünstigen.

Ein einfaches Beispiel: Ob die Geschäftsidee eines Zuckerwattestandes am Bahnhof eine gute Idee ist, zeigt sich ziemlich schnell am Umsatz. Ist die Idee gut und passen Qualität und Service, kann der Zuckerwatteverkäufer selbst gut leben und vielleicht weitere Mitarbeiter anstellen. Irgendwann hat er vielleicht mehrere Stände und viele Mitarbeiter, dann wird seine Aufgabe zunehmend eine Führungsaufgabe sein. Beweist er sich als gute Führungskraft, wird das Unternehmen wahrscheinlich weiter wachsen, neue Produkte und Standorte werden dazukommen, die Qualität und der Service sich weiter verbessern. Bekäme der Verkäufer ungeachtet seiner realen Verkäufe immer das gleiche Gehalt und dürfte er auch nicht entscheiden, welche Mitarbeiter für ihn arbeiten, hätte er weniger Verantwortung. Er könnte so zwar weniger Schaden anrichten, einen Expansionskurs kann man damit aber nicht fahren. Dafür müsste ein Verkäufer besonders begabt, verantwortungsbereit, gut motiviert und zudem noch mit ideellen und materiellen Anreizen für den erfolgreichen Betrieb versehen sein. Wäre das alles nicht gegeben, liefe der Zuckerwattestand eben mit wenig Kunden und schlechtem Service weiter.

Findet man eine über ein Jahrzehnt erfolgreiche und wachsende Organisation, vermutet man dort zu Recht Führungskompetenz. Während es ohne Zweifel in katholischen Institutionen zahllose großartige Verantwortliche gibt, findet man solche Führungskräfte, die missionarische Initiativen erfolgreich zu führen verstehen, mit besonderer Regelmäßigkeit in Freikirchen. Seminare über Leadership, Module zur Ausbildung neuer Mitarbeiter, Workshops zur Visionsentwicklung: In vielen gerade der jüngeren Freikirchen gehört all dies nicht zum Vokabular der Geschäftswelt, sondern zum Kirchenjahr. Den »Vision Sunday«, also einen Sonntag im Jahr, in dem über die Vision der Gemeinde gepredigt und nachgedacht wird, gibt es mittlerweile an vielen Orten, seit Andy Stanley in der »Northpoint Community Church« in Atlanta damit begonnen hatte. Andy Stanley ist nicht nur Pastor dieser mit 36.000 wöchentlichen Gottesdienstbesuchern zu den größten Gemeinden der USA gehörenden Freikirche, er ist auch ein bekannter Redner und Buchautor zu Leadership-Themen. Er folgt im Grundmuster seinem Mentor Bill Hybels: Auch auf den »Willow-Creek«-Kongressen in den USA und in Deutschland geht es ohne Berührungsängste sowohl um biblische Themen als auch um Führungsprinzipien.

Führungskompetenz ist in einer Freikirche eben kein Luxusartikel für die besonders Engagierten. Schafft ein Pastor es nicht, eine Vision glaubhaft zu vermitteln, ehrenamtliche Mitarbeiter zu begeistern und nach ihren Fähigkeiten einzubinden, gelingt es ihm nicht, neue Leute mit der Botschaft zu erreichen, dann schrumpft die Gemeinde. Schrumpft die Gemeinde, hat sie weniger Geld. Irgendwann kann sie die Sekretärin nicht mehr bezahlen, irgendwann nicht mehr das Büro. Schließlich ist die Stelle des Pastors selbst gefährdet.

Während das wissenschaftliche Niveau theologischer Ausbildung der künftigen Leitungsverantwortlichen in der katholischen Kirche das Niveau freikirchlicher Kollegen fast immer weit übersteigt, könnte das drängende Defizit an Führungskompetenz ausgeglichen werden, wäre man demütig genug, dort in die Schule zu gehen, wo diese Kompetenz aus Überlebensgründen rasant optimiert wurde: in den Freikirchen.

8. Ausblick

Weil es Zeit ist für einen neuen missionarischen Aufbruch in der Kirche, haben wir das **Mission Manifest** verfasst. Es soll unter anderem die Augen dafür öffnen, wo wir Katholiken lernen können. Denn das Evangelium hat *best practice* verdient. Es geht aber nicht nur um Abgucken und Weitermachen mit der in fünfhundert Jahren eingeübten Konkurrenz. Dass wir in einem Boot sitzen, haben mittlerweile viele verstanden. Dass man dann auch in eine Richtung rudern sollte, ist weniger bekannt. Für die Zersplitterung unter den Christen haben postchristliche Europäer mit Recht immer weniger Verständnis. Kaum etwas lähmt das Zeugnis vor der Welt so vollständig wie der Eindruck, die Christen seien sich untereinander nicht einmal in den wesentlichen Grundüberzeugungen eins. Auch wo konfessionelle Unterschiede weiter bestehen (und das darf auch so sein!), ist Zusammenarbeit das Gebot der Stunde. Gerade aus dem Miteinander mit Freikirchen hätten Katholiken sehr viel zu lernen. Ihre Sprachfähigkeit, wenn es um den Kern des Evangeliums geht, ihre Zwanglosigkeit, Menschen zu einer Entscheidung aufzurufen und die Pragmatik in der Wahl der Formen: Allein schon die wenigen hier genannten Punkte könnten einen wesentlichen Beitrag zu der Entwicklung der katholischen Kirche der deutschsprachigen Länder hin zu einem missionarischen Aufbruch leisten.

Bernhard Meuser

7. Wir müssen die Inhalte des Glaubens neu entdecken ...

... und sie klar und mutig verkündigen, sei es nun »gelegen oder ungelegen« (1 Tim 2,4). Wir haben sie durch Gottes Offenbarung empfangen, finden sie gefasst im Urdokument der Heiligen Schrift und lebendig überliefert im Verstehen der Kirche, wie es der Katechismus lehrt. Die Geheimnisse des Glaubens müssen vollständig, ganzheitlich, in rationaler Klarheit und in der Freude der Erlösten verkündigt werden. Sie müssen leuchten. Wer anderen Menschen den Glauben verkünden will, darf nicht dilettieren; er muss zuerst an sich arbeiten – an seinem Leben, an seiner Liebe und an seinem Wissen. Der missionarische Aufbruch erfordert eine neue Lernbewegung des Glaubens, denn wir haben verlernt, was es heißt, missionarisch zu sein.

Wenn die Kirche nur das wäre, was in den Medien an Skandalen über sie zusammengetragen wird, müsste man alles stehen- und liegenlassen und schleunigst das Weite suchen. Aber wer mit der Kirche lebt, weiß, dass es neben abgründigen Geschichten eine andere, eine stille Kirche gibt, die in keinem Boulevardblatt auftaucht, und in der ungewöhnliche, wundervolle Dinge geschehen: Menschen besuchen Einsame und Kranke, stehen Sterbenden bei, lassen Mittellosen unprätentiöse Hilfe zukommen, kümmern sich um Kinder tun andere wunderbare Dinge. Niemand weiß, wie viel Liebe durch die vielgescholtene Kirche in die Welt kam und Tag für Tag kommt. Dennoch haben im Jahr 2016 genau 162.093 Menschen in Deutschland die katholische Kirche verlassen. Es gab allerdings auch 9.053 Menschen, die in die Kirche eintraten oder wiedereintraten. Sie haben sich gegen die öffentliche Meinung entschieden. Ich kenne einen von diesen, die gegen alle Trends gekommen sind: ein junger Betriebswirtschaftler. Nach einigen Jahren in einer evangelischen Freikirche entdeckte er die Sakramente und fand den Weg in die Kirche. Ich fragte ihn, wie er sich denn nun fühle als »Katholik«.

1. Das Klopfen von innen

Heimlich erhoffte ich mir, dass er von ermutigenden Erfahrungen berichten würde, aber seine Antwort nahm mich mit. Nein, er betete nicht die Skandale der letzten Jahre herunter. Er nannte seinen Weg in die Kirche sogar »das größte Glück« seines Lebens. Aber kaum hatte er das gesagt, kam unverhohlene Enttäuschung zu Wort: »Die Leute gehen stumm in den Gottesdienst und wortlos wieder weg. Über Glaubensfragen muss man nicht mit ihnen sprechen; du kannst über intimste Dinge mit ihnen reden, aber nicht über Gott. Sie wissen auch wenig über ihren Glauben oder schicken dich gleich zum Pfarrer.« Und dann meinte er noch: »Ich kenne eigentlich eine Menge junger Leute, die gerne kommen würden, aber ich weiß nicht, wo ich sie hinschicken soll.«

Es fiel mir schwer, das anzuhören. Ich musste selbst nachdenken: Wohin würde ich jemand schicken, der mir sagt, er würde sich gerne taufen lassen und am Leben der Kirche teilnehmen? Mir fielen dann doch eine ganze Reihe von Gemeinden oder Gemeinschaften ein, in denen Vitalität, Gastfreundschaft und Freude das Klima bestimmen. Ich war mir sicher: Dort würde man jemanden mit offenen Armen aufnehmen, der suchend und unsicher, aber voller Bereitschaft, verbindlich dazuzugehören, anklopft.

Nun hörte ich Einschätzungen wie die des jungen Betriebswirtschaftlers nicht zum ersten Mal. Mehrfach habe ich Menschen ein Stück auf ihrem Weg in die Kirche begleiten dürfen, die von weit außen zum Glauben kamen. Ich erlebte immer wieder ihr bohrendes Fragen, ihre Neugier, ihren Willen zu lernen und die Kenntnisse, die sie sich in rascher Zeit aneigneten. Und dann kam regelmäßig der Bericht über den *clash of civilizations* – den unfreundlichen Zusammenstoß der Neuchristen mit der Realität in einer ganz normalen Gemeinde. Die »Neuen« suchten nach dem Unterschied, der den Unterschied macht. Sie hofften auf brennende Christen, die sie tiefer in die Mysterien des Glaubens einführen konnten. Stattdessen trafen sie oft eine Kirche an, die sich bemühte, mit eben jenem Mainstream, den die »Neuen« gerade aufatmend verlassen hatten, mitzuhalten. Verwundert rieben sie sich die Augen über das Defizit an Hoffnung, über die abgesunkene Stimmung, über Groll, Missmut, Bitterkeit, die sie in den Gemeinden antrafen. Und ich musste ihre Fragen beantworten: Was ist los mit dieser Kirche? Warum sind da nur alte Leute? Was haben die für komische Themen? Warum leuchten diese Gemeinden nicht? Wollen die nicht wachsen? Wollen die nicht auf Menschen zugehen? Haben die kein Interesse, glaubenswillige Leute anzuziehen?

In seiner programmatischen Rede im Vorkonklave hatte Kardinal Jorge Mario Bergoglio das kritische Bild einer Kirche gezeichnet, »die um sich selbst kreist«. Danach wurde er immerhin Papst, doch nicht nur deshalb stellt sich die Frage: Tun wir das, um uns selbst kreisen? Wie nehmen Kirchenfremde uns wahr? Haben Interessierte überhaupt die Chance, Lebenszeichen der Kirche jenseits ihrer institutionellen Präsenz zu entdecken? Zeichen, mit einem Mehrwert für die Gesellschaft. Zeichen, in denen die Kirche selbstlos und liebevoll gibt, statt auf ihrem Status, ihren Privilegien und dem Unrecht, das man ihr tut, herumzureiten. Es müssten Zeichen sein wie die in der Flüchtlingsfrage, als die altgewordene Volkskirche an vielen Orten eine unverhoffte soziale Dynamik an den Tag legte. Es gab viele, die den Hut zogen, weil sie entdeckten: Es gibt sie noch, die Christen.

Das ändert aber nichts an einer schmerzlichen Tatsache: Wenn es darum geht, auf Menschen zuzugehen und sie für den Glauben zu gewinnen, laufen ihr die Freikirchen locker den Rang ab. Und das liegt nicht nur an der doch etwas arg konzentrierten Botschaft der Evangelikalen, die nach »Alles, was du brauchst, sind die Bibel und Jesus« klingt. Die Freikirchen boomen, weil sie couragiert auf junge Leute zu gehen, weil sie ihnen eine menschliche Heimat und auch sonst mehr als anonyme Gottesdienste und einen Kaffee vom Automaten bieten. Die Freikirchen bekennen sich zu Mission und sie schulen sich und andere darin. Wer kommt und den »Altarcall« wagt, ist in kürzester Zeit selbst einer, der missioniert. Ihre derzeit wirkungsvollste Initiative hat einen Namen, der im hergebrachten theologischen Milieu Zahnschmerzen hervorrufen dürfte: *»Europe shall be saved«*. Fakt ist aber: Sie bringt Zehntausende von (jungen) Leuten aus allen Konfessionen auf die Beine. Die mitmachen, glauben an die »Erweckung«(= eine von Gott bewirkte gemeinschaftliche Hinkehr zum Glauben) Europas; und sie beten und fasten dafür. Egal, wie man konkret zu dieser Initiative steht, sie zeigt auf jeden Fall, dass das von kirchlicher Seite oft vorgebrachte Argument, es sei nun einmal die Säkularisation, die Menschen in Bann schlage und vom Glauben fernhalte, nicht einfach so allgemeingültig ist und dass von einer generellen Nichtansprechbarkeit oder religiösen Unmusikalität dieser Generation nicht die Rede sein kann. Das sind Ausreden, um sich vor der Erneuerung zu drücken.

Jeder kann den Kollaps der Volkskirchen im deutschsprachigen Raum hochrechnen. Während die »Konkurrenz« Hallen baut, um den Zulauf zu bewältigen, konzentriert man sich in den Pastoralämtern der Kirchen auf Redimensionierung und entwirft Szenarien zu Verwendung oder Abriss leerstehender Kirchen. Und während sich Freikirchlicher unbefangen mit missionarischen Offensiven befassen, bekommen Theologen der beiden großen Volkskirchen noch immer Bauchgrimmen bei der schieren Erwähnung des Wortes »Mission«; sie verstehen sich als Teil der Toleranzgesellschaft und finden den Begriff kontaminiert. Weil man aber doch irgendwie auf Zahlen kommen muss, wird man langsam nachdenklich. So kam das Thema »Mission – wie geht das?«

schon 2003 im evangelischen »Deutschen Pfarrerblatt« aufs Tapet; in einen Beitrag verirrte sich freilich der vielsagende Satz eines mitteldeutschen Pfarrers: »Schließlich muss die Kirchensteuer in einem strukturschwachen und von Abwanderung gebeutelten Land gehalten werden. Und daran hängt ja auch mein Gehalt, das wenigstens bei den 82 Prozent bleiben soll«. Keine Satire!

Sicher: Wer in »Mission« nur den werblichen Aufwand sieht, den man betreiben muss, um die Struktur zu erhalten, die kirchlichen Arbeitsplätze, die Renten und den gesellschaftlichen Status zu sichern, der wird alles tun, die Kirche winterfest zu machen. Der zieht die Luken hoch und schließt die Kirchentür, in der Hoffnung, dass sich der Wind in der bösen Welt auch wieder einmal dreht. Irgendwann wird wieder jemand an der Kirchentür anklopfen! Und wenn nicht, bin ich wenigstens schon in Rente und mit dem Wohnmobil in Sizilien.

Soviel steht fest: Papst Franziskus kann man für diese Strategie nicht vereinnahmen. In jener Vorkonklave-Rede griff er das Motiv von der Kirchentür ebenfalls auf – freilich um es auf den Kopf zu stellen. Der spätere Papst hatte keinen Trick parat, wie die Massen wieder zum Klopfen herbeiströmen würden. Er fragte vielmehr, ob es nicht sein könne, dass »Jesus von innen klopft, damit wir ihn herauskommen lassen.« Wenig später wurde er gewählt und schon sechs Monate später lag seine Programmschrift vor, deren Tragweite bis heute in den Ortskirchen Westeuropas noch nicht erkannt wurde. Papst Franziskus stellte sein Pontifikat mit *»Evangelii Gaudium«* unter das Leitwort »Evangelisierung«. Evangelisierung, was sollte das sein? Es ist ein Begriff aus dem Wortfeld der Mission. Während »Mission« vorrangig dort gebraucht wird, wo aus Nichtchristen Christen werden sollen, verwendet man »Evangelisierung« dann, wenn man getaufte Christen, denen die grundlegenden Gewissheiten abhanden gekommen sind, wieder zur Vollgestalt des Evangeliums und damit zur »Freude« zurückführen möchte. Der Grund für Evangelisierung ist also eine Identitätskrise, ein historischer Unfall, eine Deformation der Kirche:

Dass es »christliche« Länder gibt, in denen noch wacker getauft wird, deren »Christen« aber durch die Bank nicht mehr wissen, dass sie Christen sind.

Aber ist das nicht ein Seitenthema? Gibt es nicht wichtigere Dinge, als »laue Christen« wieder ein bisschen auf Vordermann zu bringen? Längst nimmt man Franziskus zu anderen Themen wahr: als streitbarer Kämpfer für die Armen und die Umwelt, als Apostel des Friedens. Der Papst allerdings besteht auf seiner eigenen Prioritätenliste: *Mission first!* Es ist das Allerwichtigste, dass Menschen zu Jesus kommen. Und wenn bereits Getaufte nicht bei Jesus sind, dann muss man ihnen das Evangelium neu verkünden – solange, bis es gehört wird. »Evangelisierung«, sagt der Papst, »ist der Daseinsgrund der Kirche. Es ist »süße, tröstende Freude, das Evangelium zu verkünden« (Paul VI.). Es ist Jesus Christus selbst, der uns von innen her dazu antreibt.« Daseinsgrund der Kirche! Missionarisch zu sein, die rettende Botschaft zu verkünden, gehört zum Wesenskern des »neuen Weges«. »Heute ist es Zeit für die Mission, und es ist Zeit für Mut!«, sagt Papst Franziskus.

Es scheint, dass die Kirche in Westeuropa derzeit weit von ihrer Bestform entfernt ist. Wäre sie in Form, würde sie überfließen auf andere. Sie könnte nicht an sich halten, andere an der Freude des Evangeliums teilhaben zu lassen. Die Lust auf Mission ist also der große Indikator für die Betriebstemperatur. Sie sollte sich beträchtlich erhöhen, sonst geht nichts. Biblisch gesprochen: Die Kirche bringt »keine Frucht« (Joh 15,16). Das erfordert mehr als das Umlegen einiger Hebel.

2. Deformation – Re-Formation – Formation

Wir alle in der Kirche brauchen Formation und doch ist das Wort »Formation« im Deutschen wenig gebräuchlich; aus dem Lateinischen abgeleitet bezeichnet es ganz allgemein die »Herausbildung einer bestimmten Form«, einer Gestalt. In der Philosophie ist das

Gegensatzpaar Materie und Form uralt. Ein Sportler oder Musiker, der nicht »in Form« ist, ist außerstande, eine gute Leistung zu bringen. Noch schlimmer ist eine *Deformation*. Ein durch einen Unfall deformiertes Auto ist gebrauchsunfähig. Ein deformiertes Gesicht lässt nach der Identität eines Menschen fragen.

Einen Christen müsste man gewissermaßen an seinem Gang erkennen. Schon vor über einem halben Jahrhundert meinte der französische Schriftsteller Georges Bernanos: »Man verliert nicht den Glauben, aber er hört auf, dem Leben Form zu geben. Das ist alles.« Im Kopf hält man sich noch für einen Christen, aber etwas passt nicht mehr zusammen. Man meidet bestimmte Orte, man lässt gewisse Gewohnheiten, man bekennt sich nicht mehr zu bestimmten Auffassungen. Eines Tages kann niemand mehr meiner Wohnung, meinem Terminkalender, meinem Bücherschrank und meinem Kontoauszug entnehmen, dass ich ein Christ bin. Der Glaube ist verdunstet, hat sich in Nichts aufgelöst. Er spielt keine Rolle mehr in meinen Kaufgewohnheiten und meiner Biographie. Das »Warum« war nicht mehr stark genug, mein Leben zu prägen, ihm Sinn, Form und Gestalt zu verleihen.

Was für viele Einzelne gilt, gilt auch für die Kirche als Ganze. Bernanos, abgewandelt: »Man verliert nicht die Kirche, aber sie hört auf, dem Leben Form zu geben. Das ist alles.« Nicht die Säkularisierung, nicht der fortschreitende Atheismus, multireligiöse Konkurrenz oder gesellschaftliches Mobbing sind die Ursache für den Attraktivitätsverfall der Kirche, sondern ihre verwaschene Gestalt – das mehrdeutige Bild, das sie bietet. Man kann sie für vieles halten: für ein Museum – denn sie pflegt alte Kunstschätze, für reich – denn sie besitzt Grundstücke und Immobilien, für ein Amt oder eine Behörde – denn sie hat eine Bürokratie, für eine Bildungseinrichtung – denn sie unterhält Kindergärten, Schulen und Hochschulen, für einen Wohlfahrtskonzern – denn sie betreibt Krankenhäuser und Altenheime, für einen Sonntagsevent – denn sie bietet ein religiöses Programm an, für eine moralische Instanz – denn sie kommentiert das Zeitgeschehen, für

Dekoration und Trost – bei Hochzeiten und Todesfällen. Sekundäre und tertiäre Anlagerungen und Überwucherungen haben ein bizarres Gebilde hervorgebracht, dessen Kern von vielen Menschen nicht mehr erkannt wird. Kennt ihn die Kirche selbst?

Immer mehr Menschen (auch in der Kirche) sagen: Ich weiß nicht, für was »das« da ist. Das tiefste Desiderat der Kirchen im deutschsprachigen Raum: Sie muss ihre spezifische »Gestalt« wiederfinden, ihre Identität, ihre Notwendigkeit, ihr unterscheidend Anderes, ihr Wozu. Warum sind wir da? Wieso kommen wir heute zusammen? Weil es immer so war?

Einmal war ich bei der Zusammenlegung von fünf Gemeinden dabei. Der Pfarrer, ein feiner, spiritueller Mann, hatte seine dreißig Engagiertesten zu Besinnungstagen eingeladen, um sie im Wurzelbereich der gemeinsamen Berufung zusammenzuführen. Er hatte die gute Idee, dass wir damit beginnen sollten, uns in kleinen Gruppen unsere Glaubensgeschichte zu erzählen: »Ich bin da, weil …« Und obwohl die Tage menschlich ein Erfolg waren, blieb mir diese eine Szene haften, als im Plenum vorgetragen werden sollte, was den Einzelnen im Glauben bewegte, als Christ »da« zu sein. 28 Geschichten handelten vom Kindergarten, von der Feuerwehr, von Weihnachtsliedern und dem Dienst am Zapfhahn beim Pfarrfest. Alles gut und schön. Nur zwei Teilnehmer freilich hatten eine Geschichte mit Gott zu erzählen, und die kam ausgerechnet von denen, auf die man etwas herabblickte, weil sie als Mitglieder der Schönstattbewegung scheinbar nur ein wenig am Rand zur Community gehörten. Und so finden wir es nicht weiter kurios, dass es eine große Gruppe von Leuten gibt, die noch aus traditioneller Anhänglichkeit, und für überteuertes Geld gewisse rituelle und lebenshilfliche Dienste der Kirche in Anspruch nehmen, statt sich auf dem freien Markt zu bedienen. Kinder durchschauen eine falsche Welt intuitiv. Sie scheuen eine Kirche des Als-Ob. Vielleicht muss man das bedenken bei der oft gehörten Klage, die Kinder seien nicht mit Geld und guten Worten in den Gottesdienst der Gemeinde zu bewegen.

Wenn die Kirche nicht in Form ist, wenn wir Christen außer Form sind, muss man zu den Ursprüngen zurück und sich neu die Frage stellen, was die Kirche zur Kirche und die Christen zu Christen macht. Das war bei allen großen Reformen in der Kirche so, bei Gregor dem Großen, bei der Cluniazensischen Reform, beim Aufbruch der Zisterzienser. Das war auch bei Luther so, der angesichts einer offenkundigen Deformation der Kirche eine Re-Formation – ein Wiederfinden der wesentlichen oder eigentlichen Form – einforderte, die von der katholischen Kirche mit einer »Gegen«-Re-Formation beantwortet wurde. Reformation wäre ein wunderbares Wort, wäre es nicht durch das Faktum der Spaltung belastet.

Die Form ist wichtig. *Form follows function*, hatte Horatio Greenough einst als Leitsatz für die Architektur ausgegeben. Man könnte auch sagen: *Form follows content.* Wahrscheinlich ist der Verfall der Form die Folge diffus gewordener Inhalte und das Ergebnis einer unsicheren Verkündigung. Wenn die Kirche mehrdeutig wird, gibt es nicht nur Abwanderung; es bilden sich auch Konventikel, Parteien und Sekten heraus; sie spalten sich ab und bilden andere Identitäten heraus, bei denen Inhalt und Form eine neue stimmige Einheit bilden sollen. Doch Jesus hat seiner Kirche ein Formprinzip gegen den Verlust der Identität eingestiftet, das eben diesen (sich *ad infinitum* fortsetzenden) Weg der Abspaltung immer neuer Besserkirchen von der allgemeinen Kirche für alle mal verbaut: »Alle sollen eins sein: Wie du, Vater, in mir bist und ich in dir bin, sollen auch sie in uns sein, damit die Welt glaubt, dass du mich gesandt hast. … damit die Welt erkennt, dass du mich gesandt hast und die Meinen ebenso geliebt hast wie mich.« (Joh 17,21-23). Es ist deutlich wie nichts im Neuen Testament, dass der Herr nicht den Schwarm der Konfessionen und Multi-Wahrheiten wollte, sondern Einheit, zu der zu rufen schon Paulus Grund hatte: »Bemüht euch, die Einheit des Geistes zu wahren durch den Frieden, der euch zusammenhält. Ein Leib und ein Geist, wie euch durch eure Berufung auch *eine* gemeinsame

Hoffnung gegeben ist; ein Herr, ein Glaube, eine Taufe, ein Gott und Vater aller, der über allem und durch alles und in allem ist.« (Eph 4,3-6)

Der kirchliche Weg führt immer nach innen, in das unerschöpfliche eine Geheimnis der einen Kirche, nie nach außen. Formlosigkeit ruft nach Formation, nach Bildung, nach Training, nach Lernen des Verlernten, und auch nach Schule. Das Christliche muss vom Evangelium her eine bestimmte unverwechselbare Form wiedergewinnen. Mit Benedikt von Nursia (480 – 547 n. Chr.) haben wir das historische Beispiel einer solchen Re-Formation durch innere Erneuerung. Sein Jahrhundert, das sechste, war geprägt durch einen allgemeinen gesellschaftlichen und kirchlichen Verfall. Die Sittenlosigkeit der Stadt Rom spiegelte sich in verheerenden innerkirchlichen Zuständen wider; in Vicovaro trachteten die Mönche ihrem um Reform bemühten Abt Benedikt sogar nach dem Leben. Mit einer Schar von Gefährten versuchte er schließlich, auf dem Montecassino das alte Ideal kirchlicher Gemeinschaft neu zu leben und zu lehren. Daraus entstand die Benediktsregel, deren göttliche Friedensordnung Europa prägte. Heute noch leben Mönche nach dieser Regel.

Benedikt verordnete sich und den Seinen in der existenzbedrohenden Krise eine »Schule für den Herrn« – einen Trainingsparcours, ein Übungsprogramm. Es geht um Disziplin, um Stärken stärkende Exerzitien, um Konzentration auf das Wesentliche. Das alles findet statt, damit es Fortschritt gibt – wie man wildes Wasser in ein künstlich verengtes Flussbett leitet, damit sich geballte Kraft entwickelt. Benedikt sagt: »Wir wollen also eine Schule für den Dienst des Herrn einrichten. Bei dieser Gründung hoffen wir nichts Hartes und nichts Schweres festzulegen. Sollte es jedoch aus wohlüberlegtem Grund etwas strenger zugehen, um Fehler zu verbessern und die Liebe zu bewahren, dann lass dich nicht sofort von Angst verwirren und fliehe nicht vom Weg des Heils; er kann am Anfang nicht anders sein als eng. Wer aber im klösterlichen Leben und im Glauben fortschreitet, dem wird das Herz weit und er läuft in unsagbarem Glück der Liebe den Weg der Gebote Gottes.«

3. Eine Kirche, die wieder in Form kommt

Der große Text von Benedikt enthält zentrale Elemente der Erneuerung. Ein Sportler, der eine bestimmte Technik verlernt hat, sucht sich einen neuen Trainer und geht bei ihm noch einmal in die Schule. Nicht anders ist es bei einem Christen, der merkt, dass ihm Freude und Sinn am Christsein abhanden gekommen sind. Nur sagt man hier: Er braucht Evangelisierung. Vielleicht stellt dieser Mensch fest, dass er eigentlich nie die Grundtechniken seiner »Sportart« kennengelernt hat. Dann braucht er den Prozess der Initiation durch Katechese. Er beginnt mit »Ich möchte …«. dann wird man an der Hand genommen und Schritt für Schritt durch alles geführt, was wichtig ist, damit man nicht länger im Glauben dilettiert wie ein Amateur beim Eiskunstlauf. Eines Tages wird man sagen: Ich weiß, was ich von Gott und der Kirche wissen muss. Ich kann, was Gott von mir fordert. Ich will, was zu meinem Heil führt. Ich bin glücklich, dass ich jetzt in Form bin. Ich kann alleine laufen.

Nach Helmut Fend zielt eine Schule auf vier Elemente: Qualifikation, Sozialisation, Selektion und Legitimation. Ein qualifizierter Christ, ein Christ mit Profil, weiß, was es heißt, mit dem Namen seines Herrn bezeichnet zu sein, was Nachfolge Christi bedeutet und was von ihm verlangt ist. Er kennt den gemeinsamen Glauben der Kirche und ist imstande, jedermann »Rede und Antwort zu stehen, der nach der Hoffnung fragt« (1 Petr 3,15), mit der sich Christen von Menschen mit kleinerer oder nicht vorhandener Hoffnung unterscheiden sollten. Ein sozialisierter Christ ist ein Christ, der sich mit tiefen Begründungen in den einen Leib Christi, der die Kirche ist, integriert. Er sucht Bindung und verbindliches Engagement im Nahbereich einer Gemeinschaft oder

Gemeinde. Überall wird er Sünder finden, aber der Herr hat sich mit Sündern solidarisiert; es gibt keinen Grund mehr, sich von der Gemeinschaft zu distanzieren. Ein selektierter Christ ist ein Christ, der nicht zuerst aus seinem Können und Wissen, sondern aus einer Initiative Gottes, der mich erwählt und punktgenau berufen hat, agiert; er ist jemand, der seine Charismen und besonderen Gaben kennt, jemand, der seine Rolle im Reich Gottes gefunden hat. Ein legitimierter Christ lebt nicht von eigenen Gnaden. Alles, was er ist, ist er durch die Gnade Gottes, durch die Sakramente der Kirche und das lebendige Wort Gottes.

Der zweite Punkt beim Trainer Benedikt von Nursia ist, dass wir uns (um Christ zu werden) in eine spezielle Schule, nämlich in eine »für den Dienst des Herrn«, begeben. Die Kirche wird zur Kirche durch Jesus in der Mitte, seine eucharistische Selbstverteilung. Er ist das A und das O. Ihn (und damit das Reich Gottes) zu suchen, für ihn (und damit das Kommen des Reiches) zu leben, ist das bestimmende Moment christlicher Existenz, nicht unsere Bedürfnisbefriedigung mittels Religion. Das ist der Rest, der hinzugegeben wird (Mt 6,33). Der für uns Hingegebene will konkrete Beziehung, will unsere persönliche Hingabe, will sogar Freundschaft (Joh 15,15). In die Schule Jesu gehen, sich für Jesus entscheiden, mit ihm den ganzen Tag leben, mit dem Herrn in betendem Kontakt zu sein, ihn zur konkreten Lebensgestaltung befragen, ihn zu preisen – was das heißt, kann man von evangelikalen Christen lernen. Mehr dazu, wenn wir vom »Jünger« sprechen.

Der dritte Punkt ist, dass uns damit »nichts Hartes und nichts Schweres« auferlegt ist: »Mein Joch drückt nicht und meine Last ist leicht« (Mt 11,30). Die Eindeutigkeit, die mit einer Schwerpunktverlagerung auf Jesus in das Leben kommt, bringt Leichtigkeit und Kohärenz in unser Leben. Schwer tun sich Christen, die zwischen Zeitgeist und Zeugnis lavieren. »Wenn du«, sagt Papst Franziskus, »vor einem Atheisten stehst, der dir sagt, dass er nicht an Gott glaubt: dann kannst du ihm eine ganze Bibliothek vorlesen, in der es heißt, dass es Gott gibt, du kannst auch beweisen, dass es Gott gibt – und er wird keinen Glauben haben. Wenn du aber vor diesem Atheisten ein Zeugnis der Kohärenz christlichen Lebens gibst, wird etwas in seinem Herzen zu arbeiten beginnen. Es wird gerade dein Zeugnis sein, das ihn in Unruhe versetzt, eine Unruhe, an der der Heilige Geist arbeitet. Das ist eine Gnade, um die wir alle, die ganze Kirche, bitten müssen: ›Herr, lass uns kohärent sein!‹«.

Der vierte Punkt: Wer sich in die Schule des Herrn begibt, schreitet fort im Glauben. Er führt ein spirituelles Leben – und das bedeutet: von Gott inspiriertes inneres Wachstum in Beziehung, in Krisen erfahrene Reifung. Weithin sind wir eine Kirche der Konsum-Christen geworden; viele lassen sich betreuen und nutzen pastorale Angebote, wenn sie kein besseres TV-Programm an den Sessel bindet, anstatt sich mit Jesus und anderen Christen auf einen gemeinsamen Weg der Transformation zu machen, der hinter jeder Wegbiegung neue, faszinierende Ausblicke gewährt. Die Tristesse der Konsum-Christen: Sie stagnieren, weil sie keine wirklichen Wunder in ihrem Leben erwarten. Sie schreiten deshalb auch nicht fort. Das Leben erscheint ihnen, wie es ist, und das Christliche darf nur die Sauce sein über dem immer gleichen Pudding. Es braucht diese fortgeschrittenen, erfahrenen Christen, die eine Geschichte mit Jesus haben und ein Zeugnis aus erster Hand geben können, dass Jesus lebt und sich in ihre Biographie eingezeichnet hat.

Der letzte Punkt spricht das Ziel an. Benedikt von Nursia gibt eine bedenkenswerte Verheißung für den, der sich in die Schule des Herrn nehmen lässt: Einem solchen »Schüler« wird das »Herz weit und er läuft in unsagbarem Glück der Liebe den Weg der Gebote Gottes«. Weites Herz! Unsagbares Glück! Große Worte! Niemand sollte überrascht sein, die »Freude« an zentraler Stelle in *»Evangelii Gaudium«* wiederzufinden. Papst Franziskus spricht die gleiche wuchtige Verheißung einer evangelisierten, vom Evangelium her neu formierten Kirche zu: »Die Freude des Evangeliums erfüllt das Herz und das gesamte Leben derer, die Jesus begegnen. … Mit Jesus Christus kommt immer – und immer wieder – die Freude.«

4. Plädoyer für eine Kirche mit Mission

Weit über die Freikirchen hinaus gibt es heute auch in der katholischen Kirche eine neue Sehnsucht nach Gemeinden und Gemeinschaften, die nicht mehr Zuschauerkirche sind, die stattdessen eine von vielen getragene missionarische Dynamik entfalten. Immer mehr Laien und Priester machen sich Gedanken, wie wir uns neu aufstellen. Sie sind dankbar für den Stichwortgeber Papst Franziskus, der bereits im Vorkonklave vor der selbstbezogenen Kirche warnte und sich nicht einmal scheute, die statusorientierte, auf sich und die internen Bedürfnisse fixierte Kirche als »krank« zu bezeichnen und zu verweisen, auf die »verkrümmte Frau«, also eine Person, die deformiert ist. Franziskus hat auch die notwendige Kurskorrektur angesprochen: »Die um sich selbst kreisende Kirche glaubt – ohne dass es ihr bewusst wäre – dass sie eigenes Licht hat. Sie hört auf, das »Geheimnis des Lichts« zu sein, und dann gibt sie jenem schrecklichen Übel der »geistlichen Weltlichkeit« Raum (nach Worten de Lubacs das schlimmste Übel, was der Kirche passieren kann). Diese Kirche lebt, damit die einen die anderen beweihräuchern. Vereinfacht gesagt: Es gibt zwei Kirchenbilder: die verkündende Kirche, die aus sich selbst hinausgeht, die »das Wort Gottes ehrfürchtig vernimmt und getreu verkündet»; und die verweltlichte Kirche, die in sich, von sich und für sich lebt.«

Papst Franziskus hat eine klare Linie vorgezeichnet: Will die Kirche nicht zu einem amorphen Gebilde werden, will sie wieder anziehende »Gestalt« gewinnen und in Fahrt kommen, muss sie aus sich herausgehen. Schluss mit der Selbstbespiegelung! Mit dem Pochen auf Rechten und Privilegien! Rein in den Dienst an denen an den Rändern! Aufbruch hin zur Freude des Evangeliums! Das geht nur über Evangelisierung; und »Evangelisierung setzt apostolischen Eifer voraus«.

Was ist apostolischer Eifer? Es ist ein Maßnehmen am Optimismus der frühen Kirche, am Mut der Apostel, besonders des großen Völkermissionars Paulus. Lesen wir doch deshalb wieder die Apostelgeschichte, lesen wir die Paulusbriefe! Man muss nur einmal drei Sätze Paulus oder drei Seiten Apostelgeschichte lesen, um erschlagen zu werden von der Evidenz des Missionarischen im Neuen Testament. Man versteht sofort, dass Mission nicht etwa nur ein Moment der christlichen Anfangsdynamik ist, dieser dreißig Jahre, in denen fast die ganze bekannte antike Welt ins Christliche umkippte. Wo die Kirche lebt, da ist Mission. Und wo Mission ist, da lebt die Kirche. Entdecken wir in uns die mystischen Treiber, die stark genug waren, einen Paulus aus seinem biographischen Gefängnis heraus und zu immer neuen Menschen zu führen! Von der Realität des Auferstandenen berührt, fühlte er sich förmlich getrieben, die göttlichen *breaking news* zu überbringen. Wir brauchen es, dass Gott dieses Feuer noch einmal in uns erweckt. Wir brauchen von oben einfallende Leidenschaft, die uns packt und dazu bewegt, den Glauben als das Kostbarste, was wir haben, weiterzugeben, von Mensch zu Mensch, von Generation zu Generation. Das ist »apostolischer Eifer«.

»Apostolischen Eifer« forderte auch das Konzil mit großem Nachdruck. Die Konzilsväter sahen in Mission nicht einen Appendix zum normalen Programm; sie begründeten Mission aus der Trinität heraus und fokussierten die Kirche darauf: »Die pilgernde Kirche ist ihrem Wesen nach »missionarisch« (d. h. als Gesandte unterwegs), da sie selbst ihren Ursprung aus der Sendung des Sohnes und der Sendung des Heiligen Geistes herleitet gemäß dem Plan Gottes des Vaters.« (Ad Gentes 2). Mit anderen Worten: Wie der christliche Gott nicht ohne Sendung zu denken ist, so gehen Kirche und Gemeinde nicht ohne Mission. Und wo sie es historisch doch versuchten, versiegte ihre Kraft, verfiel ihre Gestalt.

Betrachten wir den Missionsbefehl einmal genauer – und durchaus auch kritisch in Hinsicht auf uns selbst. Machen wir, was da steht, was von Jesus gefordert ist? Jesus spricht zunächst von der »Macht im Himmel und auf der Erde«, die ihm gegeben ist: »Darum geht zu allen Völkern und macht alle Menschen zu meinen Jüngern, tauft sie auf den Namen des Vaters und des Sohnes und des Heiligen Geistes und lehrt sie alles zu befolgen, was ich Euch geboten habe« (Mt 28,18-19). Dann sendet er.

Bei Licht betrachtet, besteht der Missionsbefehl aus drei Teilen, die es auch *en detail* in sich haben: 1. Macht alle Menschen zu meinen Jüngern … 2. Tauft sie … 3. Lehrt sie alles zu befolgen, was ich Euch geboten habe … Ja, wir taufen noch (ad 2). Aber haben wir dann die Absicht, diese Menschen, die sich taufen lassen (ad 1), auch noch zu Jüngern zu machen, und zwar »alle«? So steht es ja im Missionsbefehl. Was heißt das überhaupt – Jünger? Braucht man das zum Christsein? Die sich ausbreitende Hilflosigkeit angesichts der Forderung Jesu müsste uns nachdenklich machen. Alle »religiösen Enthusiasten«, so lesen wir bei Wikipedia, hätten »Jünger« um sich versammelt, und es fallen Begriffe wie »Schüler«, »ergebene Gefolgsleute«. Und dann wird da im Missionsbefehl auch noch das Befolgenlehren dessen angeführt, was Jesus (ad 3) geboten hat. Es steht auch nicht gerade im Fokus der Bedürfnispastoral.

Die Annahme darf gelten, dass wir den Missionsbefehl Jesu nur höchst fragmentarisch auf uns und die uns anvertrauten Menschen anwenden. Machen wir uns nichts vor: Vielerorts haben wir es mit dem kuriosen Faktum »jüngerfreier« Gemeinden zu tun, mit Gemeinden also, die weiter unterhalten und bespielt werden, solange das Geld da ist. Man hat sich damit abgefunden, dass sie aus passiven (»getauften«) Mitgliedern bestehen, denen man Angebote unterbreitet. Das Christliche ist aber kein Angebot, sondern eine Offenbarung. Glücklich macht das keinen – nicht die Leute und nicht die Seelsorger, die auf je eigene Art in der Entfremdung leben. Der Schlüssel zum Thema missionarische Ausstrahlung liegt im Neuen Testament bereit: im Wort »Jünger«.

5. Wie man Christ wird und die Freundschaft entdeckt

Das Wort »Christ« kommt erstaunlicherweise schon im Neuen Testament vor, nämlich in 1 Petr 4,16, wo es heißt: »Wenn er aber leidet, weil er Christ ist, dann soll er sich nicht schämen, sondern Gott verherrlichen, indem er sich zu diesem Namen bekennt.« Man kann aber noch weiter zurückgehen, in die Zeit Jesu, und die »Christen« in denen finden, die in den Evangelien »Jünger« heißen. Jesus sieht zwei Fischer am See Genezareth (Mt 4,18ff) und ruft sie in seine Nähe. Bei Johannes sind es zwei, die etwas von Jesus gehört haben und ihm von sich aus folgen; Jesus fragt sie: »Was wollt ihr? Sie sagten zu ihm: Rabbi – das heißt übersetzt: Meister -, wo wohnst du? Er antwortete: Kommt und seht! Da gingen sie mit und sahen, wo er wohnte.« (Joh 1,38-39). Anschauungsunterricht.

In der Folge sehen wir, dass diese Jünger, die mitgehen, dadurch unersetzliche Erfahrungen im Nahbereich machen, regelrecht geschult und sogar geprüft werden (Joh 6,68: »Wollt auch ihr weggehen?«), bis hin zur gewaltigen Szene, in der Petrus zum ersten Glaubensbekenntnis (damit zum Prototyp christlichen Bekenntnisses überhaupt) provoziert wird. »Da sagte er zu ihnen: Ihr aber, für wen haltet ihr mich? Simon Petrus antwortete: Du bist der Messias, der Sohn des lebendigen Gottes!« (Mt 16,16). Dieser Prozess, den die Jünger durchmachen, endet in Joh 15,15 mit einer Art Erhebung in den Adelsstand: »Ich nenne euch nicht mehr Knechte (Sklaven); denn der Knecht weiß nicht, was sein Herr tut. Vielmehr habe ich euch Freunde genannt; denn ich habe euch alles mitgeteilt, was ich von meinem Vater gehört habe.«

Was ist ein »Freund«? Sallust (86 v. Chr. – 35 v. Chr.), den Augustinus hoch schätzte, fand vor Jesus eine Formulierung, die so auch im Neuen Testament stehen könnte: Freundschaft sei »*Idem velle atque idem nolle, ea demum firma amicitia est*« – dasselbe zu wollen und dasselbe nicht zu wollen, darin besteht feste Freundschaft. »Die Freundschaft«, sagt die französische Philosophin Simone Weil, »soll eine Freude sein, die unentgeltlich zuteil wird, wie die Freuden der Kunst oder des Lebens. … Sie ist eine Art Gnade.« Sie spricht sogar besonders von der »Freundschaft für die Freunde Gottes«. Da man die Worte Freund, Jünger und Christ synonym verwenden kann, ist ein Christ also ein aus Gnade zur Freundschaft berufener Mensch, ist Freund Christi und Freund der Freunde Christi, auch das ein Plädoyer für die Einheit. Er ist jemand, der die Nähe zu Jesus sucht, oder dazu eingeladen wird, der ihm jedenfalls nachgeht oder nachfolgt, und der in der Folge dasselbe will, was Jesus will und dasselbe nicht will, was Jesus nicht will. Jesus ist absolut offen zum Jünger (» … ich habe euch alles mitgeteilt«, Joh 15,15); er erwartet das Gleiche aber auch von dem, der seine Freundschaft annimmt. Es geht also um ein inniges Vertrauensverhältnis, das Einblicke in die intimsten Dinge mit einschließt.

Das Johannesevangelium ist über weite Partien hinweg eine einzige große Jüngerschulung. Satz für Satz erschließt Jesus seinen Freunden den Willen des Vaters, man könnte auch sagen: den Sinn der Welt. Der Jünger hat Jesus kennengelernt, ist bei ihm in die Schule gegangen, ist von ihm geprüft worden und hat die Prüfung durch sein Bekenntnis bestanden. Er hatte die Möglichkeit wegzugehen, aber er hat sich für die Freundschaft entschieden. In Lk 10,1 sind es 72 dieser Freunde, die von Jesus eine – nein, *die* Mission bekommen. Sie sollen »zu zweit« (also in Gemeinschaft und gegenseitiger Ermutigung zur Zeugenschaft) in die Städte und Ortschaften gehen, »in die er selbst kommen wollte« – ein wichtiger Halbsatz. Es ist also eine vorbereitende, eine gewissermaßen adventliche Mission. Die Freundschaftsbeziehung kulminiert im letzten großen Dienst Jesu an seinen Freunden, der Fußwaschung (Joh 13), in der alles enthalten ist, was die Jünger »jetzt noch nicht« (Joh 13,7) verstehen können: den Tod aus Liebe. Und er gibt seinen Jüngern noch die fundamentale Lebensregel mit für alle zukünftigen Gemeinschaften in seinem Namen: »Wenn nun ich, der Herr und Meister, euch die Füße gewaschen habe, dann müsst auch ihr einander die Füße waschen.« (Joh 13,14).

Als Jesus Jünger um sich scharte, schuf er also einen Freundeskreis und er zählte auf alle Werte, die Freundschaft ausmachen. Ein Freund wird man freiwillig. Freunde teilen miteinander ihr Leben und ihre Erkenntnisse. Freunde denken füreinander mit, ja sogar voraus. Freunde haben eine hohe Identifikation, wobei Jesus den Bogen auszog: »Es gibt keine größere Liebe, als wenn einer sein Leben für seine Freunde hingibt.« (Joh 15,13).

Wenn es manchmal auch so aussieht: Es gibt keinen Vorstandsvorsitzenden im Vatikan, dem es obliegt, sein Unternehmen mit einem straff zu führenden Heer von Sakralbeamten zum Erfolg zu führen. Das Petrinische ist nur ein Moment an der Kirche. Mindestens so sehr basiert die Kirche auf Freundschaft, auf der Gemeinschaft von Jüngern, die aus persönlicher Berufung Kirche sind und die Kirche auf ihre Weise mitentwickeln. Die Überbetonung des Hierarchischen führt allzu häufig zu einem Strukturmodell, in dem es in Gemeinden nur zwei Sorten von Menschen gibt. Betreuer und Betreute: Die einen, vornehmlich Hauptamtlichen, sind oben und vorne und machen das Programm; die anderen, die Laien, sind unten und hinten und dazu verurteilt – wenn sie nicht auch davon träumen, vorne und oben zu sein, etwa indem sie auch einen Dienst wahrnehmen oder ein Pöstchen erobern – das Programm zu goutieren und zu applaudieren. Mit Freundschaft hat das wenig zu tun.

Christsein, Kirche, Mission – all diese Dinge wird man neu verstehen, wenn man sie vom Thema Jüngerschaft her begreift. Ein Christ ist ein Jünger, also ein Freund Jesu, er lebt in intimem Austausch mit seinem Herrn; er identifiziert sich mit ihm und bewältigt in Gemeinschaft seine Mission – und diese Mission ist eine Freundschaftsmission, keine gewalttätige Überrumpelung. Der Christ ist dazu da, dass er Menschen in die Freundschaft mit Jesus einlädt und das Ankommen Jesu im Einzelnen vorbereitet. Und zwar im Namen Jesu. Das, und nichts anderes heißt »Macht alle Menschen zu meinen Jüngern«; es geht nicht um Anwerben oder Herbeikeilen, auch nicht um Macht, Einfluss, Seelenrettung, geistige Lufthoheit, Mitgliederzahlen; es geht um das Geschenk der Freundschaft mit Jesus. Das ist die Verkündigung, die den Freunden Jesu aufgetragen ist. »Der Herr hat uns ausgesandt, um zu verkündigen, nicht um Proselyten zu machen«, sagt Papst Franziskus.

Wie man nach Christus Christ werden, kann man sehr gut in der frühen Kirche studieren, in der Institution des Katechumenats. Das Katechumenat ist die Jüngerschulung der Kirche. Wie diese führt sie zu Jesus und artikuliert sich sakramental als der Leib Christi. Der Weg der Katechese, der im österlichen Taufmysterium gipfelt, belegt beispielhaft, wie Integration geschah: durch Teilen. Durch Teilen von Leben und Lehre, durch schrittweises, freundschaftliches Anteilgeben von Leben, durch Mitteilung von Lehre, durch Verkündigung, Betrachtung, Gebet. Die Aufnahme in die Kirche geschah in der Taufe. Sie bestand, wie jedes Sakrament, aus *signum* und *verbum*, – einem heiligen Zeichen und einem bezeichnenden Wort. Der Täufling musste das *verbum*, den *logos*, die Vernunft, den Sinn des Sakraments kennen, um das *signum* zu empfangen und ihm zuzustimmen. Dazu diente der gewaltige Vorlauf an Initiation. Die Zustimmung bedeutete nicht nur die Wirkung des Sakraments, auch nicht nur die Aufnahme in den Leib Christi – sie bedeutete den Beginn einer Praxis. Ein praktizierender Christ wurde geboren.

Das Katechumenat ist die zentrale Initiation in Kirche und Christsein. Sie ist durch nichts zu ersetzen. Mit anderen Worten: Man kann weder Christ werden noch Christ sein, wenn man diesen Prozess nicht durchlaufen hat, notfalls auf dem zweiten Bildungsweg. Denn: Katechese kann man nachholen. Die Fremdworte Evangelisierung oder Neuevangelisierung bedeutet nichts anderes als: sich neu befreunden mit dem Glauben, ihn gemeinschaftlich in der Tiefe kennenlernen und darüber den Sinn dafür und die Freude daran wiederfinden.

6. »Man kann nur lieben, was man kennt.« (Thomas von Aquin)

Als Kaiser Konstantin zum Christentum fand, holten er und seine Nachfolger die Altäre der Christen aus den Katakomben und Hauskirchen in repräsentative Kulträume, in denen der Gekreuzigte plötzlich byzantinisch verehrt wurde. Die erste Peterskirche, die Kaiser Konstantin errichten ließ, übertraf die Hauskirche von Dura Europos – eine der ältesten nachweisbaren Kirche der Welt – um das 120fache. Dennoch ist es eine Frage wert, ob er der Kirche damit eine Aufwertung oder eine Entfremdung angedeihen ließ. Und es ist eine zweite Frage wert, ob die Erneuerung der Kirche nicht wieder ein »Zurück in die Häuser!« und Freundeskreise erforderlich macht. Gewaltige Sakralräume können zum irrigen Gedanken verführen, die Kirche fände vornehmlich in der Kirche statt und die Berufung des Laien bestünde eher in der Eroberung der Sakristei als der Eroberung der Welt.

Wenn eines sich in den evangelikalen Aufbruchsbewegungen als fruchtbar herausgestellt hat, dann ist es das Revival der kleinen Zellen, der Hauskreise, und damit die Reprivatisierung des Christlichen, in gewissem Sinn auch seine Entprofessionalisierung. Gemeint ist wohlgemerkt nicht der Rückzug des Christlichen aus dem öffentlichen Raum, sondern der Wiedereinzug des Christlichen in die private Welt, in Gebetskreise, Freundesrunden, Arbeitsgruppen, Bibel- und Gesprächsrunden, Netzwerke, Studiengemeinschaften, in Gemeinschaftsformen also, die sich privat und in überschaubaren Größenordnungen zusammentun, und zwar mit einem klaren Fokus auf das, was den Unterschied macht: auf Jesus, den Auferstandenen, der in der Mitte seiner Jünger lebt. Die Hauskirche ist zunächst der Ort, wo ein Christ zum anderen findet, wo der Nukleus eines Jüngerkreises entsteht, der genug Feuer in sich hat, um aus der Freundschaft mit Jesus zum anderen hin offen zu sein, zum anderen hin aufzubrechen. In der Apostelgeschichte waren es die Frauen, die ihre Häuser öffneten und der

Ausbreitung des Glaubens Tür und Tor öffneten. Wenn die Häuser und Wohnungen wieder christlichen Geist atmen – und nicht erst die Pfarrbüros und Pfarrheime – entsteht das, was man »Milieu der Mission« nennen könnte: ein unprätentiöser Ort der Gastfreundschaft, an dem man Leben und Lehre, Essen und Erfahrung, Freunden und Leiden mit Menschen aus dem Nahbereich teilen kann. Hier kann *ekklesia* – Volksversammlung, dieses uralte Wort für Kirche – wieder satt an Realität werden, weil ein Raum der Freundschaft da ist, der andere, die vage nach etwas an Sinn oder Gemeinschaft oder Transzendenz suchen, mit einbezieht.

Es ist eine kühne Vision, aber ich glaube daran, dass Menschen danach hungern, sich über die tiefsten Dinge auszutauschen, statt von einer Barbecue-Party zum nächsten Fress-Event zu wandern. Wir müssen nur den Mut dazu haben, unsere Privathäuser zu öffnen und den Rahmen zu schaffen für die geistige Begegnung und das Glaubensgespräch – wie es vorbildlich von *Alpha* und anderen Initiativen gemacht wird. Ich glaube nicht mehr an den großen »Dialog« in 27 Bildungshäusern, sondern an das tausendfache Gespräch von überzeugten und überzeugenden Jüngern mit ihren Nachbarn, Freunden, Verwandten und Arbeitskollegen. Dort geschieht die Mission, die Jesus uns aufgetragen hat – von Mensch zu Mensch, von Mund zu Mund, von Herz zu Herz. Mission ist gewissermaßen die Liquidation der Kirche, ihre Verflüssigung und »Demokratisierung«. In diesem Kontext werden die Gegenstände des Glaubens plausibel, dort entsteht die verbindliche *Communio*, die mehr zu bieten hat als wohlfeile Sprüche. »Man kann nur lieben, was man kennt«, sagt Thomas von Aquin. Wie wichtig ist es, dass Menschen das Christentum durch liebenswerte Zeugen kennenlernen! Und wie wichtig ist es, dass es Zeugen gibt, die ihre Berufung lieben, weil sie tiefe und nachhaltige Kenntnisse davon erworben haben.

Zwei Bücher sind es, die Jünger brauchen, um Jünger zu werden – die Bibel zuerst und dann den Katechismus. Es gab Zeiten, da hielt man katholische Christen von der Bibel fern und baute ganz auf den Katechismus – da stand doch alles drin, was ein

Christ wissen muss, um ein Christ zu sein. Dann lernte man von evangelischen Christen die überragende Bedeutung der Heiligen Schrift kennen und warf den Katechismus in die Tonne. Wahr ist: Man braucht beides. Alle Reformbewegungen in der katholischen Kirche sind Früchte einer Relecture der Heiligen Schrift, einer vertausendfachten Konzentration auf das lebendige, Leben schaffende Wort Gottes. Millionen von katholischen Christen haben entdeckt, dass man an der Quelle trinken kann, dass man sich von Gottes Wort im konkreten Alltag führen, heilen, versöhnen, ermutigen und auf den Weg schicken lassen kann. Aber was wüsste man vom Glauben und Leben der Kirche, würde man sich nur auf die Bibel und nicht auch auf die Überlieferung der Kirche beziehen? Man wüsste nicht, warum die Gemeinschaft der Kirche die Zehn Gebote hochschätzt und ausgerechnet sieben Sakramente bekennt, warum Christi Himmelfahrt nicht Vatertag ist, warum die Kirche überhaupt ein Kirchenjahr mit zyklisch wiederkehrenden heiligen Erinnerungen, mit ritueller Umkehr und jubelnden Festen kennt. Man wüsste nicht, warum die Kirche den Sonntag hochhält, warum es Priester, Bischöfe, ein Amt in der Kirche gibt, warum wir an die Trinität glauben und uns am Sonntag zur Eucharistie versammeln: Dinge, die in jedem Katechismus zu finden sind. Glaube ist nicht ein Anhängen an einen fernen historischen Jesus, sondern die Erfahrung Jesu in der ihn vermittelnden Kirche, einem Ort, wo man wohnen kann in guten Konkretisierungen göttlicher Ordnung und mit lebensfördernden Regeln. Der Katechismus hält auch die feineren, milieubildenden Momente im kollektiven Gedächtnis und bringt sie zum Leuchten. Der Katechismus ist der hermeneutische Schlüssel zur Kirche. Er ist das Buch, in dem all das zusammenhängend benannt, vernünftig erhellt und kirchlich verbürgt wird, was man begründet erhoffen darf, notwendig glauben und konsequent tun sollte, um Christ zu sein. Die Alternative zum Wachsen im Glauben in lebendiger Auseinandersetzung mit dem Proprium des Glaubens heißt: Synkretismus, Eklektizismus, Halbwissen, Eigenbau. Also gar nichts.

Man braucht beides, die Bibel und den Katechismus. Denn man kann eben »nur lieben, was man kennt«. Es gibt eine echte Chance, dass Christen wieder Profil gewinnen und die Kirche wieder eine Gestalt und ein unverwechselbares Format bekommt. Der Weg zu einer missionarischen Kirche führt über eine neue Lernbewegung des Glaubens, über Laien, die sich mit Bibel und Katechismus bilden, die Lust auf tiefere Kenntnisse haben, die sich zusammentun und in Liebe und im Aufeinanderhören über das Größte in der Welt und darüber hinaus nachdenken: über Gott. Sie werden andere einbeziehen, weil »es« überfließt in ihnen.

Eine der schönsten Geschichten, die ich mit dem Jugendkatechismus *YOUCAT* erlebt habe, habe ich gar nicht selbst erlebt. Ein Mann, Mitte vierzig, erzählte sie mir vor Kurzem. Der Pfarrer hatte ihn und andere Leute aus der Pfarrei flehentlich gebeten, eine Gruppe von Firmlingen zu übernehmen. Als der Pfarrer den Raum verlassen hatte, schauten sich die Angesprochenen ratlos an. Jemand sagte: »Seien wir doch mal ehrlich, wir haben keine Ahnung!« Alle nickten, aber einer sagte: »Wir haben zwar keine Ahnung, aber wir haben noch jede Menge Zeit, bis der Firmkurs beginnt. Wir könnten doch was tun!« Jemand schlug vor, sich wöchentlich zu treffen und den YOUCAT zu lesen und zu diskutieren. Darauf verständigte man sich. »Und wissen Sie was«, sagte der Mann, »es war das Beste, was uns je eingefallen ist. Wir starteten. Und uns gingen die Augen auf. Wir brannten förmlich darauf, mit unseren Jugendlichen den Glauben zu teilen, dessen Wert wir selbst zum ersten Mal in unserem Leben kennengelernt hatten.«

Miteinander im Freundeskreis den Glauben entdecken – das kann mehr Spaß machen als miteinander spielen, kochen, Filme anschauen. Es bildet nicht nur, es bringt Menschen in der seelischen Tiefe, in der Jesus in uns wohnt, zusammen. Und dann wird auch die große Vision vom Kreis der Gemeinde wahr. Dann werden sich nicht mehr Zuschauer, sondern Jünger und wachsende Jüngerkreise um den Altar versammeln, zu diesem Fest ohne Ende, zu dem man unbedingt kommen muss.

Martin Iten

8. Wir wollen missionieren, nicht indoktrinieren.

Die Mission Jesu zu überbringen, hat stets den Charakter einer Einladung; Mission ist die Sehnsucht, die eigene Freude mit jemandem zu teilen; ein freies, respektvolles Angebot an freie Menschen. Mission bedeutet, den Menschen die Füße zu waschen, nicht den Kopf. Sie überredet nicht, übt keinen Druck aus, ist mit Zwang oder Gewalt unvereinbar. Christen sind nicht nur tolerant gegenüber Andersdenkenden, – sie engagieren sich sogar aktiv für Religionsfreiheit. Den Wahrheitsanspruch des christlichen Glaubens vertreten wir ohne jede Aggression. Wir können unmöglich schweigen von der Hoffnung, die uns erfüllt (1 Petr 3,15)

Ich kann mir vorstellen, dass diese These für einige Leser, besonders für solche, die der Kirche gegenüber kritisch eingestellt sind, provokativ rüberkommt. Viele einzelne Erzählungen verdichten sich ja gerade zu der einen großen Erzählung von »Mission«: Die Kirche sei tief verstrickt in blutige Übergriffe »christlicher« Machthaber auf Länder und Völker. Sie sei beteiligt an der Plünderung und Zerstörung intakter Lebenswelten. Am Ende habe man den Menschen nicht nur ihr Land, sondern auch noch ihre Seele geraubt – durch Mission.

Obwohl die Kreuzzüge rein historisch keine Bekehrungskriege waren, sind die Worte Mission und Kreuzzug im Bewusstsein vieler Menschen heute Synonyma. Mit Feuer und Schwert habe man dafür gesorgt, dass die Menschen zu Kreuze kriechen. Die Redewendung entstammt einem mittelalterlichen Brauch; damals bewies man Bußgesinnung, indem man am Gründonnerstag oder Karfreitag auf den Knien zum Altarkreuz kroch. Missioniert werden und sich bekehren hieß lange: sich subtiler Gewalt und äußerem Druck beugen. Angesichts der Bekehrung eines Freundes schrieb Heinrich Heine 1825 das Gedicht »Einem Abtrünnigen«, und darin die Verse:

»Und du bist zu Kreuz gekrochen,
zu dem Kreuz, das du verachtest,
das du noch vor wenig Wochen
in den Staub zu treten dachtest!«

1851 allerdings dachte Heine anders: »Wenn man auf dem Sterbebett liegt, wird man sehr empfindsam und möchte Frieden machen mit Gott und der Welt … Gedichte, die nur halbwegs Anzüglichkeiten gegen Gott enthielten, habe ich mit ängstlichem Eifer verbrannt.«

Also: Mission als Ausdruck der Gewaltgeschichte des Christentums? Auch wenn es eine Menge »schwarzer Legenden« und historischer *fake news* gibt, auch wenn der historische Zusammenhang von Mission und Gewalt meist um ein Vielfaches überzeichnet wird, so ist leider nicht zu bestreiten, dass kirchliche Missionsbestrebungen oft alles andere als vorbildlich verliefen und sich keineswegs immer am Geist des Evangeliums orientierten. Tatsächlich hat die Kirche ihre Missionstätigkeit nicht selten im Windschatten grausamer Despoten und Eroberer betrieben. Sie hat dabei große Schuld auf sich geladen und viel Leid verursacht, selbst wenn es den »Indioapostel« Bartolomé de las Casas und die wunderbaren Jesuiten-Reduktionen in Paraguay gab. Faktisch hat die Kirche genau die Grundsätze, wie wir sie in These acht des **Mission Manifest** formulieren, über weite Strecken missachtet. Das hängt ihr bis heute nach. Nicht wenige Menschen neigen deswegen auch dazu, der Kirche jedes Recht auf Missionstätigkeiten abzusprechen. Es gibt derzeit vielfältige politische

Bestrebungen, Religion in die Privatsphäre zu verbannen. Das sind deutliche Ansagen an das Christentum, der säkularisierten Gesellschaft doch ja nicht wieder missionarisch zu kommen. Gewiss sind diese Forderungen meist der weiter um sich greifenden Säkularisierung und einer grundsätzlichen Überforderung im Umgang mit anderen Religionen geschuldet. Aber sie finden in der Gesellschaft vermehrt Anklang: Mission gilt als gefährlich, als eine Sache von Radikalen, mindestens von Fundamentalisten. Damit sollten zivilisierte, tolerante Zeitgenossen nichts am Hut haben. Auch innerkirchlich hat der Begriff »Mission« mancherorts keinen guten Klang, weckt er doch bei den Leuten nur schlechte Assoziationen. Man denkt an Manipulation, Gewalt, Indoktrination und Intoleranz. Und dies, obwohl der Begriff »Mission« draußen in der Welt gerade Konjunktur hat wie kaum einer sonst. Alle haben sie eine »Mission« in Marketing, Wirtschaft oder Sport. Das Wort »Mission« wird gerade neu und total positiv geladen und überall angewandt.

1. Die Begriffe wieder heimholen

Mission ist nicht der einzige Begriff, der der Kirche abhanden gekommen ist. Auch andere, zutiefst christliche Begriffe wie Liebe, Freiheit, Respekt oder Toleranz hat man von ihrem Ursprung abgespaltet. Sie sind neu eingefärbt und man hat vergessen, dass sie Begriffe mit stark christlicher Einfärbung und Entstehungsgeschichte sind. Der Jugendbischof der deutschen Bischofskonferenz, Stefan Oster, spricht in diesem Kontext gar von der derzeitigen »Pervertierung« des Begriffs »Liebe«. Liebe müsse heutzutage für alles Mögliche herhalten, alles Mögliche gelte als Liebe – und irgendwie auch nichts. Jedenfalls denkt der durchschnittliche säkularisierte Mensch des 21. Jahrhunderts in seiner Meditation über Liebe bestimmt nicht an: »Es gibt keine größere Liebe, als wenn einer sein Leben für seine Freunde hingibt« (Joh 15,13).

Ähnliches gilt für das derzeitige Lieblingswort Toleranz, das wie kaum ein anderer Begriff in politische Debatten Eingang gefunden hat. »Toleranz« ist zur Richtschnur der Richtschnüre geworden und es fehlt nicht an Instanzen, die sich die moralische Flughoheit über das anmaßen, was mit ihrem Begriff von Toleranz vereinbar ist und dem, was der allgemeinen Ächtung zu verfallen hat. »Toleranz« wird von wahr und falsch abgekoppelt und so zur totalitären Waffe der Willkür; sie soll schützen, was ich so haben will, wie ich es gerade haben will und worin mir niemand hereinreden soll. Ursprünglich war sie die Tugend, die man aufbringen musste, um eine andere Meinung zu »tolerieren«, selbst wenn sie falsch ist. Jede Aussage mit Wahrheitsanspruch ist in diesem Horizont ein Ausweis der »Intoleranz«; das gilt auch für: »Ich bin der Weg, die Wahrheit und das Leben« (Joh 14,6). Sorry, Jesus – ein Weg, eine Wahrheit, eine Variante von Leben! Ein Hoch auf die Vielfalt! »Ich missbillige, was du sagst, aber ich werde bis zum Tod dein Recht verteidigen, es zu sagen." Dieser Satz stammt nicht von Voltaire, dem er häufig zugeschrieben wird, sondern von Evelyn Beatrice Hall. Er fasst aber zusammen, was Toleranz in Wahrheit ist. Nicht das Ausradieren unerwünschter Ansichten, sondern die Ermöglichung der freien, unzensierten Meinungsäußerung.

Im Würgegriff der neuen »Toleranz« nimmt sich unsere christliche Verkündigung und Mission natürlich völlig unmöglich aus. Dabei kommt Toleranz von tolerare: ertragen, aushalten, erdulden. Jesus war tolerant: Er ertrug die Ehebrecherin, aß mit Zöllnern und Sündern und trug unsere Sünden. Wir müssen diese Begriffe, die in ihrer ursprünglichen Definition zutiefst christlich geprägt sind, wieder an uns nehmen und sie im Licht des Evangeliums neu leuchten lassen. Beispielsweise durch engagiertes Eintreten für Religionsfreiheit. Wie schön wäre es, wenn Katholiken in der Gesellschaft als jene Menschen wahrgenommen werden, die als Zeugen von echter Liebe und Toleranz leben? Und zwar nicht nur, weil es ihnen Raum gibt, sondern weil es allen Raum gibt. Haben wir die Lektion schon gelernt, die der evangelische Theologe Martin Niemöller nach dem Nazi-Gau so unvergleichlich auf den Punkt brachte? »Als die Nazis die Kommunisten holten, habe ich geschwiegen; ich war ja kein Kommunist. Als sie die Sozialdemokraten einsperrten, habe ich geschwiegen; ich war ja kein Sozialdemokrat. Als sie die Gewerkschafter holten, habe ich geschwiegen, ich war ja kein Gewerkschafter. Als sie mich holten, gab es keinen mehr, der protestieren konnte.« Wir sollten es als Herausforderung und Chance sehen, dass wir in dieser Zeit die Möglichkeit haben, uns gerade durch diese – uns scheinbar verloren gegangenen – Begriffe neu einzubringen. Zur missionarischen Kommunikation unserer Zeit gehört es, dass wir aktiv zur Klärung der Begriffsdefinitionen beitragen und die Perspektive von Hoffnung, Liebe und Glaube einbringen.

2. Mission außerhalb des christlichen Freundeskreises

Als Christen sind wir in Gefahr, uns im geistlichen Leben in unsere wohligen Gemeinschaften zurückzuziehen, dorthin, wo uns niemand schwierige Fragen stellt und wir unseren Glauben in vermeintlich sicherer Umgebung ausleben können. Das ist einerseits verständlich, ist doch der Wind, der gläubigen Christen entgegenbläst, deutlich rauer geworden; am Arbeitsplatz, in der Schule, ganz allgemein in der Gesellschaft. Angesichts dessen ist verlegenes Schweigen und eben ein solcher Rückzug schlicht und einfach nur fatal. Die Folgen sind verheerend. Unsere aktuelle Kirchen- und Glaubenskrise, so meine ich, ist eine konkrete Folge davon. Persönlich habe ich durch Freundschaften mit unterschiedlichsten Leuten aus nichtchristlichen Kreisen die wertvollsten Erfahrungen machen dürfen, auch auf meinem Glaubensweg. Mission funktioniert nur, wenn wir unsere »»Blasen« und Kuschelzonen verlassen. Freundschaften außerhalb der christlichen Milieus helfen nicht nur dabei, dass man den Anschluss nicht verliert, sondern sind auch bestes Missionsfeld.

Eine spezielle Geschichte verbindet mich mit Valentin Abgottspon, einem bekennenden Atheisten, der prägenden Einfluss auf die öffentliche Meinung in der Schweiz hat. Bekannt wurde Valentin einer breiteren Öffentlichkeit Ende der Nullerjahre, als er als Lehrer in seinem Schulzimmer das Wandkreuz entfernte und sich – entgegen der Weisung seiner Schuldirektion – auch weigerte, es wieder anzubringen. Dies führte zum Eklat und schließlich zu seiner Entlassung. Valentin ging mit seiner Geschichte in die Medien und äußerte sich seither immer wieder wortreich zu Fragen der Trennung von Kirche und Staat. Als »Säkularisationsbeauftragter« der Freidenker-Bewegung, die dem sogenannten Neuen Atheismus nach Richard Dawkins zugeordnet werden kann, ist er ein knallharter und oftmals sehr aggressiver Kritiker der Kirche. Valentin ist höchst unbequem, manchmal auch unfair. Ich lernte ihn kennen bei einem »Überfall«, als er nämlich verkleidet als katholischer Priester zusammen mit zwei Freunden den Deutschschweizer Weltjugendtag sabotieren wollte. Das Ziel der drei Atheisten war es, in einer Begegnung zwischen Jugendlichen und einem Bischof Radau zu machen. Als Verantwortlicher dieses Treffens suchte ich sofort das Gespräch mit Valentin, den ich aus den Medien kannte, und konnte so auch eine Eskalation während der Veranstaltung verhindern. Kurzum: An jenem Tag, in jener skurrilen Situation, starteten wir eine außergewöhnliche Bekanntschaft, die jetzt schon mehrere Jahre andauert.

Höhepunkt unserer bisherigen Beziehung war ein Experiment, das wir im Jahr 2012 miteinander durchführten. Ich lud Valentin auf eine zehntägige Pilgerreise ein. Im Gegenzug versprach er mir, dass er mich auf eine internationale Atheisten-Konferenz mitnehmen würde. Beide wollten wir die Lebensrealität des jeweils anderen besser kennen- und verstehen lernen. Ich war unheimlich neugierig auf die Konferenz, auf der Valentin einer der Redner war, und natürlich – ich gebe es zu – hatte ich auch die hehre

Absicht, ihn auf unserer gemeinsamen Pilgerreise vielleicht zu bekehren. Valentin war sozusagen mein Missionsobjekt. Ich legte mich reichlich ins Zeug, betete intensiv dafür, dass der Herr sein Herz berühren möge. Mit mir beteten viele andere Menschen.

Valentin und ich verbrachten dann zehn sehr intensive Tage miteinander. Im Reisebus saßen wir nebeneinander, im Hostel teilten wir uns ein Doppelzimmer. Valentins Konfrontation mit der geballten Katholizität, die sich auf dieser Wallfahrt im Rosenkranzgebet, in der täglichen Heiligen Messe, im Hören von Predigten und Lebenszeugnissen und verschiedenen Gebetszeiten zeigte, führte natürlich zu angeregten und manchmal auch aufgebrachten Diskussionen. Er empfand diesen aus seiner Sicht naiven Gottesglauben als lächerlich, als gar nicht zeitgemäß und in gewisser Weise sogar als gefährlich. Seine Kritik war fundamental, geradezu vernichtend. Doch sie hat bei mir auch eine unerwartet positive Reaktion ausgelöst. Ich begann nämlich, die atheistische Lebensperspektive genauso fundamental zu hinterfragen. Ich konnte plötzlich umschalten: von der krampfhaften Verteidigung des Glaubens und der Kirche hin zu der Frage, was denn eigentlich der Atheismus zu bieten hat.

Dank dieser intensiven Gespräche und der permanenten Beschäftigung mit dem atheistischen Lebensstil konnte ich einen neuen Zugang zu meinem christlichen Glauben finden. Tatsächlich schaffte ich es, auf dieser Wallfahrt meinen eigenen kleinen Atheismus, der sich da und dort in Form von Zweifeln zeigte, ein für allemal zu besiegen. Mir wurde bewusst, wie hoffnungslos und menschenunwürdig eine konsequent atheistische Lebenseinstellung eigentlich ist. Mir wurde klar, dass für mich eine atheistische Lebensweise in Zukunft in keiner Weise mehr eine Option sein kann.

Meine geheime Hoffnung bei dieser kuriosen, »konfessionsübergreifenden« Pilgerreise war es ja gewesen, dass sich der bekannte Atheist bekehrt, was nicht geschah. Doch jemand hat sich schon bekehrt: ich. Und was ich wirklich niemals geglaubt hätte: Aus meinem Missionsobjekt wurde mein Freund. Und diese Freundschaft hat mir in den letzten Jahren in vielen Bereichen unglaublich stark geholfen, Einsichten zu erlangen und andere Perspektiven zu verstehen. Erstaunlicherweise hat sie mich in meinem Glauben niemals gefährdet, sondern immer nur klar gemacht, gestärkt und ermutigt.

Kardinal Kurt Koch, »Ökumeneminister« im Vatikan, erklärte mir gegenüber einmal die Strategie, die er in all seinen überkonfessionellen Dialogen verfolgt. Er unterscheidet in diesen Gesprächen zwischen einem »Dialog der Liebe« und einem »Dialog der Wahrheit«. Kurt Koch betonte, dass man in der Kirchengeschichte oftmals nur den »Dialog der Wahrheit« forciert habe und dass dies oft nicht fruchtbar gewesen sei. Er sei aber der Überzeugung, dass wir in unserer heutigen Zeit unbedingt den »Dialog der Liebe« in den Vordergrund stellen müssten, denn der schaffe zuallererst die freundschaftliche Basis, die einen »Dialog der Wahrheit« aushalte. Mir scheint, dieser weise Rat sei auch für unsere Missionstätigkeit von großer Bedeutung. Die Gefahr, dass wir als Christen anderen Menschen unsere Wahrheiten ungefragt und lieblos um die Ohren knallen, ist ziemlich groß.

Ein mir bekannter katholischer Priester war lange Jahre Pfarrer in jenem Viertel einer Schweizer Großstadt, das den höchsten Bevölkerungsanteil an Muslimen hat. Unweit seiner Pfarrkirche befand sich gar eine »Problem-Moschee«, die immer wieder medial für Aufsehen sorgte, weil in ihr ein salafistischer Islam gepredigt wurde und sich auch einige Jugendliche aus ihrem Umfeld stark radikalisierten. Das hinderte den Pfarrer jedoch nicht daran, ganz offensiv und intensiv den Kontakt mit dem Imam der Moschee zu suchen. Er lud ihn zum Kaffee ein und bald schon spielte er regelmäßig mit diesem Imam und den Jugendlichen seiner Moschee Fußball. Ich fragte ihn, warum er diesen merkwürdigen Weg einschlug. Der Priester meinte: »Wer sich kennt, dem fällt es schwerer zu hassen.« Die einzige Möglichkeit, mit diesen radikalen Muslimen einen »Dialog der Liebe« zu beginnen, sah er darin, sie zu

Freundschaft einzuladen. Wir dürfen die Menschen nicht als Missionsobjekt sehen, wir sollten ihnen viel mehr echte Freundschaften anbieten. Mutter Teresa soll gesagt haben: »Nur die Liebe kann bekehren.«

3. »Die Leute da draußen brauchen dringend Hoffnung!«

Vor wenigen Jahren fingen meine inzwischen schon alten Eltern an, sich regelmäßig in einer Bibelgruppe zu engagieren. Eingeladen von Seniorenfreunden treffen sie sich seither zweiwöchentlich in einer kleinen Gruppe, lesen zusammen das Evangelium des kommenden Sonntages und besprechen es gemeinsam. Diese Erfahrung öffnete meinen Eltern die Türen zu einer total neuen Welt. Auf einmal fand das Wort Gottes durch diese Bibelgruppe einen neuen Zugang zu ihnen, wurde alltagstauglich und konkret. Ich erinnere mich gut, wie mein Vater nach den ersten Abenden schwärmend zu mir sagte, wie überrascht er sei, was die »Bibel so alles hergebe«. Und meine Mutter ergänzte fröhlich, dass sie nun zum ersten Mal selber in der Bibel lese. Und ja, es sei wirklich eine frohmachende Botschaft, was sie da lese.

Meine Eltern sind 76 und 75 Jahre alt und einfache Bauersleute. Beide wuchsen in den Nachkriegsjahren in frommen Familien in der tiefkatholischen Innerschweiz auf. Ein Onkel meiner Mutter war hochangesehener Pater im nahen Benediktinerkloster Maria Einsiedeln. Der Stammbaum mütterlicherseits geht sechzehn Generationen zurück auf den Schweizer Landesheiligen Bruder Klaus. Ein direkter Vorfahre meines Vaters führte als Hauptmann die katholischen Innerschweizer in der Schlacht am Gubel zum Sieg über die reformierten Zürcher. Unsere Vorfahren sind nachweisbar seit Hunderten von Jahren so katholisch, wie man hierzulande nicht katholischer sein kann. Auch meine Eltern führten die Tradition fort. So gehörte für uns Kinder der sonntägliche

Kirchgang fix zu unserem Familienritual, gelegentlich beteten wir abends daheim zusammen den Rosenkranz und am Karfreitag wurde, – um die reformierten Nachbarn an ihrem wichtigsten Feiertag etwas zu ärgern, – gerne auch mal die Jauche der Kühe auf den Feldern verteilt. All dies galt als gut, fromm und katholisch.

Und dann passierte, was eigentlich nie hätte passieren dürfen: Mein ältester Bruder trat, kaum volljährig, mit großem Krach aus der Kirche aus. Er bezeichnete das ganze Kirchensystem als verlogen, kritisierte die Machenschaften der Pfarrer und Bischöfe und stellte auch die Glaubenspraxis meiner Eltern radikal in Frage. Er stand unter dem Einfluss neuer Freunde aus dem freikirchlichen Milieu und argumentierte in der Auseinandersetzung mit meinen Eltern mit dem biblischen Wort. Wort für Wort ging er sie an. Und meinen Eltern gingen die Argumente aus. Sie kannten die Bibel viel zu wenig, waren in der Argumentation total überfordert. Doch wer kann es ihnen übelnehmen? In der Jugend meines Vaters war es verpönt, die Bibel zu lesen. Am Sonntag, in der Heiligen Messe, hat er nichts von der Frohbotschaft verstanden, weil alles, auch die Lesungen, in lateinischer Sprache vorgetragen wurden und er als Bauernbub dieser Sprache natürlich nicht mächtig war. Und im schulischen Religionsunterricht ging es darum, bestimmte Lehrsätze des Glaubens (Wozu sind wir auf der Erde? »Wir sind auf Erden, um Gott zu dienen und einst in den Himmel zu kommen.«) zu pauken und moralische Richtlinien einzuhalten. So sah damals die Glaubensbildung meiner Eltern aus. Kein Wunder, dass auch wir Kinder den Glauben in gleicher Weise weitervermittelt bekamen: eher streng, ein bisschen zwanghaft, oft moralisierend. Die Grenzen zur Manipulation waren fließend.

Warum ich das alles erzähle? Weil ich glaube, dass wir in der Kirche in vielen Bereichen noch immer stark »von damals« zehren. Leider nicht nur im Positiven, sondern auch im Negativen. Unsere Verkündigung, unsere missionarischen Aktivitäten, unsere innerkirchliche Kultur: All das ist noch immer stark geprägt von einem volkskirchlichen Katholizismus, der oft nicht mehr ist als ein

Wertesystem oder eine moralische To-do-Liste. In den eher konservativen Kreisen geht die Verkündigung mit besonderer Energie auf die Moral, man lebt geradezu von der Überbetonung moralischer Ansprüche. In progressiven Kreisen hingegen, in denen man es mit den Geboten und der Moral eher locker und mit dem Bekenntnis zur Wahrheit des Glaubens nicht so genau nimmt, hat man es mit den »Werten«. Man trägt Gesinnung (»Wir sind für Frieden und Toleranz«). Das kostet nichts und macht einen Gutmenschen unterscheidbar vom Rest der Welt. Das ist, nüchtern betrachtet, die »Volkskirche« von heute. Zwischen progressiv und konservativ klafft oft das pure Nichts. Beide Ansätze haben zwar Wahres und Wichtiges in sich, funktionieren aber nicht, wenn der eigentliche Kern der Verkündigung außen vor gelassen wird. Als Volkskirche dieser Art werden wir nicht überleben. Die fortgeschrittene Säkularisierung führt klar zum Entscheidungschristentum. Für eine Person, nicht für eine Lehre, einen Wertekanon oder ein Moralsystem.

Ich hatte das große Glück, als junger Teenager nicht nur eine lebendige Gotteserfahrung machen zu dürfen, sondern auch eine fröhliche, lebendige katholische Kirche kennenzulernen. Hauptsächlich und mit elementarer Wucht geschah dies an Weltjugendtagen, aber auch daheim in meiner Heimatstadt Zug. Dort lernte ich mit der »Gemeinschaft der Seligpreisungen«, einer relativ jungen katholischen Gemeinschaft mit Ursprüngen in Frankreich, eine andere Weise katholischen Glaubens kennen. Ich erfuhr eine starke, eschatologisch ausgerichtete Glaubensverkündigung. Das machte mich perplex. Bis dahin wusste ich gar nicht, dass der Glaube auch etwas Fröhliches, Hoffnungsvolles und Erfüllendes sein kann. Die unbändige Auferstehungsfreude der Osternacht, diese Erfahrung von Glück – Jesus ist tatsächlich auferstanden, er lebt! – diese entscheidende Frohbotschaft hatte ich vorher nicht gekannt. In mir schwirrten ein paar Begriffe herum, aber sie schienen in meinem Glaubensverständnis nicht an zentraler Stelle zu stehen. In gewisser Weise wurde mir das *Eu-angelion*, die befreiende gute Nachricht, vorenthalten. Und ich glaube, nicht nur mir. Bis heute wissen noch viel zu viele Getaufte und Ungetaufte nichts oder zu wenig davon, dass Jesus für sie sein Leben hingab und auferstand, und dass dies der einzige Grund ist, warum wir Christen Christen sind – und nicht in den Chor der allgemeinen Hoffnungslosigkeit und Entmutigung einstimmen.

Jahre später, ich engagierte mich im medialen Bereich, dachte ich mit ein paar Leuten intensiv darüber nach, ob wir nicht einfach ein neues Magazin für suchende Menschen lancieren sollten. Wir redeten uns die Köpfe heiß, aber den Durchbruch brachte uns die Begegnung mit einem jungen Wiener Studenten. Der hatte von unseren Absichten gehört, und entgegen vieler anderer, mehrheitlich kritischer Stimmen (»Wie soll denn so etwas funktionieren in Zeiten von Digitalisierung und Presseschwund?«), war er von der Idee angetan. Allerdings gab er uns mehrmals deutlich und intensiv zu verstehen, dass unsere Idee nur dann funktionieren werde, wenn wir eine Grundmaxime befolgen würden: »Ihr müsst den Menschen Hoffnung bringen«, sagte er, und insistierte immer wieder auf diesem einen Punkt. »Die Leute da draußen brauchen dringend Hoffnung!« Das ist unser Leitspruch bis heute. Inzwischen sind wir bereits bei der Herstellung der achten Ausgabe vom Magazin *Melchior*.

Manchmal erscheint es mir, als ob wir in der Kirche alles nur Menschenmögliche unternehmen, um den Kern unserer Hoffnung nicht zu verkünden. Wir decken ihn zu, wie es am Beispiel meiner Eltern geschah. Ein mit mir befreundeter Zukunftsforscher meinte einmal: »Die Menschen von heute sehnen sich nach Hoffnung. Die Kirche zeigt ihnen aber oft eher, wie Entmutigung geht.« Das mag übertrieben sein, aber im Kern ist es vielleicht doch ein bisschen wahr, oder? Wir sollten jedenfalls schleunigst alle zu den Hoffnungsträgern werden, zu denen wir durch die Taufe eigentlich gesalbt und berufen sind. Das ist der entscheidende Punkt, wenn wir missionarischer werden wollen. Wir müssen mehr Hoffnung bringen. Missionar sein, heißt, Hoffnungsträger zu sein.

4. Die Füße waschen – und nicht die Köpfe!

Wie wird man als Christ ein echter Hoffnungsträger? Eine mächtige Inspiration ist für mich die Heilige Mutter Teresa von Kalkutta. Ich kann mich noch schwach daran erinnern, wie sie in den Neunzigerjahren, als ich anfing, Zeitung zu lesen, immer mal wieder Nachrichtenwert hatte und in den Blättern mit Hochachtung genannt wurde. Ihr gelang ein doppelter Coup: Sie lebte radikal die Frohe Botschaft, verschwendete sich im Dienst an den Ärmsten der Armen und sie war zugleich in der westlichen Gesellschaft missionarisch unterwegs. 2013 hatte ich selber die zutiefst bewegende Möglichkeit, ihren Mitschwestern im Armenviertel Alagados im brasilianischen Salvador de Bahia zu begegnen und so ihrem »Spirit« ein wenig nachzufühlen. Der Zutritt in diese Zone von Armut, Gewalt, Drogen und Kriminalität war mir und meiner Gruppe nur mit Polizeischutz möglich. Auf der Reise zu den Schwestern fuhren wir an einer großen, aufgebrachten Menschenmenge vorbei, mittendrin lag eine Leiche am Boden. Offenbar hatte es eine Schießerei mit tödlichem Ausgang gegeben. »Alltag hier«, wie die Schwestern später meinten.

Vier Missionarinnen der Nächstenliebe leben in Alagados, mitten im Armenviertel, in einem kleinen Kloster. Die Räumlichkeiten sind eng, sehr schlicht und einfach gebaut. Tag für Tag gehen die Schwestern morgens nach der Heiligen Messe auf die Straßen ihres Viertels und sammeln im Dreck herumstreunende Kleinkinder ein. Sie nehmen sie mit zu ihnen ins Kloster, waschen sie erst einmal und ziehen ihnen saubere Kleidung an. Dann geben sie ihnen zu essen und spielen mit ihnen. Ich durfte dieses Ritual mit eigenen Augen sehen und war zu Tränen gerührt. Einerseits erschütterte mich diese immense, selbstlose Liebestat, andererseits diese Verschwendung an Nächstenliebe. Objektiv betrachtet mochte das ja nicht mehr als ein Tropfen auf dem heißen Stein sein. Doch in dieses Ghetto brachte es »den Unterschied, der einen Unterschied macht« (Gregory Bateson, allerdings im Zusammenhang mit

Kommunikation und Information). Erstaunlich war auch, dass die Schwestern, obwohl sie im Herzen der Gewalt wohnen, einem Ort, an dem wegen der extremen Gefahr keine anderen westlichen Hilfsorganisationen und auch keine anderen christlichen Institutionen ansässig sind, sich auf den Gassen überall frei bewegen konnten. Sie wurden sogar von den Drogenbossen respektiert, von den armen Menschen sowieso hoch geschätzt. Diese Schwestern haben mich derart tief beeindruckt, weil sie ihren Ordensnamen wirklich mit voller Kraft und aus tiefster Überzeugung leben: »Missionarinnen der Nächstenliebe!«

Vom bekannten deutschen Geigenbaumeister Martin Schleske stammt ein Satz, den wir auch in dieser These zitieren: »Christliche Mission muss bedeuten, den Menschen die Füße zu waschen und nicht die Köpfe.« Die Mutter-Teresa-Schwestern in Brasilien leben dies: konkret, authentisch, demütig, so dass man Lust bekommt, in diese Mission einzusteigen – auch wenn ringsum die Gesellschaft in die Luft fliegt.

Freilich kann man einwenden, dass diese Art der Mission in einem Armenviertel in Südamerika funktionieren mag, wir aber im Westen ganz andere Voraussetzungen vorfinden. Das stimmt. Wir müssen für unsere deutschsprachigen Länder selbst das in unseren Kontexten Konkrete, Authentische, Demütige herausfinden, damit immer mehr Leute Lust bekommen, in die Mission der Hoffnung einzusteigen, man könnte auch sagen: in den Horizont der Fußwaschung. Das ist für mich »Mission« – und nicht die besserwisserische Verbreitung von Allgemeinplätzen.

Es gibt die Erzählung, dass Mutter Teresa einmal von einem sehr reichen Schweizer Geschäftsmann viel Geld angeboten bekam. Der wollte von seinem Überfluss etwas abgeben, wollte Gutes tun und der kleinen Schwester aus Albanien einen Scheck für ihre Arbeit überreichen. Mutter Teresa soll ihn nur kritisch beäugt und ihm das Kuvert schnurstracks wieder zurückgegeben haben mit den Worten: »Wenn Sie den Armen helfen wollen, tun sie es bei Ihnen. Ich habe noch nie so viele arme Menschen gesehen wie in der Schweiz!« Eine materielle Armut wird sie dabei wohl eher nicht gemeint haben.

Ich möchte Papst Franziskus das letzte Wort überlassen, weil ich selbst nicht besser sagen könnte, wozu wir im **Mission Manifest** aufrufen: »Heute ist es Zeit für die Mission und es ist Zeit für Mut! Mut damit die wankenden Schritte verstärkt werden und wir wieder Geschmack daran finden, uns für das Evangelium zu verausgaben, wieder Vertrauen in die Kraft zu finden, welche die Mission mit sich bringt. Es Zeit für Mut, auch wenn Mut keine Erfolgsgarantie ist. Mut ist von uns gefragt, um zu kämpfen, nicht unbedingt, um zu gewinnen, um zu verkündigen und nicht um zu bekehren. Mut ist von uns gefragt, uns als Alternative zur Welt darzustellen, ohne jedoch polemisch oder aggressiv zu werden. Mut ist von uns gefragt, uns allen gegenüber zu öffnen, ohne jemals die Absolutheit und Einzigartigkeit von Christus, dem einigen Erlöser aller zu relativieren. Mut ist von uns gefragt, um gegenüber der Ungläubigkeit zu bestehen, ohne arrogant zu werden … Heute ist es Zeit für den Mut! Heute brauchen wir Mut!«

Katharina Fassler

9. Wir brauchen eine »Demokratisierung« von Mission.

Nirgendwo steht, dass die Mission, die Jesus uns gegeben hat, sich auf Spezialisten, professionelle Verkündiger, Theologen, Kleriker oder Mitglieder von Ordensgemeinschaften beschränkt. Missionarisch zu sein, ist der Auftrag Christi an alle Getauften. Mission ist auch nicht nur für bestimmte (»nichtchristliche«) Länder, Kulturen und/oder Religionen gedacht. Mission ist jederzeit und überall. Sie ist die große, oft vergessene Querschnittsaufgabe aller Christen in allen Ländern und Kulturen.

Mission ist natürlich. Sie ist die organische Weitergabe von positiven Gottes- und Menschenerfahrungen. Weder bloße Erfahrungen noch rein intellektuelle Studien sind für eine missionarische Befähigung hilfreich. Grundlegend ist ein vom Vertrauen in Gott und die Menschen bestimmtes Leben. Grundlegend sind gesunde Beziehungen. Grundlegend sind die Reflexion und stete persönliche Weiterentwicklung durch Gebet, Gemeinschaft und Dienst. Das gilt insbesondere für Priester, da sie eine besondere Verantwortung haben, Christen zur Weitergabe des Glaubens zu motivieren, sie zu befähigen und dafür auch Strukturen zu schaffen. Mission ist eine organische, dem Glauben innewohnende Grundhaltung, die jeder Gläubige daher auch in sich trägt. »Demokratisierung« meint – um Missverständnissen gleich zu Anfang vorzubeugen – genau das, und nicht etwa den gesamten parlamentarischen Umbau der Kirche und die Einführung von Mehrheitsbeschlüssen zu Glaubensfragen.

1. Der Kirche fehlen die Gläubigen.

»Die Sehnsucht wächst, die Kirche aber schrumpft«, so brachte es der österreichische Journalist und Publizist Günther Nenning (1921 – 2006) auf den Punkt. Das Szenario ist bedrohlich:. Müssten nicht alle mit anpacken und Mitgliederwerbung betreiben? Haben wir nicht alle Anteil am »allgemeinen Priestertum, sind wir nicht alle gefirmt? Doch ein Pfarrer kann sich noch so sehr wünschen und predigen, dass »seine« Kirche sonntags voll ist – ändern wird das nichts. Fakt ist: Die Kirche in Europa erreicht viele Menschen nicht mehr mit ihrer Botschaft. Trotzdem sollten wir nicht die missionarische Keule schwingen. Vielleicht ist ja die Erfahrung, die Kirche macht, gar nicht so beklagenswert, wie es auf den ersten Blick erscheint.

Das eigentlich Spannende ist, dass die »augenblickliche Dringlichkeit einer neuen Evangelisierung« (päpstliches Schreiben Christifideles Laici 35) nicht nur aus der Kirche selbst, sondern von außen kommt. Es ist auch die »Stunde der Gesellschaft« (CL 35), die eine neue Evangelisierung fordert, die der Anstoß zu ihrer Erneuerung ist. Durch die Veränderung der Gesellschaft ist die Kirche und sind die kirchlichen Strukturen, aber letztendlich auch jedes Kirchenmitglied, aufgefordert, sich weiter zu verändern. Dies ist schmerzhaft; es bereitet Ärgernis oder macht vielleicht sogar Angst.

Doch versuchen wir die Sache aus einem anderen Blickwinkel zu betrachten: Genau jetzt ist die Zeit, in der die Kirche eine neue zeitgemäße Identität finden soll: wunderbar! Das »Heute« ist es, das von der Kirche fordert, ihre missionarische Dimension in allen ihren Bereichen zu entfalten, wobei das Wort »missionarisch« nichts mit Indoktrination zu tun hat. Ich glaube, dass es die Gesellschaft ist, die gerade der Kirche hilft, zu ihrem ursprünglichen Wesen durchzudringen. Die Chance der Gegenwart besteht darin, dass sich Traditionschristentum zum Wahlchristentum wandelt und sich so dem Urchristentum annähert: Es geht um eine persönliche Entscheidung für Gott, für Jesus Christus, für ein Leben mit dem Heiligen Geist. Und mit dieser persönlichen Entscheidung ist der Weg bereitet zu einer »Demokratisierung« von Mission.

2. Was ist »Mission«?

Mission ist kein Programm, kein Vertriebsinstrument, sondern das natürliche Bedürfnis, das erlebte Gute zu teilen. Mission ist was für alle. Also, was muss ich tun? Erst einmal nichts! Um das zu begründen, geht es leider nicht ganz ohne etwas Theologie: Ursprung der kirchlichen Mission ist der trinitarische Gott selbst: »Die pilgernde Kirche ist ihrem Wesen nach ›missionarisch‹ (als Gesandte unterwegs), da sie selbst ihren Ursprung aus der Sendung des Sohnes und der Sendung des Heiligen Geistes herleitet gemäß dem Plan Gottes des Vaters« (*Ad Gentes 2*). Die göttliche Dreifaltigkeit ist in sich selbst missionarisch: Ein ewiges, spannendes, immer wieder neues Hin und Her von Liebe wird da auf den Weg geschickt. Vater und Sohn lieben gemeinsam den *Condelictus* (»gemeinsam Geliebten«), den Heiligen Geist, der seine Liebe zurückschenkt. Durch die Schöpfung werden wir Menschen hineingenommen in das Innerste der Dreifaltigkeit. Ein wunderbares Meditationsthema. In besonderen Glücksmomenten kann es der Mensch hier auf Erden auch schon punktuell erfahren. Daher darf ich mich erst einmal lieben lassen, mir verzeihen lassen, mich annehmen lassen und all das Schöne in mir zur Entfaltung bringen …

Erst einmal ist Mission also ein Geschenk Gottes an uns: Das Geschenk seiner beständigen Liebe. Dafür muss niemand etwas tun. Erst einmal darf ich seine Liebe annehmen, darf meine Verletzungen bearbeiten, die das Annehmen der Liebe blockieren, und mich auf die Suche nach der Liebe Gottes in meinem Leben machen.

Als Jugendliche bekam ich durch die Lektüre von Jo Croissants Buch »Die priesterliche Frau oder das Priestertum des Herzens« den Impuls, eine bestimmte geistliche Übung zu machen. Wenn ich im Zusammensein mit anderen Menschen unsicher war und mich innerlich nicht mehr spürte, sondern mich mehr von außen angesehen fühlte, schloss ich die Augen und stellte mir Gott, den Vater vor, wie er mich liebevoll betrachtet. Das war ein wunderbarer Schutzschild vor allen kritischen, wertenden Augen. Ich achtete auf meinen Atem und auf den wärmenden Blick Gottes. Durch diesen Blick wurde ich mutig. Mein Modestil, ich fand mich mit Patchworkkleid und Clogs inmitten von Poloshirt-Trägern, war zu dieser Zeit genauso ausgefallen, wie mein Musikgeschmack experimentell war. Den Mainstream kannte ich nicht. Ich traute mich meine Meinung zu sagen, auch wenn ich damit alleine stand. Und immer seltener schloss ich die Augen, denn der liebevolle und barmherzige Blick Gottes war ein Stück tiefer in mein Herz gerutscht.

Zuerst also Gabe und dann Aufgabe. Aufgabe klingt so nach Dienst und Pflicht ... Da erinnere ich mich an meine Kindheit: Ich liebte meine Eltern über alles. Wenn Freundinnen zu Besuch kamen, wollte ich ihnen so gern zeigen, wie wunderbar meine Eltern waren und war besonders stolz, wenn sich meine Eltern so verhielten, dass meine Freundinnen ebenso Zuneigung für sie empfanden. Wie glücklich war ich, wenn eine meiner Freundinnen sagte, was für wunderbare Eltern ich hätte. Mit den Jahren wurde das Eltern-Kind-Verhältnis natürlich deutlich differenzierter ... Aber ich kann mir vorstellen, wie es sein könnte, wenn man nun mit Gott als dem perfekten Vater und der Mutter im Himmel positive Erfahrungen macht.

3. Mission als innere Dynamik einer positiven Glaubenserfahrung

Mission hat keine Chance, wenn man darunter etwas Aufgesetztes, bloß von außen Kommendes versteht. Mission entspringt natürlicherweise der inneren Dynamik einer positiven Glaubenserfahrung. Dann ist es nämlich selbstverständlich, diese Erfahrung teilen zu wollen, und es gehört zur »guten Erfahrung« wesentlich dazu, dass man sie nicht für sich behält: »Ein wirklich innerlich angenommenes Christentum ist mit der Dynamik behaftet, dass ich davon mitteilen muss. Ich habe sozusagen etwas gefunden, wie man es richtig macht – und da kann ich nicht sagen, das reicht mir. In dem Augenblick zerstöre ich auch schon wieder den Fund. Es ist genauso, wie wenn jemand eine große Freude hat, er muss es irgendwie sagen und mitteilen, sonst ist es gar keine echte Freude. So ist tatsächlich die Dynamik des Weitergebens ein Bestandteil der Sendung, die Christus den Seinigen gegeben hat; und eben auch die Ermutigung zur Phantasie und zur Kühnheit, selbst mit dem Risiko, dabei etwas zu verlieren.« *(Joseph Ratzinger, Salz der Erde, 192).*

Das Prinzip ähnelt unserer Atmung: Ich atme ein, ich bekomme. Ich atme aus, ich gebe. Mission ist der Atem der Kirche, der Fluss, die Bewegung. Mission erfasst alle, beteiligt alle, fließt überall hin. Das ist gemeint mit »Demokratisierung« von Mission. Das Gegenteil ist die Unmündigkeit einer in Betreuer und Betreute geteilten Kirche (*siehe auch These 7*). Die Betreuer erwecken den Anschein, als wären sie die Kirche und die anderen sollen zuschauen, sich unterhalten lassen, bestenfalls lernen. Dabei wird das Ausatmen, das Weitergeben, die Mission ausschließlich jenen überlassen, die eine Weihe empfangen haben. Das ist zu wenig. Alle müssen atmen. Das als Zwang zu empfinden wäre merkwürdig. Es stellt sich eher die Frage: Was hindert mich auszuatmen?

4. Voraussetzungen für Mission

Wer anderen etwas weitergeben möchte, muss es zuerst selbst angenommen haben und sein Leben danach ausrichten. Er muss, um im Bild zu bleiben, einatmen. In kirchlichen Texten über

Mission und Evangelisation wird oft herausgestellt, dass man »nicht die Bekehrung predigen [kann], wenn wir uns nicht selbst jeden Tag bekehren« (*Redemptoris Missio* 47; auch *Christifideles Laici* 34) oder bekehren und von Gott lieben lassen. Dieses Verständnis geht schon aus den Texten des II. Vatikanischen Konzils hervor. Mit dem Ruf zur Evangelisation geht die Erinnerung einher, »dass die erste und wichtigste Verpflichtung bei der Ausbreitung des Glaubens darin besteht, ein tiefchristliches Leben zu führen« (*AG 36*). Ein weiteres Thema, das zur »Selbstevangelisation« (*RM 50*) gehört, ist die mir – nicht nur der Kirche im Ganzen – aufgetragene ökumenische Anstrengung zur Suche nach der verlorenen Einheit.

Wer sich auf diesem Weg befindet, entdeckt bald, dass es sich immer wieder mal so anfühlt, als fange man im Glauben von vorne an. Jede Lebenssituation und Veränderung stellt die angenommene Liebe neu in Frage und prüft die Tragfähigkeit des Glaubens. Mancher fragt sich: Sollte ich nicht erst einmal selbst ohne Zweifel und voller Begeisterung sein, um an der Mission der gesamten Kirche teilhaben zu können? Interessanterweise kann man Folgendes entdecken: Allein durch den Willen und das Bemühen, den eigenen Glauben anderen zu vermitteln, findet eine wirkliche Veränderung und Erneuerung auch in mir statt: Erstens bin ich notwendig zur Reflexion der Glaubenslehre gezwungen; ich muss meine eigene Gottesbeziehung hinterfragen (»Da du aber lau bist, weder heiß noch kalt …«, Offb 3,16) und ich muss das kaum Sagbare des Glaubens in Worte fassen. Zweitens entsteht die Erneuerung auch durch das gleichzeitige Geben und Nehmen, das durch die Begegnung mit dem Anderen, dem Fremden, geschieht und ein wesentliches Element der Verkündigung ist. Gerade der Aufbruch zum Weitersagen des Glaubens ist die Rettung vor einem in sich gekehrten Glauben – einem Glauben, der nur für sich existiert und nicht als Dienst verstanden wird. Der empfangene Glauben wird durch die Weitergabe und *in der* Weitergabe größer.

Aber: Ich habe selbst erfahren, warum starke Glaubenserfahrungen alleine nicht reichen. Nach überwiegend positiven Erlebnissen im Glauben und mit Gott hatte ich den Drang, von diesen spirituellen Erfahrungen zu erzählen: So schöpfte ich nach dem Tode meines Vaters viel Kraft aus dem Glauben; ich machte tiefgehende Erfahrungen beim Dienst an den Kranken in Lourdes, bei Weltjugendtagen oder bei Jugendwallfahrten nach Frankreich. Das Gebet war ein Ruhepunkt in unserer Familie, und auch für die Ehe meiner Eltern war der Glaube ein tragfähiges Fundament. Das wollte ich meinen Freunden mitteilen. Doch meine Sprache stieß nicht auf offene Ohren. Schon ziemlich schnell merkte ich, dass ich da Unterstützung, Schulung und persönliche Veränderung brauchte.

Um es überhaupt wagen zu können, von Gott, dem Größten aller Großen, dem Schöpfer aller Dinge, dem uns Unbegreiflichen zu sprechen, braucht es mehr als ein Bündel von guten Erfahrungen. Ich hatte früh das Gefühl, dass es ja sein könnte, dass meine Erfahrungen nicht mit dem Heiligen Geist zusammenhängen, sondern mit dem eigenen Vogel im Kopf. Wobei auch der etwas zu sagen hat, aber vermutlich nicht allen. Es brauchte auch mehr, als sonntäglichen Predigten im Gottesdienst gut zuzuhören. Soll ich erwachsenen Leuten etwa kommen mit: »Der Herr Pfarrer hat es aber gesagt«, so wie ein sechsjähriger Junge *ex auctoritate* spricht, wenn er ankommt mit: »Mami sagt aber, …«?

Von der Handschrift Gottes in meinem eigenen Leben zu sprechen, finde ich nicht leicht. Er ist uns durch den Heiligen Geist ganz innerlich und bewegt unsere Seele mit feinen Impulsen und Bewegungen. So kommt eine natürliche Scheu und gesunde Scham dazu, allzu alltäglich und banal von Gott und dem Leben mit ihm zu sprechen. Mit diesen Perlen des Glaubens wirft man nicht um sich. Ich verstehe das als einen Schutz, der mich davor bewahrt, mit Gott hausieren zu gehen. Würde ich banal über Gott sprechen, würde ich ihn klein machen. Das Reden von Gott muss sich vom Reden über ein Kochrezept unterscheiden. Über eine Liebesbeziehung spreche ich auch nur im geschützten Raum. Darum braucht es eine »Objektivierung« der eigenen Glaubenserfahrung. Sie muss in einen horizontalen und vertikalen Kontext gestellt werden: Viele Menschen um mich herum machen Erfahrungen mit Gott und der Kirche, viele Menschen vor mir haben Glaubenserfahrungen gehabt. Daher ist eine grundlegende theologische Bildung wichtig.

Braucht es deshalb gleich ein eigenes Theologiestudium? Ein Theologiestudium hätte ich persönlich in meinen Wunsch, Glaubenserfahrungen weitergeben zu können, nicht gebraucht. Theologie habe ich dennoch studiert, weil ich auf Augenhöhe mit den Theologen sein wollte. Denn wenn ein Priester oder Theologe mit mir sprach, wich ich innerlich manchmal zurück und dachte mir: »Oh, Gott, ich hab ja keine Ahnung.« Mir fehlte es ja nicht an Glaubenserfahrungen: über das Gebet in der Familie, über Messbesuche, Wallfahrten, geistliche Begleitung oder über ein religiös musikalisches Berührtwerden. Doch das Gegenüber von Priestern und Theologen machte mich innerlich passiv: Der andere sollte reden, der andere sollte machen. Richtig was zu sagen habe ich doch erst, wenn ich genug weiß, so dachte ich. Als ich studiert hatte, drehte sich diese Erfahrung um und nun reagierten andere so: Sie wird es wissen, sie hat es ja studiert! Und heute, zehn Jahre nach dem Studium? Ich weiß tatsächlich nur noch wenig, weil ich mir besser Emotionen als Fakten merken kann. Die grundlegenden christlichen Überzeugungen kann ich erklären, aber darüber hinaus? Erfahrungen sind mir wichtiger als das Studienwissen. Ich gebe zu, die ein oder andere Erkenntnis ist mir geblieben und hat mich beeinflusst, aber es ist wenig im Vergleich zu fast sieben Jahren Studium. Wenn es schon mir so geht, die ich versucht habe, mich über Jahre hinweg mit dem katholischen Glauben zu beschäftigen, wie wird es dann den vielen Christen gehen, die kein Studium der Theologie absolviert haben?

Richtig sinnvoll fand ich im Nachhinein aber die Erfahrung eines gemeinschaftlich christlichen Lebens ein Jahr nach dem

Abitur. Wie können die vielen, die getauft sind (und manchmal nicht recht wissen, warum) begreifen, dass sie Anteil am allgemeinen Priestertum der Gläubigen haben? Sie erfahren und lernen, was sie unter Christsein verstehen, meistens entweder durch Menschen in der Familie oder in einer christlichen Gemeinschaft oder Gemeinde. Und so einen Ort wollte ich aufsuchen.

5. Gesunde Gemeinschaft als Nährboden für missionarische Projekte

Zuerst wollte ich in ein christliches Ghetto. Ich wollte testen: Wie tragfähig ist Glaube pur? Nach dem Abitur entschied ich mich für den Besuch einer Evangelisationsschule der Gemeinschaft Emmanuel, der *Emmanuel School of Mission* in Paray-le-Monial in Frankreich. Dort lernte ich, Gott nicht nur in der Liturgie und in der Kirche zu sehen, sondern auch in Beziehungen, Begegnungen und in anderen Menschen.

Diese Zeit mit neunzehn anderen Jugendlichen zwischen neunzehn bis dreißig Jahren aus verschiedenen Ländern, mit einem eng getakteten Stundenplan bestehend aus Gebet, Unterricht, Mission in den Gemeinden und dem gemeinschaftlichem Leben gehört zu den schönsten und intensivsten »Entwicklungsjahren« meines kurzen Lebens. Nicht alles schmeckte mir: Wäschedienst statt Chor, freudig bewegtes Singen (»Lobpreis«) für mich Morgenmuffel in aller Früh, Einteilung der Gruppen durch die Verantwortlichen, statt Freiheit, Freizeit und Selbstbestimmung. Einmal in der Woche am Abend Hauskreis: Fraternité, was man übersetzen könnte mit »Zeit in Gemeinschaft« oder »Zeit unter Geschwistern«. Nach Frauen und Männer getrennt, suchten wir gemeinsam den tieferen Sinn in den Ereignissen unseres Lebens, trösteten uns, stärkten uns, beteten füreinander, lachten miteinander und lernten uns besser kennen. So wurde eine sperrige Flurbewohnerin zu einem liebevollen Menschen, der nicht erwünschte

Weggefährte bei den Hausbesuchen zu zweit zu dem wundervollen Partner, durch den die Gespräche viel interessanter wurden, der ungeliebte Wäschedienst zu einer Zeit der Entspannung und der Möglichkeit, etwas für die anderen zu tun. Ich kam nach einem Jahr wieder nach Deutschland zurück und toleranter, offener und mutiger dafür, um vom Glauben zu reden. Und vor allem hatte ich verstanden: Gott begegnet mir durch meine Mitmenschen. Der ironische Ausspruch: »Du Pflasterstein meiner Heiligkeit« bekam ein ganz neue Wahrheit und Wirklichkeit für mich. Die Demokratisierung der Mission hatte nun bei mir gefruchtet. Ich fühlte mich nun fähig, über den Glauben zu sprechen. Irgendwann hatte ich das Gefühl: Raus aus der Kirche! Raus aus dem christlichen Ghetto! Rein in den Wettbewerb!

Ein braves Mitglied einer Gemeinde oder Gemeinschaft findet in der Kirche seinen Halt und lebt sein Leben zwischen Gottesdienst, Hauskreis oder Gebetskreis und religiösen Treffen. Reicht doch, oder? Reicht leider nicht. Wenn ich mit ein paar Freunden einen Sportclub betreiben würde und wir uns wünschen würden, dass noch mehr Leute dort Sport treiben, dürften wir uns nicht damit begnügen, dass wir uns nur vom Fitnesskurs zur Sauna, zur Sportbar und zurück bewegen.

Die Gemeinschaft ist der Ort, wo Menschen mit verschiedenen Hintergründen, Ansichten und Lebenserfahrungen in Verbindung bleiben und sich offen austauschen. Wo immer Christen heute miteinander ihr Christsein leben, leben sie es in Kontrasten zu einer Welt mit vielen anderen Prioritäten und Optionen. Je inniger ihre Verbindung untereinander ist, je profilierter sie sind, desto hermetischer leben sie, gewissermaßen in einem selbstgeschaffenen Ghetto. Ihre Sprachfähigkeit, mit der sie sich anderen Menschen und Milieus verständlich machen könnten, sinkt. Der missionarische Mensch braucht deshalb sowohl eine christliche Basis, in der er auftanken, die Akkus aufladen kann, als auch andere Lebenswelten, die ihn dazu einladen, das spezifisch Christliche einzubringen, die wiederum für ihn und damit für die gesamte Kirche Lernorte sind: Sport, Musik, Technik, Kunst, Natur und andere Dinge, die er aus dem kirchlichen Kontext nicht kennt. Kirche kann sich nicht im Ghetto verkriechen.

Zugleich darf sie heute nicht mehr wie ein Standesamt agieren: Wer kommt, wird freundlich bedient. Die Kirche muss sich in den Wettbewerb der interessanten Sonntagsveranstaltungen werfen.

In Köln starteten wir mit anderen Studenten, die neuen geistlichen Gemeinschaften nahe standen, einen Gebetskreis in der Pfarrei Herz Jesu. Unterstützung in meinem Glaubensleben fand ich durch regelmäßige Teilnahme an Treffen mit der Gemeinschaft Emmanuel. Ob ich ohne diese Stützen über den Glauben mit anderen gesprochen hätte? Ich glaube es nicht. Ein paar Jahre später – immer noch in Bonn und wieder mit einem Studentenkreis, der aus dem Weltjugendtags-Chor hervorgegangen war – organisierten wir einen »WJT-goes-on-Abend«, dem die Struktur der Barmherzigkeitsabende der Gemeinschaft Emmanuel zugrunde lag, die mir aus der *Emmanuel School of Mission* in Paray-le-Monial bekannt war. Im Innenraum der Kirche: Gebet, Gespräch und Musik. auf der Straße vor der Kirche: persönliche Einladung mit Gespräch und Kerze. Das Konzept fand großen Anklang und wurde zu einem Erfolgsmodell auch für viele andere Großstädte.

Es gibt viele andere Beispiele, in denen Mission schon an der Basis angekommen ist. Manche tragen keinen spektakulären Namen, heißen Messdienerarbeit, Firmgruppenstunde, Pfadfinder oder Kinderchor. Manche kommen von »oben«, sind von Hauptamtlichen organisiert, wie im Fall der »Missionale« in Düsseldorf, manche kommen von »unten«, entstehen aus Initiativen von Kirchenmitgliedern. Bekannte Formate sind die Weltjugendtage, Abende der offenen Kirche, Abende der Barmherzigkeit, wie sie unter verschiedenen Namen (»Keep in touch«, »Pray&Stay«, »Nightfever« und andere) monatlich in vielen Städten angeboten werden und Menschen in die Kirche zum Gebet einladen. Auch die zehntägigen Stadtmissionen in den europäischen Hauptstädten, die seit dem Beginn 2003 in Wien vom »Internationalen

Kongress für eine Neue Evangelisation« mit Tausenden von Teilnehmern durchgeführt werden, zeigen Mission auf Augenhöhe. Angestoßen von Missionsberichten der internationalen Evangelisationsschulen der Gemeinschaft Emmanuel (in Rom, Altötting, Paray-le-Monial und Wien) griffen die vier Kardinäle Christoph Schönborn OP aus Wien, Jean-Marie Lustiger aus Paris, José da Cruz Policarpo aus Lissabon und Godfried Maria Jules Danneels aus Brüssel die Idee der »Großstadtmission« auf. Ein Projektteam widmete sich in Vollzeit zwei Jahre lang ihrer Vorbereitung, Durchführung und Nachbereitung. Im Projekt »Apostelgeschichte 2.1« führt die Wiener Erzdiözese diesen missionarischen Gedanken weiter.

6. Die besondere Rolle der Priester und Hauptamtlichen

Mission ist, wie es das **Mission Manifest** sagt, nicht »auf Spezialisten, professionelle Verkündiger, Theologen, Kleriker oder Mitglieder von Ordensgemeinschaften beschränkt«. Dennoch haben diese »Profis«, die sich freiwillig entschieden haben, sich stärker, intensiver, mit mehr Zeit oder ihrem ganzen Lebenskonzept mit Gott zu befassen eine besondere Verantwortung. Sie haben bedeutenden Anteil daran, ob Gemeindemitglieder entdecken, dass sie besser und fröhlicher mit einer missionarischen Seele leben. Wenn ich in meine Vita schaue, waren es Begegnungen mit eng der Kirche verbundenen Menschen, die in mir den Gedanken wachsen ließen, in dieser Kirche mitwirken zu wollen und die Glaubensbotschaft weiterzusagen.

»Wer einen Pfarrer kennt, tritt in der Regel nicht aus der Kirche aus«, schrieb die *FAZ* am 18. April 2014 in einem Artikel unter der Überschrift: »Auf den Pfarrer kommt es an«. Es liege primär in der Verantwortung der Pfarrer, wie viel Gemeinschaftsgefühl sie in der Gemeinde entstehen lassen, ob sie Pfarrgemeinden geistlich nähren, ob Initiativen erstickt oder gefördert werden. Wenn der Pfarrer einen Sinn für Führung hat und die richtigen Ehepaare zusammenbringt, um die Ehevorbereitung zu organisieren, kann daraus eine wunderbare und nachhaltige Aktion werden, die der Gemeinde, den Ehepaaren und den Teilnehmern guttut. Wie Jesus seine Jünger beruft, ihre Talente sieht und einsetzt, ist es durchaus Aufgabe des Priesters – oder eines Teams von Hauptamtlichen –, gemeinsam zu überlegen, welche Mitglieder der Gemeinde für welche Aufgabe geeignet wären, wo sie ausgebildet werden können und wie sie dann konkret und persönlich angesprochen werden. Mit Supervision und Begleitung bleiben erfahrenere Menschen ganz nah dran an den Ehrenamtlichen und unterstützen sie bei Schritten in der Sakramentenkatechese, Ehepastoral oder in caritativen Bereichen. Es kommt also zwar nicht nur auf den Pfarrer an, wie es die FAZ formulierte. Aber eben doch auch, und zwar in einem nicht zu unterschätzenden Maße. Auf ihn und auf andere Hauptamtliche.

Wenn der Pfarrer möchte, dass die Gemeindemitglieder verstehen, dass sie ebenfalls »Priester, König und Prophet« sind, wie es die auf dem Zweiten Vatikanischen Konzil bekräftigte Lehre vom »allgemeinen Priestertum« besagt, dann sollte er sie so behandeln und sich vor einem wirklichen Zusammenleben mit ihnen nicht scheuen. Gemeinden sollten Ausbildungswege in ihrer Gemeindearbeit integrieren, die eben genau das den Gemeindemitgliedern vermitteln: Wie sie Priester, Könige und Propheten in und außerhalb der Gemeinde sein können, wie sie ihren Selbstwert stärken, ihre Talente finden und damit kraftvoll das Wort Gottes verkündigen können. Danach können Aufgaben komplett und eigenverantwortlich (nach entsprechender Ausbildung) delegiert werden, gern an Ehrenamtliche, aber wenn nötig auch an Theologen mit Projektverträgen, die ihrer Kompetenz nach eingesetzt werden. Dafür bedarf es natürlich eines strukturellen Umdenkens.

Ehrenamtliche, sollen sie denn effizient missionarisch wirken, brauchen Leiterschaftskurse, Jüngerschaftskurse, Alphakurse und andere ganzheitliche Theologiekurse, auch Knowhow zur Entwicklung von Bibelkreisen, Gebetsgruppen, Hauskreisen, geistlichen Ehepaargruppen wie die *Equipe Notre Dame* sie anbietet, Müttergebetskreisen … Hier gilt es, Leitern zu helfen, eine sowohl intellektuelle als auch geistliche Bildung und Gemeinschaftserfahrung zu erlangen.

Diese Gebets- oder Hauskreise, die durch Seelsorger oder andere auf dem geistlichen Weg fortgeschrittene Menschen angemessen begleitet werden, könnten sich so zu einer Art Kernkreis der Gemeinde entwickeln. Ein gut organisierter Pfarrgemeinderat unterstützt die Organisation einer Gemeinde aus lebendigen Gemeinschaften. Kühner gedacht: Die Verantwortlichen von Hauskreisen sind der Pfarrgemeinderat. Die Verantwortlichen wechseln alle zwei Jahre. So kann einer Entspiritualisierung des Pfarrgemeinderats entgegengewirkt werden, und Gebets- und Hauskreise bekommen Verantwortung für die gesamte Pfarrei. Gerade auch das meint »Demokratisierung«.

7. »Dich brauchen wir noch länger …«

»Demokratisierung« von Mission schafft ein neues Verhältnis von Hauptamtlichen, oft geweihten Männern, und Ehrenamtlichen. Ein neues Verhältnis zu den Kirchenmitgliedern ist die Voraussetzung dafür, dass Laien und Ehrenamtliche selbstbewusst Zeugnis ablegen. Ich erinnere mich an eine persönliche Erfahrung: Als junges Mädchen war ich bei der Beerdigung eines Bischofs. Ich stand recht weit vorne, dort wo die vielen Bischöfe und Priester auf Stühlen saßen. Vielleicht sah ich müde aus, das Requiem dauerte lange. Einer von den Bischöfen stand von seinem Stuhl vor mir auf und sagte: »Setz dich doch!« Ich nahm dankbar an. Er stellte sich hinter mich und legte mir die Hand auf die Schulter: »Weißt du, dich brauchen wir noch länger!« Ich war gerührt! Das war für mich eine Schlüsselerfahrung: Ich hatte den Eindruck, dass Gott mir sagt, dass er mich für die Kirche noch braucht und ich auf mich und meine Kräfte achtgeben solle. »Wir brauchen dich für die Zukunft der Kirche«, das hatte ich mit dem inneren Ohr verstanden. Ich, das vermittelte er mir, war wichtig für die Zukunft.

Auch die Begegnungen mit Bischof Franz Kamphaus waren für mich besonders prägend: In meiner Jugendzeit leitete ich eine konservative Pfadfindergruppe und wir durften die Räume in unserer Schule benutzen. Irgendwie saß ich zwischen den Stühlen: Den Verantwortlichen der Pfadfinder war ich zu liberal, für die Diözese waren diese Pfadfinder zu konservativ. Die Benutzung der Räume in der katholischen Mädchenschule wurde schließlich vom Bistum verboten. Ich saß da, hatte Verantwortung für zwanzig Mädchen, katholisch wie evangelisch, und keine Räume mehr. Das Bistum ließ sich auf einen Kompromiss ein: Wir durften im Treppenhaus unsere Gruppenstunden für drei Mädchengruppen abhalten. Ich war zutiefst verstört: Ich machte Jugendarbeit, die Jugendlichen und Kinder waren begeistert, wir sangen und beteten – und die offizielle Kirche zeigte uns die kalte Schulter. Durch eine persönliche Begegnung mit Bischof Kamphaus in Lourdes kam es zu einer Aussprache, zu einer Entschuldigung von seiner Seite und es folgte ein jahrelanger Briefwechsel, in dem er mich auch gelegentlich nach meiner Meinung fragte. Das hat mich zugleich beschämt und stolz gemacht. Das war keine Pädagogik, da war ernsthaftes Interesse am anderen zu spüren.

Wäre es aber, wenn es um die »Sache Jesu« gegangen wäre, zu so einem Raumverbot überhaupt gekommen? Ich glaube nicht. Die Demokratisierung von Mission, die nötig ist, entzieht sich jedem kirchenpolitischen Kalkül. Sie hat nichts mit rechts oder links, konservativ oder liberal zu tun. Ihr geht es um die Sache Jesu und um die Sehnsucht der Menschen. Der am Anfang zitierte Günther Nenning warnt deshalb zu recht: »Konservative wie Progressive treiben in seltener Gemeinsamkeit die Sehnsüchtigen weg von der Kirche, hin zu den Sekten, Esoterik, Buddhismus, Islam; volkstümlich gesagt, und gleich beim Wort genommen: Sie treiben die Sehnsüchtigen weiß Gott wo hin.«

8. Wohin führt die Priesterausbildung?

Ich glaube, dass die Strahlkraft von Mission und Kirche umso größer sein kann, je mehr sie vom geistlichen Leben eines Priesters oder Leiters inspiriert und getragen ist und selbst gemeinschaftliches geistliches Leben in der Gemeinde freisetzt. Ein »geistlicher« Mensch zu sein ist kein klerikales Privileg; »Geistliche« sollen wir alle sein. Der Priester oder Theologe sollte aber ein geistlicher Mensch *par excellence* sein, also einer, der beständig an den tieferen Quellen von Mission sitzt: am lebendigen Gott, der Mission in sich ist, Gemeinschaft und Austausch nicht hat, sondern ist. Aus dieser Quelle schöpfend hat er letztlich die Möglichkeit, Menschen mit auf den Weg der Mission zu nehmen, vorausgesetzt, er öffnet sein eigenes Leben und macht es transparent. Die Demokratisierung von Mission gelingt dort, wo der Theologe oder Priester seine Kompetenz und seinen Einfluss nutzt, damit missionarische »geistliche« Zellen entstehen, die eigenständig funktionieren, ohne dass sich der Priester oder Theologe aus ihnen komplett herauszieht. Mission kann nicht von Hauptamtlichen allein bewältigt werden, aber Mission sollte ihre Kernexpertise sein.

Wo lernt ein Priester diese Fähigkeit? In einem ihn vor der Welt beschützenden Seminar? Oder nicht doch eher bei einer kinderreichen Familie oder einer in ihn eng umgebenden offenen und barmherzigen Gemeinschaft? Wenn kirchliche Dokumente über Evangelisation von der Gemeinschaft als Ziel der Evangelisation sprechen, dann ist die Gemeinschaft nicht abstrakt zu verstehen als große, schwer zu erfassende Mutter Kirche, die irgendwo weit entfernt da ist, die aber weder prägt noch berührt. Gemeinschaft soll konkret erfahrbar sein, weit über den Gottesdienst hinaus.

Gemeinschaft muss gerade für den zölibatär lebenden Diözesanpriester eine besondere Rolle spielen.

Deshalb noch einmal gefragt: Sind die Priester, so wie sie jetzt vielerorts noch – glücklicherweise nicht mehr überall – ausgebildet werden, fähig, auf demokratischem, gemeinschaftlichem Weg Mission mit anderen Menschen zu leben? Viele Aufgaben des Alltags werden dort abgenommen, was durchaus ein Manko ist. Wie wäre es, wenn die Priesterausbildung schon frühzeitig innerhalb einer Pfarrgemeinde verankert ist, in kleinen Seminaristen-Gemeinschaften mit einem Verantwortlichen? Dort lernen die jungen Männer, zusammen zu leben und Alltag zu teilen: Kochen, Putzen, an geistlichen und handwerklichen Projekten in der Pfarrei mitarbeiten und langsam in den Priesterberuf hineinwachsen. Vielleicht könnte der Priesteranwärter dort noch besser dies lernen: den Mitbruder kennen und annehmen, den positiven, wertschätzenden Blick auf den anderen, das eigene Bedürfnis zurücknehmen, um dem anderen Raum zu geben, authentische Kommunikation über eigene Erfahrungen. Genau diese Fähigkeiten sind Voraussetzung dafür, auch um sich herum Gemeinschaft gestalten zu können, missionarisch leben zu können, so wie es in einer Pfarrei gebraucht wird.

Wo man den Ausbildungsweg tiefer im Volk Gottes verankert, macht man gute Erfahrungen damit: Die jungen Männer wachsen sowohl an den konkreten Diensten als auch innerlich durch Gebet, Gemeinschaft und Austausch.

9. Der Traum vom lebendigen Pfarrhaus

Eine Vision, einen persönlichen Traum möchte ich hier teilen: In zwanzig Jahren finden sich in vielen katholische Landpfarreien belebte, lebendige Pfarrhäuser, sie sind voller Familien. Es sind Familien, die den besonderen Ruf spürten, verlassenen und verwaisten Pfarrkirchen in den unzähligen Dörfern neues Leben zu schenken. Gegen eine geringe Miete dürfen die Ehepaare, mit oder ohne Kinder, in den dazugehörigen Pfarrhäusern wohnen, während sie ihren ganz normalen Berufen nachgehen. Den Ehepaaren ist ein geistliches Leben wichtig. Daraus leben sie ihre Ehe. Nun tun sie nichts anderes, als in ihrer Freiheit ihr geistliches Leben für die Dorfgemeinschaft zu öffnen und diese daran teilhaben zu lassen. Bibelkreis, Stundengebet, Lobpreis, Rosenkranz, Kinderkatechese, Anbetung. Je nach Spiritualität der Familie oder auch mehrerer Familien, die sich der Kirche zur Verfügung stellen, gibt es verschiedene geistliche Angebote.

Der Mehraufwand für die Ehepaare ist gering. Sie führen auch ohne das Projekt »Wiederbelebung der Dorfkirche« ein geistliches Leben; sie beten mit ihren Kindern und beten in der Ehe. Sie richten eine persönliche Gebetszeit am Tag ein, beten vielleicht die Komplet miteinander. Nun dürfen einfach noch andere dazu kommen, wenn die Glocken läuten.

Sooft der Priester dieser Region Zeit findet, ist er ein gern gesehener Gast in der Familie, sei es zum geistlichen Austausch, zu einem Essen, zur Absprache von besonderen Anliegen oder zur Sakramentenspendung. Der Priester ist dankbar für diese Ehepaare: Sie machen die Kirche sichtbar, auch ohne Pfarrbüro, ohne Veranstaltungskalender und ohne dass ständig ein Priester anwesend ist. Beide – der Priester und die »Dorfmissionare«, nennen wir sie einmal so – sehen sich nicht als Konkurrenz; die Aufgaben und Charismen sind klar verteilt. Wer getauft werden will, wer zur ersten Heiligen Kommunion gehen möchte oder wer das Sakrament der Versöhnung in Anspruch nehmen will, tut dies beim Priester. Aber der kann eben nicht ständig vor Ort sein; er hat ja eine Menge an seelsorgerischen Aufgaben zu bewältigen. Doch können die Familien die vielen geistlichen Angebote selbst organisieren und durchführen. So ergänzen und helfen sie einander, auch ihre unterschiedlichen Berufungen treu zu leben. Dankbar ist die Familie – oder sind die Familien (warum sollten es nicht mehrere sein?) – für die regelmäßigen Mess- und Beichtangebote. Je nach

Talent und Ausbildung bereitet man die Heilige Messe auch musikalisch vor. Es muss nicht immer die Orgel sein, auch einfaches A-cappella-Singen oder eine Gitarre reichen aus. Vielleicht findet sich auch ein kleines Orchester …

Im Dorf hat es sich mittlerweile herumgesprochen, dass sich jeder in der wiederbelebten Kirche einbringen kann und auch dringend gebraucht wird. Zur Schulung und Ausbildung der interessierten Helfer der Kinderkatechese, der musikalischen Messgestaltung oder des Stundengebets werden Referenten des Bistums angefragt, die in regelmäßigen Abständen Ausbildungszyklen vor Ort anbieten für den inneren Kern der Gemeinde. Sehr eigenverantwortlich, aber dennoch fest eingebunden in der katholischen Kirche organisieren die Ehepaare ein kleines, einfaches geistliches Leben in der Pfarrkirche und um sie herum, in gewissem Maß auch durch Öffnung des privaten Hauses, soweit es dem Eigenleben einer Familie mit Kindern eben zuträglich ist. Sie bleiben authentisch, muten sich nur das zu, was sie zeitlich und gesundheitlich schaffen, sagen auch »Nein« und schauen mit der ganzen Familie, dass die Waage zwischen Gemeinde- und Familienleben stimmt.

Das Wiederbeleben der verwaisten Dorfkirche, in der bist jetzt nur noch alle zwei Wochen ein Gottesdienst stattfand, ist ein Plus, aber kein Muss. In ihr passiert das, was machbar ist. Neue Wege und Ideen, Strukturen und Möglichkeiten eröffnen sich. Die Höhepunkte bleiben die Sakramentenspendungen, Taufe, Beichte und Heilige Messe. Diese werden durch das geistliche Rundum-Programm aber intensiver erlebt und dankbarer als etwas Besonderes aufgenommen. Gemeinsam mit anderen Gläubigen sucht das Ehepaar im Ort begabte und zu begeisternde Mitarbeiter in der Pfarrei. Vielleicht finden sie jemanden, der gerne ältere und kranke Menschen besucht, das Kirchengebäude pflegt oder ein Mütterfrühstück organisiert.

Zumindest in meinem persönlichen Traum ist die Demokratisierung von Mission gelungen: Die Kirche und ihre Mitarbeiter haben es geschafft, neue Wege zu gehen und aus alten Strukturen neue, zeitgemäße und menschengerechte Strukturen für eine erneuerte katholische Kirche zu entwickeln. Gewachsen sind vor allem kleine, gesunde Gemeinschaften, die andere anziehen.

Pater Hans Buob SAC

10. Wir müssen uns selbst zur Freude des Evangeliums bekehren, um andere zu Jesus führen zu können.

Wo wir uns im Denken, Handeln und Fühlen einem allgemeinen humanistischen Mainstream angepasst haben, müssen wir entschiedene Anstrengungen unternehmen, um uns, wie Papst Benedikt XVI. sagt »von der Weltlichkeit der Welt zu lösen«. Nur als geisterfüllte »neue Menschen« haben wir missionarisches Profil. Wir sollten allerdings damit rechnen, dass der ersehnte Aufbruch im Glauben nicht immer nur eine Erfolgsgeschichte sein wird. Doch im treuen und freudigen Zeugnis für Jesus erstrahlt auch aus Leiden und Widerständen eine Schönheit, die früher oder später fruchtbar wird.

Wer sich auf den Weg gemacht hat, um in der Tiefe Christ zu sein, der wird erstens verstehen, dass der Glaube das wichtigste Geschenk und die größte Freude in seinem Leben ist. Und der wird zweitens verstehen, dass er diesen Glauben nicht zum privaten Verbrauch erhalten hat, sondern dass er zum Geschenk der Freude auch für andere werden soll. Und er wird drittens verstehen, dass diese Weitergabe des Glaubens seine Mission, die Mission seines Lebens ist. Und er entdeckt viertens, dass er – einfach, indem er auf authentische Weise sein Christsein lebt – ein Missionar für Jesus ist.

1. Über den missionarischen Lebensstil

Bei dem Wort »Missionare« werden wir vielleicht stutzig. Waren das nicht diese frommen Ordensleute, die sich einst in ferne Länder begaben, um, mit weißen Helmen bekleidet, Heiden zu bekehren und zu taufen? Ja, so war das wohl. Aber dieser Begriff vom Missionar ist viel zu klein, wie auch die Vorstellung vom Heidentum in der Ferne nicht mehr zutrifft. Das Heidentum ist um uns herum und sogar manchmal in uns. Deutschland, Österreich, die Schweiz sind heute glaubensfernere Länder als es die klassischen »Heidenländer« je waren. »Heidentum« artikuliert sich in Medien und Kulturereignissen, Heidentum findet sich in Unterrichtsplänen und Universitätsseminaren, Heidentum ist in Wirtschaftsprozessen und politischen Entscheidungen, Heidentum ist sogar in die Welt des Glaubens eingedrungen. Heidentum geht durch unsere Familien und reicht hautnah an uns heran – ja die Versuchung zu heidnischen Optionen geht oft mitten durch unser Herz.

»Gleicht euch nicht dieser Welt an«, riet Paulus in Röm 12,2 schon den Christen in Rom an, die offenkundig in Gefahr waren, umzukippen in längst überwundene Verhaltensmuster. Ein leidenschaftlicherer Christ sucht daher, ohne zu urteilen und ohne sich über andere zu erheben, nach der Lebensform, die ihn in Verbindung mit dem Herrn hält und ihn darin zugleich unterscheidet von der Lebensweise des »alten Menschen, … der in Verblendung und Begierde zugrunde geht« (Eph 4,22). Er tut dies immer wieder, sooft er auch den Faden verloren hat, sooft er Heilung, Versöhnung und einen Neuanfang braucht. Als »neuer Mensch« (Eph 4,24) bringt er Licht in die Welt. Und er wird – unfassbare Verheißung Jesu – »im Glauben die Werke, die ich vollbringe, auch vollbringen und er wird noch größere vollbringen« (Joh 14,12). Wir sind also »Gesandte an Christi statt« (2 Kor 5,20), dürfen eine missionarische Identität entwickeln und uns mit dem Ehrennamen »Missionar« anfreunden. Missionar sein bedeutet, gesandt zu sein als Zeuge.

2. Gesandt – wohin, zu wem?

Wir sind gesandt, um eine Leerstelle in der Welt zu besetzen. Die Leerstelle der Sinnlosigkeit. Sie ist eine erschreckende Zeitkrankheit. Eine Ärztin in der Psychiatrie klagte mir, wie schwer es ist, jungen Mädchen im Alter zwischen sechzehn und achtzehn, die depressiv geworden sind, die keinen Sinn mehr im Leben sehen, wieder zu einem sinnvollen Leben zu verhelfen. Sie sind enttäuscht. Sie fühlen sich oft nur sexuell gebraucht, aber nicht geliebt. Sie putschen sich auf, halten sich von einem künstlichen »Hoch« zum anderen, halten sich einigermaßen über Wasser – und manchmal stürzen sie ab. Nichts ist da, das ihnen tiefe Freude gibt, sie auf Dauer erfüllt: das Leben als Grauzone, ein Flimmern mit geringen Ausschlägen. Sie haben meist keine Beziehung zu Gott. Als alter Mensch und als jemand, der über fünfzig Jahre Priester und Seelsorger ist, kann ich sagen: Ohne Beziehung zu einem Gott, der mich kennt und liebt, der für mich sorgen möchte und der einen Plan für mich hat, ist eine Hoffnung, die über tiefe menschliche Enttäuschungen hinwegträgt, kaum zu erlangen.

Überall schlägt uns heute Angst entgegen. Sie hat sich wie Krebs in die Biografien so vieler Menschen eingegraben, macht sie misstrauisch und bitter. Angst ist die Folge von Sinnverlust, ist die Folge des Unvermögens, auf eine tragfähige Basis der Hoffnung zu gelangen. Ich vergesse nie, was ich als Kaplan in einer Stadt – es war während der Kubakrise – erlebt habe. Der damalige sowjetische Ministerpräsident Nikita Chruschtschow hatte Raketen auf den Weg gebracht, auf hoher See waren sie unterwegs in Richtung Kuba. Das stellte eine Bedrohung für Amerika, ja, für die ganze westliche Welt dar. Standen wir vielleicht am Rand eines Atomkrieges? Präsident J. F. Kennedy stellte ein Ultimatum: Wenn die russischen Schiffe nicht unverzüglich umkehrten, würden sie in dieser Nacht noch versenkt werden. In unserem Stadtviertel gab es einen Einkaufsladen. Ich betrat ihn und sah: Er war ziemlich ausverkauft. Viele waren mit Einkaufstüten unterwegs.

Die Leute bunkerten Vorräte. Ich blieb auf der Straße, lief bewusst durch das Viertel und wurde von vielen Passanten angesprochen: »Herr Pater, was meinen Sie, was passieren könnte? Was tun Sie heute Nacht?« Ich sagte ruhig: »Ich geh schlafen. Morgen werde ich ja sehen, was übrig ist.« Es war spürbar, sie alle suchten nach einem Menschen der Hoffnung, der sich nicht von der Angst anstecken ließ. Das ist weithin unsere Situation. Zu diesen Menschen will der Herr uns senden.

Wir haben das einzige genaue Heilmittel für diese Krankheit. Wir verkünden eine Botschaft der Freude und Hoffnung: Es gibt einen Gott. Der ist in dich wahnsinnig verliebt; anders ist die Menschwerdung und das Kreuz nicht zu verstehen. Dieser Gott hält dich in seinen Händen und niemand kann dich seiner Hand entreißen.

3. Das Geheimnis der blutenden Wunde

Was braucht der Christ, der diese Botschaft zu diesen Menschen bringen will? Er braucht eine blutende Wunde. Es braucht einmal ein inneres Leiden, dass Christus für so viele umsonst gestorben sein soll; und zum zweiten ein Mitleiden an der Sinnlosigkeit und Freudlosigkeit vieler Menschen. Die erste Wunde verlangt eine persönliche Liebesbeziehung zu Jesus Christus. Die zweite kann aus der Ahnung kommen, was es bedeutet, verloren zu gehen. Oder auch aus der eigenen Erfahrung des Verkünders, der selbst diese innere Leere der Gottlosigkeit erlitten hat. Es gibt zwei lateinische Worte, die gleichermaßen weit weg sind vom Christlichen: Indolenz als Unempfindlichkeit gegen Schmerz und Apathie als Nichtmitleidenkönnen oder nicht Nichtmitleidenwollen.

Ohne diese Wunde werden wir das Schicksal des Verkünders nicht auf uns nehmen. Jesus verspricht uns einen tiefen inneren Frieden und eine Freude, die auch im äußeren Leid trägt.

Genauso sagt er uns unverblümt in der Bergpredigt: »Wenn sie euch um meinetwillen verspotten, verleumden, freut euch und frohlocket, denn euer Lohn ist groß im Himmel.« (Lk 6,22) Die Freude, die der Herr uns verspricht, lässt uns auch in solchen Stunden frohlocken. Diese Freude ist das Kennzeichen dessen, der Jesus folgt.

4. Das Geheimnis der nicht endenden Kraft

Der Missionar spricht von einem Gott, der alles gut, ja, sehr gut gemacht hat. So sagt es das Buch Genesis, so sagt es die Kirche. Kann ich das auch sagen? Ich kann es nicht sagen, wenn ich mich selbst, der ich ein Mensch bin – das größte Werk der Schöpfung –, nicht so annehme, wie ich bin. Ich habe einen bestimmten Charakter; ich habe Gaben, aber auch Schwächen und Grenzen. Vielleicht haben Sie jetzt den Eindruck: Ich kann das **Mission Manifest** nicht unterschreiben. Ich kann überhaupt kein Missionar sein. Ich kenne mich. Ich habe kein Talent dafür.

Sagen Sie das nicht!

Es geht für Sie darum, sich unter die Führung des Heiligen Geistes zu stellen. Denn nicht unsere menschlichen Fähigkeiten werden die Menschen zu Christus bringen. Nicht unser Können, unser Ruhm, unsere Genialität, unsere Überredungskunst, unsere Attraktivität, unser Einfluss. Nichts von uns. Einzig und allein der Geist Gottes ist es, der etwas bewirkt, der mich als Werkzeug braucht. Was für eine Gnade! Er kann das einfachste Wort gebrauchen, um einen Menschen im Innersten anzusprechen.

Allerdings kann Gottes Geist mich nur brauchen so wie ich jetzt bin, nicht wie ich sein könnte, sein sollte oder sein wollte. Deshalb ist es für den Missionar wichtig, sich von Grund auf zu bejahen, und zwar so wie er ist. Ich brauche mich nicht zu verstellen und etwas zu spielen, was ich nicht bin. Ich darf »Ja« sagen zu meiner Lebensgeschichte, zu meiner Herkunft, zu meiner Begabung, genauso zu meinen Grenzen. Der Geist Gottes kann durch den einfachsten Menschen größte Wirkungen hervorbringen. Wichtig ist nur, dass ich ganz zu mir stehe und mich so wie ich bin ihm ausliefere. Was ich nicht bejahe an mir, kann er nicht gebrauchen.

Vielleicht hilft Ihnen, wenn nötig, ein Kurs für Ihre innere Heilung.

Sie werden bei sich selbst Folgendes feststellen: Solange ich an mir Grenzen oder Schwächen entdecke, sie aber nicht integriert habe und sie ablehne, sei das nun eine bestimmte Herkunft, ein Aussehen, ein früheres Versagen, so lange kann ich auch nicht in das volle »Ja« zu Gott finden, der mich nun einmal als den geformt hat, der ich bin. Wie sollte ich dann von einem Gott reden, der alles gut gemacht hat? Das wäre hohles Gerede. Dieses, vielleicht auch unbewusste, Hadern mit Gott, oder dieses heimliche Zweifeln ist es, das die wahre Freude nicht aufkommen lässt: das Kennzeichen des »Missionars«. Das ist wie ein Naturgesetz des spirituellen Lebens. Und es ist keineswegs so, dass von dieser Erbkrankheit der verweigerten oder blockierten Selbstannahme gestandene Priester, Ordensleute oder sogar Bischöfe verschont bleiben würden. Man kann fünfzig, sechzig oder siebzig und mehr Jahre alt werden und die Fundamentalblockade seines Lebens nicht gelöst haben. Sie könnten gewaltige Verkündiger, mitreißende Missionare und große Leiter sein, aber sie verbauen als bittergewordene, kleinmütige Knauser anderen Menschen den Weg ins Reich Gottes.

5. Das Geheimnis vom Wüstengang

Vielleicht müssen Sie zuerst noch in die Wüste gehen, wie Jesus, Moses, Paulus in die Wüste gegangen sind, damit Sie Fortschritte auf dem geistlichen Weg mit Christus machen. Diesen Weg möchte ich Ihnen im Folgenden aufzeigen. Sie können andere Menschen diesen Weg nur führen, wenn Sie ihn selbst gegangen sind.

»Nur wer selbst brennt, kann andere entzünden«: Das hat der heilige Augustinus zuerst gesagt. Das wirkliche Feuer ist der Heiligen Geist in Person. Geisterfüllte Menschen sind solche, die unter der Führung des Heiligen Geistes stehen. Jesus selbst ist unser Vorbild. Der Geist führte ihn in die Wüste. Er führte ihn dann nach Galiläa. Der Geist trug ihn auch durch das Leiden und erweckte ihn vom Tod zum Leben. Genauso will er durch mich wirken. Das kann er nur in dem Maße, als ich mich ihm ganz ausgeliefert habe. So schreibt Papst Paul VI. in seinem Rundschreiben über Evangelisation: »Die Menschen verlangen danach, sich dem Geiste Gottes auszuliefern.«

Fangen Sie an, indem Sie in sich nachspüren! Wie stark ist sie in Ihnen da, diese Sehnsucht, sich unter die Führung des Geistes zu stellen? Oder haben Sie noch selbst den Hut auf, wissen, wie es geht und wie man es macht? Dann brauchen Sie noch mehr Wüste, damit meine ich: Erfahrungen der Leere, des Scheiterns, des Angewiesenseins. Oder ist die Sehnsucht nach dem großen Gast auf dem Grund Ihrer Seele, nach Führung durch den Heiligen Geist, schon leise, vielleicht sogar stark, in Ihnen? Dann wächst sie jetzt weiter in Ihnen, diese Frage: Wie werde ich ein durch und durch geisterfüllter Mensch, der andere aus der Dunkelheit der Freudlosigkeit ins Licht der Freude am Herrn begleiten kann? Wir müssen uns klarmachen: Diese Freude am Herrn ist ganz und gar nicht technisch herstellbar. Sie ist eine Frucht des Heiligen Geistes. Es ist eine Freude, die durch nichts mehr zerstört werden kann. Sie ist nicht zu vergleichen mit der Gefühlsfreude, die Sie alle kennen. Die ist heute mal da, und morgen weicht sie schon wieder dem Gefühl der Traurigkeit, der Unzufriedenheit, des Ungenügens.

Die Freude als Frucht des Heiligen Geistes aber, die Freude, die wir unseren Mitmenschen vermitteln wollen, sucht sich einen Ort in unserm innersten Innern. Jesus nennt das »Leben in Fülle« (Joh 10,10). Gesetzt also den Fall, Sie spüren etwas in sich, spüren das unter Umständen schon stark. Die Frage ist jetzt: Wie komme ich zu diesem nachhaltigen, immer anwesenden »Leben in Fülle«, zu dieser mich tragenden und aus mir herausstrahlenden Freude am Herrn?

Leben verlangt Wachstum. Wenn ich geboren bin, bin ich zwar ein vollwertiger Mensch, aber ich bin noch nicht erwachsen. Wenn ich getauft bin, bin ich zwar ein vollwertiger Christ, aber ich bin noch nicht zur vollen Reife gekommen. Ein Großteil der Gläubigen, die »noch am Glauben festhalten«, haben nur einen »Sachglauben«, das heißt, sie erfüllen mühsam und ohne innerseelische Beteiligung irgendwelche religiöse Pflichten, aber sie haben noch keine wirklich persönliche Beziehung zu Jesus, oder dem Vater oder dem Heiligen Geist. Unser Gott aber ist kein Gott der Philosophen. Er ist kein Lehrsatz und keine kalte Formel, sondern ein Gott, der mir persönlich begegnen will, ein Gott, der in mich verliebt ist. Erst das ist christlich. In dem Maße, wie ich die persönliche Beziehung zu Gott pflege, wird das göttliche Leben in mir wachsen. Manche meinen, wenn sie bestimmte religiöse Kurse oder Treffen besuchen, dann wird ihnen der Wachstumsprozess erspart und sie werden in ein paar Tagen vom geistigen Kleinkind zum Erwachsenen. Das ist aber nicht so. Es gibt keine Tricks und keine Abkürzungen. Ich muss selbst den Weg gegangen, dieses geistige Wachstum durchschritten haben, um andere auf diesem Weg zu ermutigen und zu begeistern.

Vielleicht haben Sie zu einem bestimmten Zeitpunkt eine Begeisterung für Jesus erlebt. Die war vielleicht so stark, dass Sie wünschten, die ganze Welt für Jesus zu gewinnen. Nach kürzerer oder längerer Zeit aber war diese Begeisterung verflogen. Sie waren enttäuscht. Was war das denn nun? Johannes vom Kreuz nennt es »Anfangserfahrung«. Gott schenkt oft am Beginn des geistlichen Weges eine von starken Gefühlen begleitete Begeisterung für Gott. So haben Sie an diesem Punkt vielleicht staunend an sich erfahren, dass Sie eine Zeit lang überhaupt kein Fernsehen, keine Zigaretten, kein Smartphone oder andere Sachen brauchten, die vorher für Sie unverzichtbar schienen. Sie sagen sich: Prima, ich hab das jetzt drauf, ich kann das, ich bin frei!

Und doch überfällt Sie wie aus heiterem Himmel für eine bestimmte Zeit oder für länger eine Trockenheit und Lustlosigkeit Gott gegenüber. Vielleicht meinen Sie, Gott hätte Sie nun wieder verlassen, wie er gekommen ist.

Manche versuchen, diese beglückenden Gefühle durch neue Kurse oder Treffen zurückzuholen. Oft ist die Enttäuschung über Gott sogar so groß, dass Menschen stark die Frage in sich haben: »Was bedeutet diese plötzliche Lustlosigkeit Gott gegenüber?« Gerade jetzt steht ein entscheidender Schritt im geistlichen Wachstum an. Es geht um die neue Liebe zu Gott. In der gefühlsmäßigen Begeisterung des Anfangs war nicht nur Liebe zu Gott im Spiel, sondern genauso viel Liebe zu sich selbst. Gott aber will Ihre ganze Liebe, um Ihnen auch die seine ganz geben zu können. In der aufgekommenen Trockenheit der Gefühle wird das Beten wie auch das Sprechen von Gott schwierig. Jetzt müssen Sie entscheiden, ob Sie bereit sind, Gott selbstlos zu lieben. Mein Rat: Jetzt genauso viel Zeit für Gebet und Betrachtung des Wortes Gottes nehmen wie vorher, als es leicht fiel. Es ist ein anderes Beten nun. Man betet jetzt nicht mehr, weil es Spaß macht, sondern rein aus Liebe zu Gott. Die erste Zeit braucht es dazu Anstrengung und Treue.

Diese Anstrengung sollte sich auf drei Ebenen ereignen: Die erste Ebene ist mein Verhältnis zu Gott, also mein Gebetsleben, wovon wir gerade gesprochen haben. Zum Beispiel haben Sie gerade das Gefühl: Ich habe jetzt keine Lust zu beten, weil ich einfach nichts spüre von der Liebe zu Gott. Liebe ist aber auch ein sich Geben! Liebe ist also ein Tun, mehr als nur ein Gefühl. Wenn ich das Beten lasse und anderes tue, was mir im Augenblick mehr »Spaß« macht, werde ich anschließend von einem dumpfen Gefühl der Unzufriedenheit erfüllt sein, auch von Unruhe und von Momenten des inneren Herumgetriebenwerdens. Paulus spricht im fünften Kapitel des Galaterbriefes von den »Früchten des Fleisches«, die belastend in die Seele zurückkehren. Wenn Sie sich aber entscheiden und sagen: Ich nehme mir trotz der Lustlosigkeit die Zeit, bei Gott zu sein, werden Sie nachher eine ruhige Wahrnehmung von Zufriedenheit, eine Atmosphäre des Friedens in sich spüren. Paulus nennt das im Galaterbrief die »Früchte des Geistes«. Ein Prozess beginnt: Der Friede und die Freude werden sukzessive stärker in mir. Der Friede und die Freude sind von einer Qualität, die auch im Leiden trägt. Das ist die Freude, von der wir als dem Kennzeichen des »Missionars« sprachen.

Eine zweite Ebene ist mein Verhältnis zu meiner Arbeit: Auch hier mache ich die gleiche Erfahrung. Oft habe ich keine Lust zu bestimmten Arbeiten. Meine Arbeit ist aber im geistlichen Leben der Wille Gottes. Auch hier kommt es darauf an, dass ich voll zustimme zur unangenehmen Arbeit – eben gerade zu der Arbeit, der ich am liebsten aus dem Weg ginge: »Herr, es ist Dein Wille; deshalb mache ich sie erst recht. Und genau. Und ohne nach rechts und links zu schauen.«

Die dritte Ebene ist das Verhältnis von mir zu den Mitmenschen. Auch hier erlebe ich Zeiten, in denen ich manchen aus dem Wege gehen möchte. Auch hier steht dieselbe Entscheidung an: »Herr, diesem Menschen möchte ich am liebsten aus dem Wege gehen. Aber es ist dein Wille, ihm in Liebe zu begegnen.« Man kann auch sagen: »Herr, mit deiner Hilfe will ich ihm begegnen.« Vielleicht überlegen Sie, wie Sie ihm Ihre Aufmerksamkeit zeigen können. Vielleicht halten Sie gerade ihm Türe auf! Vielleicht fragen Sie gerade ihn nach seinem Empfinden oder nach dem Wohlergehen seiner Familie.

Wenn Sie auf diesen drei Ebenen versuchen, Gottes Willen zu erfüllen, also ihm Ihre Liebe zu zeigen, werden Sie immer mehr wachsen und jene ganz tiefe Freude erleben, die bleibt. Im Grunde benennen wir jeden Tag im Vaterunser den Grundakt, der uns zur Liebe Gottes hinführt, indem wir nämlich beten: »Dein Wille geschehe!« Weil ich aus Liebe heraus nicht länger meinem Willen folge, sondern den Willen Gottes erfülle, lässt Gott mich auch wachsen in der Erkenntnis Gottes und meiner Selbsterkenntnis.

6. Der Kampf um die Freude

Dass es in uns eine Drift gibt, unser Ego zum Mittelpunkt der Welt zu machen, spürt jeder. Es ist, als hätten wir einen erblichen Gendefekt. Deshalb spricht die Theologie hier etwas missverständlich von der »Erbsünde« und verweist auf die Geschichte von Adam und Eva. Das Sein-Wollen-wie-Gott sitzt uns noch in den Knochen. Oft ist das übermäßige Festhalten am Ego durch frühkindliche Verletzungen noch zusätzlich verhärtet, was einen Weg der Heilung verlangt. Denn Liebe ist ja: von sich weggehen, sich verschenken. Das spürt jeder, der sich Hals über Kopf verliebt, auch jede Mutter, die einem Kind das Leben schenkt. Aber jenseits der Erschütterungen meldet sich das Ego wieder. Das Von-sich-Weggehen ist ein Lebenskampf. Er tritt immer wieder in neue Phasen. Jesus sagte einmal zu einem Heiligen: »Ihr bittet mich: Mach mich heilig! Und wenn ich darangehe, es zu tun, dann wehrt ihr euch gegen meine Werkzeuge.«

Die Werkzeuge Gottes, durch die er unsere Ichbezogenheit aufdeckt, sind unsere Mitmenschen, sind bestimmte schwierige Situationen, in die wir geraten, sind etwa Misserfolge und andere Dinge. Durch diese Werkzeuge erkenne ich mich, merke ich, wie ich bin. Aus mir kommen zum Beispiel Zorn, Wut, Neid oder Begierden. Wir sprechen dann das »Werkzeug« schuldig: »Bei diesem Menschen muss man sich doch ärgern.« Wer hat denn das gesagt, dass Sie das müssen? Der Mitmensch als Werkzeug Gottes hat durch seine Unart meine Unart ans Licht gebracht. Darum sagen die Väter der Wüste, ich soll dem Mitmenschen danken; denn er hat meine Wunde aufgeschnitten, sodass der Eiter herauskommt. Aus meinem Innern kommt nur hervor, was darin ist. Je mehr ich mich auf diesem Weg erkennen darf und es annehme, umso freier werde ich; umso unabhängiger werde ich von Dingen, die von außen an mich herankommen.

Menschen mit missionarischer Berufung müssen auch mit Ablehnung, ja, mit Verspottung rechnen, wie ihr Herr, den sie verkündigen. Im Matthäusevangelium, in der Bergpredigt, einer Art urchristlichem Katechismus, verlangt Jesus sogar: »Selig seid ihr, wenn ihr um meinetwillen beschimpft und verfolgt und auf alle mögliche Weise verleumdet werdet. Freut euch und jubelt: Euer Lohn im Himmel wird groß sein.« (Mt 5,11) Wie soll da der Missionar noch in der Freude bleiben, wenn er nicht von sich einigermaßen frei geworden ist. Aber geistliche Erfahrung ist: Oft wird sogar dieser Misserfolg durch die Gnade zum Erfolg. Genau in solchen Situationen erlebt der »Missionar« das Paradox des Christentums: Mitten im Leid, mitten in der Verachtung wächst ihm eine tiefe, überirdische Freude zu, Christus ein wenig ähnlich geworden zu sein. Es gibt den wunderbaren Psalm 91: »Er beschirmt dich mit seinen Flügeln, unter seinen Schwingen findest du Zuflucht, Schild und Schutz ist dir seine Treue. Du brauchst dich vor dem Schrecken der Nacht nicht zu fürchten, noch vor dem Pfeil, der am Tag dahinfliegt, nicht vor der Pest, die im Finstern schleicht, vor der Seuche, die wütet am Mittag. Fallen auch tausend zu deiner Seite, dir zur Rechten zehnmal tausend, so wird es doch dich nicht treffen. (Ps 91,4-7) Und es ist Jesus, der gerade zu missionarischen Menschen sagt: »Steht auf, habt keine Angst!« (Mt 17,7). Sie, die für Jesus gehen, haben die Kraft dessen, der sie sendet. Sein Schicksal ist ihr Schicksal.

Das Risiko für Gott lohnt sich.

Über die Autoren

© privat

PATER HANS BUOB SAC (HOCHALTINGEN), Geistlicher Leiter des Hauses St. Ulrich

© privat

KATHARINA FASSLER (HANAU), Theologin, Musikerin, Mitgründerin von Nightfever

© privat

JOHANNES HARTL (AUGSBURG), Gründer und Leiter Gebetshaus Augsburg, Autor und Redner

© privat

MARTIN ITEN (ZUG/CH), Präsident ARGE Weltjugendtag, Gründer und Leiter von Radio Fisherman.fm

© privat

SOPHIA KUBY (BRÜSSEL), Direktorin ADF (European Union Advocacy) Brüssel, Gemeinschaft Emmanuel, Menschen-, Christen- und Lebensrechtlerin

© privat

MARIE-SOPHIE MAASBURG (NEUSÄSS), Charismatische Erneuerung, Autorin (»Ich werde da sein, wenn du stirbst«)

© privat

BERNHARD MEUSER (FRIEDBERG/BAYERN), Publizist und Autor. Mitinitiator und Leiter YOUCAT Foundation

© privat

MAXIMILIAN OETTINGEN (WIEN), Philosoph, Leiter der Loretto-Gemeinschaft

© privat

MICHAEL PRÜLLER (WIEN), österreichischer Journalist, Leiter des Amtes für Öffentlichkeitsarbeit und Kommunikation der Erzdiözese Wien

© privat

P. KARL WALLNER OCist (WIEN), Nationaldirektor von Missio Österreich, Gründungsrektor der Philosophisch-Theologischen Hochschule Benedikt XVI. Heiligenkreuz, Jugendseelsorger, Autor

© privat

MARKUS WITTAL (NÜRNBERG), Pfarrer und Komponist (Musical Maria), viele Jahre international für »Emmanuel School of Mission« unterwegs